A FUNÇÃO SUBJECTIVA DA COMPETÊNCIA PREJUDICIAL
DO TRIBUNAL DE JUSTIÇA DAS COMUNIDADES EUROPEIAS

MARIA INÊS QUADROS

Assistente da Faculdade de Direito
da Universidade Católica Portuguesa

A FUNÇÃO SUBJECTIVA DA COMPETÊNCIA PREJUDICIAL DO TRIBUNAL DE JUSTIÇA DAS COMUNIDADES EUROPEIAS

A FUNÇÃO SUBJECTIVA DA COMPETÊNCIA PREJUDICIAL
DO TRIBUNAL DE JUSTIÇA DAS COMUNIDADES EUROPEIAS

AUTORA
INÊS QUADROS

EDITOR
EDIÇÕES ALMEDINA, SA
Rua da Estrela, n.º 6
3000-161 Coimbra
Tel.: 239 851 904
Fax: 239 851 901
www.almedina.net
editora@almedina.net

PRÉ-IMPRESSÃO • IMPRESSÃO • ACABAMENTO
G.C. – GRÁFICA DE COIMBRA, LDA.
Palheira – Assafarge
3001-453 Coimbra
producao@graficadecoimbra.pt

Novembro, 2006

DEPÓSITO LEGAL
250919/06

Os dados e as opiniões inseridos na presente publicação
são da exclusiva responsabilidade do(s) seu(s) autor(es).

Toda a reprodução desta obra, por fotocópia ou outro qualquer processo,
sem prévia autorização escrita do Editor,
é ilícita e passível de procedimento judicial contra o infractor.

PREFÁCIO

O texto que agora se publica corresponde à tese apresentada em Julho de 2004 e submetida a provas públicas em Maio de 2005, no âmbito do Programa de Mestrado em Ciências Jurídico-Políticas da Faculdade de Direito da Universidade Católica Portuguesa. A investigação que lhe serviu de base culminou no início de 2004 e, por conseguinte, não levou em conta o Direito Constitucional dos dez novos Estados membros da União Europeia e, em concreto, o papel que têm assumido quanto às questões prejudiciais a submeter ao Tribunal de Justiça.

Muito nos honramos por com este texto se iniciar uma colecção que leva o nome do Prof. António de Sousa Franco, antigo Director daquela Faculdade e grande entusiasta das questões comunitárias. Recordamos com saudade a sua personalidade, sempre atenciosa e amiga nas vezes que nos cruzámos na Faculdade.

Parece indispensável referir algumas outras pessoas, sem as quais este trabalho não teria sido possível: o Professor Vasco Pereira da Silva, pela orientação sempre oportuna; os meus Pais, pelo apoio presente, disponível e amigo. Mas o maior agradecimento vai para o João, a quem a realização da tese impôs tantos sacrifícios, pela presença e encorajamento constantes nos momentos mais difíceis e mais áridos desta investigação. Obrigada.

Lisboa, Julho de 2006

ÍNDICE

ABREVIATURAS UTILIZADAS 11

INTRODUÇÃO 13
1. Considerações preliminares 13
2. O objecto do estudo 15
3. Sequência da investigação e metodologia adoptada 18

PRIMEIRA PARTE – A natureza objectiva da competência prejudicial do Tribunal de Justiça 21

1. Pressupostos do reenvio prejudicial 21
   1.1. A aplicabilidade directa das normas comunitárias 21
   1.2. A aplicação descentralizada das normas comunitárias 22
2. As causas próximas da criação da competência prejudicial 24
   2.1. Razão de ordem 24
   2.2. O desconhecimento do Direito Comunitário pelos juízes nacionais ... 25
   2.3. O perigo do desrespeito pelo princípio da uniformidade 26
   2.4. A possibilidade da vigência de normas inválidas 27
   2.5. O perigo da perda das prerrogativas do Tribunal de Justiça 28
3. A resposta da competência do Tribunal de Justiça, exercida a título prejudicial 29
   3.1. A escolha do mecanismo de reenvio 29
   3.2. Modelos inspiradores 31
4. Funções tradicionalmente atribuídas à competência prejudicial 33
   4.1. Auxílio na interpretação das normas comunitárias 33
   4.2. Garantia da uniformidade na aplicação descentralizada do Direito Comunitário 35

4.3. Garantia da legalidade do ordenamento comunitário 36
4.4. Salvaguarda da competência do Tribunal de Justiça 38
4.5. Instrumento de evolução jurisprudencial 42
4.6. Consolidação do princípio do primado 43
4.7. Conclusão 45
5. A obrigação de reenvio 45
    5.1. Razão de ordem 45
    5.2. Pressupostos da obrigação 46
    5.3. *Dispensa* da obrigação de reenvio 46
        5.3.1. Autoridade material das decisões anteriores do Tribunal de Justiça 47
        5.3.2. Clareza objectiva do acto 51
        5.3.3. Impertinência da questão 54
        5.3.4. Consagração legal dos casos de *dispensa* 54
    5.4. Casos de incumprimento da obrigação de reenvio 55
    5.5. Conclusão 57
6. Sanções pelo incumprimento da obrigação de reenvio 57
    6.1. O processo por incumprimento 57
        6.1.1. A manutenção de normas nacionais que dificultem ou impeçam o reenvio 58
        6.1.2. A recusa de reenvio pelo juiz nacional 60
            a) A independência do exercício da função judicial 62
            b) A falta de legitimidade dos particulares e a discricionariedade da Comissão 65
            c) Os efeitos restritos de uma declaração de incumprimento 69
            d) A criação de uma relação de desconfiança 71
    6.2. Apreciação 72
7. Experiências nacionais 73
    7.1. Tribunais comuns 73
    7.2. Tribunais Constitucionais 80
8. Conclusão da primeira Parte 82

SEGUNDA PARTE – requalificação do problema: Os benefícios de uma compreensão integral do reenvio prejudicial 87

1. Razão de ordem 87
2. Uma concepção integral 91

2.1. A decisão de reenvio 91
   2.1.1. A aparente irrelevância das partes 91
   2.1.2. Os diferentes pressupostos do reenvio facultativo e obrigatório 92
2.2. O processo no Tribunal de Justiça 96
2.3. O efeito directo das normas comunitárias 98
2.4. A necessidade de protecção das partes 99
   2.4.1. Um contencioso limitativo para os particulares 100
   2.4.2. O reenvio de validade e a protecção de direitos fundamentais 101
   2.4.3. O reenvio de interpretação e a uniformidade 106
2.5. O direito à tutela judicial efectiva no quadro comunitário 107
   2.5.1. A querela entre a teoria orgânica e a teoria do litígio concreto 110
   2.5.2. A jurisprudência Foto-frost 115
      a) No regime geral do reenvio 115
      b) Nas matérias respeitantes ao Título IV do Tratado CE . 117
      c) Nas matérias relativas ao Título VI do Tratado da União Europeia 121
      d) Os limites da jurisprudência Foto-frost 123
         – A relação com recurso de anulação 123
         – As providências cautelares 125

3. A natureza jurídica da posição do particular 126
   3.1. Direito ao reenvio? 126
   3.2. Enquadramento no sistema de protecção nacional dos direitos fundamentais: a protecção jurisdicional efectiva 129
      3.2.1. O direito à tutela jurisdicional efectiva reconhecido pelos Estados membros 130
      3.2.2. O direito ao juiz legal 131

4. Conclusão: a natureza do reenvio prejudicial 133

TERCEIRA PARTE – o incumprimento da obrigação de reenvio: meios de tutela subjectiva do particular 137

1. Razão de ordem 137
2. Soluções de Direito Constitucional 138
   2.1. Razão de ordem 138
   2.2. O recurso de amparo 139
   2.3. A queixa constitucional (*Verfassungsbeschwerde*) 146

2.4. Apreciação 153
2.5. A fiscalização concreta da constitucionalidade em Portugal 157
2.6. Contributo das soluções constitucionais para a definição da função subjectiva do reenvio prejudicial 165

3. A responsabilidade do Estado por actos jurisdicionais 166
   3.1. O acórdão *Francovich* 167
   3.2. O acórdão *Köbler* 169
   3.3. Pressupostos da responsabilidade 173
       3.3.1. Decisão de um órgão jurisdicional que decide sem hipótese de recurso 174
       3.3.2. A regra de Direito Comunitário violada destina-se a conferir direitos aos particulares 174
       3.3.3 Violação suficientemente caracterizada 175
       3.3.4. Dano sofrido pelo lesado e nexo de causalidade adequada entre a violação e o dano 176
   3.4. Responsabilidade pela omissão de reenvio: apreciação 176

4. Efeitos temporais de um novo acórdão prejudicial ou de um acórdão de incumprimento em situações já consolidadas: o Acórdão *Kühne & Heinz* 180
   4.1. Enquadramento da questão 180
   4.2. O acórdão *Kühne & Heinz* 183
       4.2.1. Os factos 183
       4.2.2. A questão colocada 184
       4.2.3. A solução do Tribunal de Justiça 185
   4.3. Apreciação 186

5. Queixa ao Tribunal Europeu dos Direitos do Homem 187

6. *De iure condendo*: novas soluções comunitárias 190
   6.1. Alargamento do conceito de *afectação directa e individual* 190
   6.2. Novos meios de acesso ao Tribunal de Justiça 191
       6.2.1. Recurso de anulação das normas por violação de direitos fundamentais 192
       6.2.2. Queixa comunitária 192
       6.2.3. Acção de responsabilidade do Estado no Tribunal de Justiça, pelo incumprimento do reenvio 193
       6.2.4. Recurso sobre o fundo 194
       6.2.5. Recurso *no interesse da lei* 194

SÍNTESE E CONCLUSÕES FINAIS 195
JURISPRUDÊNCIA COMUNITÁRIA CITADA 207
BIBLIOGRAFIA 213

ABREVIATURAS UTILIZADAS

A.A.F.D.L. – Associação Académica da Faculdade de Direito de Lisboa
ac. – acórdão
art.º / art.ºs – Artigo / Artigos
B.O.E. – Boletín Oficial del Estado
C.D.E. – Cahiers de Droit Européen
CE – Comunidade Europeia
CECA – Comunidade Europeia do Carvão e do Aço
CEEA – Comunidade Europeia da Energia Atómica
C.M.L.R. – Common Market Law Review
C.M.L. Rep. – Common Market Law Reports
cit. – citado
Col. – Colectânea de Jurisprudência
FIDE – Federation Internationale pour le Droit Européen
G.L.J. – German Law Journal
E. L. Rev. – European Law Review
n.º / n.ºs – número / números
p. / pp. – página / páginas
polic. – policopiado
proc. – Processo
Rec. – Récueil de Jurisprudence
R.D.E. – Rivista di Diritto Europeo
R.E.D.A. – Revista Española de Derecho Administrativo
R.E.D.C. – Revista Española de Derecho Constitucional
R.F.D.A. – Revue Française de Droit Administratif

R.M.P.	– Revista do Ministério Público
R.T.D.E.	– Revue Trimestrielle de Droit Européen
seg. / segs.	– seguinte / seguintes
UE	– União Europeia
v.	– vide
Y.E.L.	– Yearbook of European Law

INTRODUÇÃO

1. Considerações preliminares

1. No estádio actual da evolução do Direito Comunitário, torna-se impossível falar de integração europeia sem fazer referência ao reenvio prejudicial. Com efeito, o processo previsto no art.º 234.º do Tratado CE (que o Tratado de Amesterdão transportou, com alterações, para as áreas relativas aos *vistos, asilo e imigração,* e, fora do pilar comunitário, para o domínio da *Cooperação Policial e Judiciária em matéria Penal*) tem servido como pretexto para o exercício da *criatividade jurisprudencial* do Tribunal de Justiça. Fruto desta *criatividade* são inúmeros acórdãos nas mais vastas áreas, que se revelam um instrumento fundamental para o estudo da União Europeia, mesmo para aqueles que criticam o marcado *activismo* do Tribunal.

A importância do reenvio prejudicial é, pois, razão suficiente para compreender por que já se dedicaram tantas páginas à competência prejudicial do Tribunal de Justiça. Porquê, então, a escolha de um tema nessa área? Resumiremos em poucas páginas o que nos parece estar ainda por explorar ou aprofundar.

2. Antes, porém, a título preliminar, cumpre abordar a questão da terminologia.

Têm sido utilizadas diferentes expressões para fazer referência ao processo criado pelo art.º 234.º do Tratado de Roma. Assim, enquanto uns se referem apenas às *questões prejudiciais* a suscitar junto do Tribunal de Justiça[1],

---

[1] JOÃO MOTA DE CAMPOS, *Contencioso comunitário,* Lisboa, Gulbenkian, 2002, p. 111 e segs..

há quem fale em *recurso prejudicial*[2], *acção prejudicial*[3], ou, mais habitualmente, *reenvio prejudicial*[4].

Não obstante a variedade de expressões, nenhuma delas identifica, no nosso entender, o procedimento referido nos Tratados, uma vez que lhes estão habitualmente associados conceitos processuais distintos da técnica prevista no art.º 234.º do Tratado CE. Por isso, têm sido alvo de várias críticas[5].

Embora dando razão a estas críticas – no sentido de que preferimos também a expressão *competência a título prejudicial* em lugar de qualquer uma daquelas expressões – utilizaremos por vezes também a expressão *reenvio prejudicial*, por facilidade de expressão, dada a sua generalização.

3. Queremos ainda advertir que o tema que nos propomos tratar é, em grande medida, **transversal**, na medida em que, sendo embora eminentemente de Direito Comunitário, ele cruza conceitos de Direito Internacional Público, de Direito Constitucional, de Direito Processual Civil e de Direito Administrativo.

Saliente-se, no entanto, que a óptica utilizada é eminentemente jus-comunitarista, situando-se entre o contencioso comunitário e as garantias dos particulares. Por conseguinte, não se pretende tomar posição sobre questões de outras áreas, a menos que elas sejam determinantes para a elaboração da natureza jurídica do reenvio prejudicial, que constitui o objecto desta investigação. Sempre que nos debruçarmos sobre

---

[2] PIERRE PESCATORE, *Le recours prejudiciel de l'article 177 du traité CEE et la cooperation de la Cour avec les jurisdictions nationales*, Luxemburgo, CURIA, 1986; MAURICE BERGERÈS, *Contentieux communautaire*, Paris, P.U.F., 1989, p. 231.

[3] ANTÓNIO BARBOSA DE MELO, *Notas de contencioso comunitário*, Coimbra, polic., 1986, p. 99.

[4] V., entre vários, MIGUEL GORJÃO HENRIQUES, *Direito Comunitário*, Coimbra, Almedina, 2003, p. 301 e segs.; RUI DE MOURA RAMOS, *Reenvio prejudicial e relacionamento entre ordens jurídicas na construção comunitária*, in *Legislação –Cadernos de Jurisprudência e legislação*, 4/5, Abr-Dez, 1992.

[5] Assim, por exemplo, MARCO CÉBRIAN (*La cuestión prejudicial en el derecho comunitario europeo*, Madrid, Tecnos, 1994, p. 34), MAR JIMENO BULNES (*La cuestión prejudicial del artículo 177*, Zaragoza, Bosch, 1996, p. 146 e segs.). Entre nós, FAUSTO DE QUADROS / ANA GUERRA MARTINS (*Contencioso Comunitário*, Coimbra, 2002, p.46 e segs.), e JOSÉ MANUEL RIBEIRO DE ALMEIDA (*A cooperação judiciária entre o Tribunal de Justiça e os órgãos jurisdicionais nacionais*, R.M.P. n.º 93, p. 47).

essas questões transversais, procuraremos, portanto, servir-nos de conceitos legais ou outros que sejam geralmente aceites, sem qualquer pretensão de profundidade ou participação no debate doutrinal.

2. O objecto do estudo

1. A autonomia e especificidade das normas de Direito Comunitário, a necessidade de a sua interpretação e aplicação deverem ser feitas à luz do ordenamento de onde provêm, o facto de caber ao juiz nacional a resolução de litígios fundados no Direito Comunitário (configurando-o como o *aplicador comum* do Direito Comunitário) e, por fim, o primado, enquanto imposição da aplicação da norma comunitária com exclusão de qualquer norma nacional contrária, estiveram na origem da criação de uma competência especial do Tribunal de Justiça das Comunidades, consagrada no art.º 234.º do TCE, através da qual os tribunais nacionais estão em permanente *diálogo* com o Tribunal de Justiça, nos pleitos que julgam, como não acontece nos tribunais clássicos de Direito Internacional.

Esta competência, comummente chamada *reenvio prejudicial*, tem sempre sido entendida como *pedra de toque* da uniformidade na aplicação do Direito Comunitário. Desde que foi instituída, o Tribunal de Justiça, os tribunais nacionais, e a doutrina em geral, têm acentuado o seu papel fundamental no processo de integração e harmonização dos direitos nacionais. Aliás, esta necessidade, tão intensa, de garantir uma similar aplicação global do Direito Comunitário nos vários Estados membros, conduziu, nalguns casos, à obrigatoriedade de os órgãos jurisdicionais nacionais suscitarem a competência prejudicial do Tribunal de Justiça, fazendo depender as suas decisões de um diálogo institucional com este Tribunal. Que razões fundamentais conduziram à criação dessa competência especial do Tribunal de Justiça e quais os casos em que o reenvio prejudicial é obrigatório, à luz dos Tratados e da jurisprudência comunitária?

2. Por outro lado, é um *lugar-comum* afirmar-se que a competência prejudicial do Tribunal de Justiça é exercida no âmbito de um *processo sem partes*, dando a entender que estas, essenciais no processo nacional, no qual o processo comunitário se enxerta, são totalmente irrelevantes no processo comunitário. Com esta afirmação de **irrelevância** das partes

no processo comunitário, elas acabam por ser encaradas como meras espectadoras, aguardando que termine um diálogo que não lhes diz respeito, e desprezando-se o facto de terem sido elas a dar causa à acção principal, sem a qual o próprio reenvio seria impossível. Ignorando-se, até, que é frequentemente por iniciativa das partes que o reenvio é suscitado.

O mecanismo instituído pelo art.º 234.º seria assim, puramente **objectivo**, desenrolando-se, do ponto de vista adjectivo, no plano da concertação entre **tribunais nacionais e tribunais comunitários**; reconduzindo-se, do ponto de vista substantivo, à problemática do **relacionamento entre o ordenamento nacional e o ordenamento comunitário**, ou da **repartição de competências entre os órgãos comunitários e os órgãos nacionais**.

3. Nesta perspectiva, a que chamaremos **tradicional**, é evidente que o reenvio prejudicial corresponderá a uma obrigação internacional pura, da qual beneficia apenas o Direito Comunitário, que se impõe apenas ao Estado (entendido na sua noção ampla), e que será, por conseguinte, garantida mediante a utilização do meio comum de sanção das infracções comunitárias – o processo por incumprimento, previsto nos art.^{os} 226.º a 228.º do Tratado CE –, já que nenhuma outra providência se encontra prevista nos Tratados para sancionar esta obrigação específica.

Certo é que aquele meio contencioso não foi, até agora, utilizado para punir a omissão de reenvio – e a verdade é que não são poucos, como veremos, os exemplos de casos nos quais os tribunais manifestamente **ignoraram** a obrigação imposta pelo art.º 234.º. A realidade demonstra que a Comissão não se tem mostrado convencida das virtudes deste processo para fazer face à recusa de reenvio pelos tribunais. Impõe-se indagar, por conseguinte, quais as razões que determinam as suas dúvidas, e se elas são procedentes.

4. Por outro lado, a omissão das partes no processo prejudicial destoa da **crescente preocupação da doutrina jus-comunitária sobre o lugar que o particular ocupa no contencioso** das Comunidades Europeias. De facto, muito se tem dissertado sobre o manifesto contraste entre a protecção substantiva intensa dos administrados comunitários, enquanto principais destinatários das suas normas, e os meios contenciosos previstos nos Tratados europeus, sobretudo os que se desenrolam perante os Tribunais comunitários. Esta **desproporção entre a garantia**

substantiva e a garantia adjectiva é responsável pelo enfraquecimento dos direitos conferidos pelas normas comunitárias, criando uma verdadeira lacuna no sistema de protecção comunitária, e de que é exemplo, em primeira linha, o acesso limitado do particular ao Tribunal de Justiça.

Não se olvide, no entanto, que a grande maioria das relações jurídico-comunitárias que envolvem os particulares encontram a sua garantia na aplicação do direito levada a cabo pelas **instâncias nacionais**, *maxime* nos tribunais, pelo que o acesso às jurisdições nacionais, para garantia dos direitos conferidos pelas normas comunitárias, assume para o particular um interesse tão grande, ou maior, do que o acesso directo aos tribunais comunitários. Assim, não é possível ignorar o benefício que as partes retiram do conteúdo da decisão prejudicial – veremos, em concreto, quais as consequências que podem resultar para os particulares da recusa de reenvio pelos tribunais nacionais.

O objecto desta investigação consiste, portanto, em primeira linha, na determinação de uma eventual **função subjectiva do reenvio obrigatório para o Tribunal de Justiça**, previsto no art.º 234.º § 3 do Tratado CE, que não desmerece a importância daquele papel uniformizador, até porque este se revela, afinal, também do interesse do particular. De resto, o problema apresenta analogia, no direito nacional, com a progressiva subjectivação do contencioso administrativo.

5. Por outro lado, se os mecanismos comunitários de sanção da omissão de reenvio se têm revelado ineficazes, o mesmo não sucede com as possibilidades abertas pelo direito nacional. Assim, as Constituições de alguns Estados membros fornecem soluções que procuram minimizar os efeitos daquela recusa por parte dos tribunais, como é o caso da *acção para protecção de direitos fundamentais*. Para outros sistemas constitucionais, como o português, que não consagram meios de tutela dos direitos subjectivos dos particulares, por via directa, nos Tribunais Constitucionais, têm sido propostas **alternativas dentro das vias abertas pela Constituição**.

Na insuficiência destas, ou cumulativamente, o Tribunal de Justiça tem procurado erigir os tribunais nacionais em garantes do cumprimento do Direito Comunitário pelos Estados, e recentes desenvolvimentos nesta matéria vieram alargar o conjunto de *meios de tutela* que os particulares têm ao seu dispor ao nível nacional, quer para beneficiarem integralmente do efeito das normas comunitárias, quer para serem compensados por eventuais incumprimentos das obrigações derivadas daquelas.

Por fim, há que averiguar em que termos é que o próprio sistema de protecção internacional de direitos fundamentais, no qual os Estados membros se inserem, permite a utilização de alguma das suas vias para cumprimento das normas comunitárias.

3. Sequência da investigação e metodologia adoptada

1. No seguimento do que ficou dito, a estrutura da nossa investigação será a que se segue.

Numa **primeira parte** enunciaremos os pressupostos em que se baseia a **concepção objectiva do reenvio**, veremos quais as funções que tradicionalmente lhe são atribuídas e estabeleceremos o panorama dos casos em que os tribunais nacionais estão obrigados a suscitar a competência prejudicial do Tribunal de Justiça. Ainda nessa fase inicial, deter--nos-emos na observação do processo por incumprimento, enquanto método usualmente apontado para a prevenção e repressão dos casos de omissão de reenvio. Por fim, analisaremos sumariamente o modo como os Estados membros têm correspondido a essa obrigação comunitária, sobretudo aqueles cujas Constituições não prevêem métodos adequados a sancionar a omissão de reenvio.

Na **segunda parte**, deter-nos-emos nas razões que nos fazem preferir uma **concepção integral do reenvio**, valorizando o seu importante papel como instrumento de aplicação uniforme do Direito Comunitário, mas com a preocupação de recolocar no centro deste procedimento o particular, principal destinatário das normas que produzem efeito directo. Analisaremos a posição que este ocupa em relação ao tribunal nacional, e abriremos a porta para a necessidade de requalificação da posição jurídico-substantiva do particular no processo de reenvio.

Por fim, numa **terceira parte**, divisaremos as **vias que o particular tem para reagir** à recusa, pelos tribunais nacionais, de suscitarem questões ao Tribunal de Justiça. Veremos, em especial, as possibilidades abertas pelo Direito Constitucional dos Estados membros, as desenvolvidas pela jurisprudência do Tribunal de Justiça, e as permitidas pela Convenção Europeia dos Direitos do Homem. Por fim, faremos referência às vias possíveis que, *de iure condendo*, mais facilmente poderiam proteger o particular em caso de omissão de reenvio.

2. O presente estudo – reflectindo sobre o lugar do particular na aplicação do Direito Comunitário pelos tribunais nacionais – revela-se de

uma grande importância prática, dado o número crescente de reenvios ao longo da história da construção europeia[6]. Com ele se pretende apresentar vias concretas para a protecção dos administrados comunitários face a uma certa resistência dos tribunais nacionais em suscitarem questões prejudiciais, que redunda, frequentemente, numa má aplicação do Direito Comunitário.

Mas, simultaneamente, é uma análise eminentemente *problemática* aquela que nos propomos desenvolver: o nosso propósito é, também, contribuir para uma apreciação global do nível de participação dos tribunais nacionais na afirmação da *tutela judicial efectiva* dos novos direitos trazidos por aquele ordenamento jurídico.

Sem querer desde já antecipar resultados, não podemos, no entanto, deixar de afirmar que seria conveniente reiniciar o debate sobre a reforma do contencioso comunitário, de modo a torná-lo mais próximo dos cidadãos. A discussão sobre o *Tratado que institui uma Constituição para a Europa* foi, parece-nos, uma oportunidade mal aproveitada. Também por aí passa a compreensão do sentido da integração europeia e da sua ordem jurídica.

---

[6] De 1990 para 1999 houve um acréscimo de 85% do número de reenvios: v. PETER OLIVER, *La recevabilité des questions préjudicielles: la jurisprudence des années 1990*, in *C.D.E.,* Ano 37, n.ºs 1-2, 2001, p. 15, e DAVID ANDERSON / MARIE-ELENI DEMETRIOU, *References to the European Court,* Londres, 2ª Ed., Londres, Sweet and Maxwell, 2002, p. 23. Os pedidos de decisão prejudicial que deram entrada no Tribunal em 2002 foram em número de 216 (mais do que a soma de todas as acções e recursos directos), correspondendo a 44% da actividade do Tribunal de Justiça, tendo sido considerados findos 241 processos – v. Relatório anual do Tribunal de Justiça, disponível em www.curia.eu.int.

PRIMEIRA PARTE

A natureza objectiva da competência prejudicial do Tribunal de Justiça

1. Pressupostos do reenvio prejudicial

Começaremos por fazer referência às ideias que são logicamente prévias ao mecanismo de reenvio prejudicial, e que, por conseguinte, constituem, no nosso entender, os seus pressupostos.

1.1. *A aplicabilidade directa das normas comunitárias*

Como se sabe, as normas comunitárias não carecem de ser transformadas em actos de direito interno para vigorarem no território do Estados membros. Em consequência, **a vigência das normas comunitárias impõe-se *per se* e não por virtude de um acto de recepção**[1]: não são os poderes nacionais que definem os termos em que aquelas normas são aplicadas, e o fundamento da validade destas encontra-se, portanto, no momento inicial em que os Estados Membros efectuaram a transferência de soberania para as Comunidades e aceitaram que os seus órgãos pudessem criar regras jurídicas obrigatórias para eles[2]. A partir deste *sopro de vida* o Direito Comunitário tomou uma forma e uma validade não mais dependentes da vontade dos Estados, encontrando em si mesmo o fundamento da sua aplicação e os critérios para a sua interpretação.

Mas se, no que respeita à recepção, as normas comunitárias se limitam a beneficiar das características há largos anos apontadas às normas

---

[1] Nesse sentido, RUI DE MOURA RAMOS, *Reenvio prejudicial...,* cit., p. 100.

[2] Neste sentido pronunciou-se o Tribunal de Justiça muito cedo, no Ac. de 15 de Julho de 1964, no Proc. 6/64, *Flaminio Costa c. E.N.E.L.*, Rec. 1964, p. 1141, especialmente nos pontos 11 e 12.

de Direito Internacional, a verdade é que o Direito Comunitário, como **ordenamento autónomo**, foi mais longe do que aquele outro ramo de Direito, ao impor que muitas das suas normas fossem **directamente aplicáveis** não só entre as entidades públicas, como também nas relações surgidas entre os cidadãos e o Estado, e entre os próprios cidadãos.

Foi, portanto, essencialmente a **aplicabilidade directa** que autonomizou definitivamente o Direito Comunitário em relação ao Direito Internacional Público, já que neste último ordenamento são raras as normas que, por serem *self-executing*, podem beneficiar de aplicabilidade directa.

Atendendo ao facto de, como resultado da repartição de competências entre as Comunidades e os Estados, **nem todos os tipos de normas comunitárias gozarem daquela característica da aplicabilidade directa**, o Tribunal de Justiça elaborou um conceito *sucedâneo* daquele, de forma a permitir aos interessados, verificadas determinadas condições, invocar em juízo as normas que não sejam directamente aplicáveis: assim, **todas as normas *claras, precisas e incondicionais*[3] produzem o chamado efeito directo**, ou seja, podem ser invocadas nos tribunais nacionais. Mais tarde, o Tribunal acrescentou que mesmo as normas que não preencham aquelas características poderão ser, não obstante, levadas em conta como **critério interpretativo** quer das restantes normas comunitárias, quer das próprias normas nacionais[4]: é o chamado **princípio da interpretação conforme** ao Direito Comunitário.

1.2. *A aplicação descentralizada das normas comunitárias*

O Direito Comunitário é um sistema de normas de aplicação descentralizada[5]. Como observa RUI DE MOURA RAMOS, "A administração comunitária não se caracteriza (...) por revestir a forma de um polvo

---

[3] Ac. de 4 de Dezembro de 1975, no Proc. 41/74, *Yvonne Van Duyn c. Home Office*, Rec. 1974, p. 1337.

[4] O princípio da interpretação conforme ao Direito Comunitário foi desenvolvido pelo Tribunal de Justiça no Ac. de 13 de Novembro de 1990, no Proc. C-106/89 (*Marleasing S.A. c. Comercial Internacional de Alimentacion S.A.*, Col. 1990, p. I-4135), no qual afirmou que "ao aplicar o direito nacional (...) o órgão jurisdicional nacional chamado a interpretá-lo é obrigado a fazê-lo, na medida do possível, à luz do texto e da finalidade da directiva, para atingir o resultado por ela prosseguido e cumprir desta forma o artigo [249.º], terceiro parágrafo, do Tratado". (ponto 8).

[5] PIERRE PESCATORE afirma mesmo que a aplicação do Direito Comunitário pelos Estados membros é uma **premissa essencial** do reenvio prejudicial (*Le recours...*, cit., p. 8).

tentacular, antes surgindo como uma cabeça sem braços, cabendo às entidades nacionais preencherem as funções que a estes estariam em princípio destinadas[6]". São, pois, os Estados e a sua Administração que asseguram a vigência e o cumprimento das normas comunitárias, e, uma vez que as Comunidades não dispõem de uma ordem jurisdicional completa própria[7], são os tribunais nacionais que dirimem os conflitos que advenham desse cumprimento.

Portanto, o Direito Comunitário surge como mais um conjunto de normas a aplicar pelos tribunais estaduais, quase em plano de igualdade[8] com o direito nacional. Aos tribunais nacionais é atribuída uma competência funcional dupla: "quando resolvem um litígio regido pelo direito nacional, formam parte da ordem jurídica nacional. Quando resolvem um caso regido pelo Direito Comunitário pertencem, *de um ponto vista funcional*, à ordem jurídica comunitária[9]". Ao juiz nacional cabe igualmente, na decorrência da aplicação das normas comunitárias, a determinação dos vários graus de relevância das normas comunitárias, aplicando-as "em função dos efeitos que elas são capazes de produzir"[10].

Mas se o Direito Comunitário *coabita* com o direito nacional, torna-se necessário resolver potenciais situações de conflito de normas. A esta questão responde o Tribunal de Justiça com o princípio do **primado**[11], afirmando que o Direito Comunitário se impõe ao direito dos Estados, excluindo qualquer norma nacional contrária, o que, de resto, constitui até uma sua *exigência existencial*[12]. Em consequência, qualquer disposição

---

[6] *Reenvio prejudicial...,* cit., p. 100.

[7] PAZ SANTA MARÍA / JAVIER VEGA / BERNARDO PÉREZ, (*Introducción al Derecho da la Unión Europea,* Madrid, EuroLex, 1999, p. 514), afirmando que o Tribunal de Justiça dispõe de competência de atribuição, não julgando todos os casos em que esteja em jogo a aplicação de uma norma de direito comunitário. No mesmo sentido, JOÃO MOTA DE CAMPOS, *Direito Comunitário,* cit., p. 435.

[8] Ao longo desta investigação veremos por que razão esta igualdade não é absoluta, questão que está associada às limitações a que está sujeito o juiz nacional na aplicação das normas comunitárias.

[9] C.N. KAKOURIS, *Do the Member States possess judicial procedure 'autonomy'?* in *C.M.L.R.* 34, 1997, p. 1393 – 1394 (itálico no original).

[10] OLIVIER DUBOS, *Les jurisdictions nationales, juge communautaire,* Paris, Dalloz, 2003, p. 20.

[11] V. *Costa c. E.N.E.L..* Sobre o primado como pressuposto do direito ao juiz v. DENYS SIMON, *Le système juridique communautaire,* Paris, PUF, 3ª ed., 2001, p. 418.

[12] PIERRE PESCATORE, *L' ordre juridique des Communautés Européennes,* Presses Universitaires de Liège, 1973, p. 227, cit. *in* JOÃO MOTA DE CAMPOS, *Direito Comunitário,* II Vol., Lisboa, Gulbenkian, 1997, ponto 325.

de Direito Comunitário, seja originária ou derivada, impõe o seu respeito por parte de todas as funções do Estado – legislativa, administrativa ou judicial.

Estas duas premissas – aplicabilidade directa e aplicação descentralizada das normas comunitárias – são os pressupostos da competência prejudicial do Tribunal de Justiça, firmada no art.º 234.º do Tratado CE, que estabelece o seguinte:

> § 1 – *O Tribunal de Justiça é competente para decidir, a título prejudicial:*
>
> a) *Sobre a interpretação do presente Tratado;*
> b) *Sobre a validade e a interpretação dos actos adoptados pelas instituições da Comunidade e pelo BCE;*
> c) *Sobre a interpretação dos estatutos dos organismos criados por acto do Conselho, desde que estes estatutos o prevejam.*
>
> § 2 – *Sempre que uma questão desta natureza seja suscitada perante qualquer órgão jurisdicional de um dos Estados-Membros, esse órgão pode, se considerar que uma decisão sobre essa questão é necessária ao julgamento da causa, pedir ao Tribunal de Justiça que sobre ela se pronuncie.*
>
> § 3 – *Sempre que uma questão desta natureza seja suscitada em processo pendente perante um órgão jurisdicional nacional cujas decisões não sejam susceptíveis de recurso judicial previsto no direito interno, esse órgão é obrigado a submeter a questão ao Tribunal de Justiça.*

2. As causas próximas da criação da competência prejudicial

2.1. *Razão de ordem*

A concepção clássica do reenvio prejudicial, que é, ainda, a mais generalizada[13], encontra os seus alicerces na letra do art.º 234.º do Tra-

---

[13] É a adoptada, entre variadíssimos Autores, por WERNER EBKE, *Les techniques contentieuses d'application du droit des Communautés Européennes*, in R.T.D.E., Paris, Ano 22, n.º 2 (Abr-Jun 1986), p. 221; DENYS SIMON, *Le système...* cit., p. 662; DIMITRIOS SINANIOTIS, *The plea of illegality in EC Law*, in European Public Law, Dordrecht, vol. 7, n.º 1 (2001), p. 119; MARCO CÉBRIAN, *La cuestión...*, cit., p. 31; RUIZ-JARABO COLOMER (*El juez nacional...*, cit., p. 99); MANUEL CIENFUEGOS MATEO (*Las sentencias...*, cit., p. 51); FAUSTO DE QUADROS / ANA GUERRA MARTINS, *Contencioso comunitário*, cit., p. 92; ANTÓNIO BARBOSA DE MELO (*Notas...*, cit., p. 111); MARIA HELENA BRITO, *Relações entre a ordem jurídica comunitária e a ordem jurídica nacional: desenvolvimentos recentes em*

tado CE e em ampla jurisprudência das primeiras décadas de funcionamento do Tribunal de Justiça. Ela parte do interrelacionamento entre tribunais nacionais e tribunais comunitários para chegar à conclusão que do processo de reenvio beneficia, em primeira e última análise, o ordenamento jurídico comunitário. Este fica enriquecido, quer no momento da sua aplicação, ou subsunção da norma ao caso concreto – já que a decisão final do tribunal sai *valorizada* com o contributo do Tribunal de Justiça, constituindo uma boa aplicação do direito – quer, numa análise prospectiva, no momento posterior – porque se *sedimenta* o diálogo entre as duas ordens jurídicas.

Naquele primeiro momento, a competência prejudicial do Tribunal de Justiça pode servir para minimizar os riscos comportados pela aplicação descentralizada das normas comunitárias. Num segundo momento, ela servirá como instrumento de evolução jurisprudencial.

2.2. *O desconhecimento do Direito Comunitário pelos juízes nacionais*

O facto de o Direito Comunitário ser relativamente recente (e ainda em fase de formação) torna compreensível o facto de as entidades nacionais (a Administração e os tribunais) não estarem ainda absolutamente familiarizadas com ele. Acresce que, como vimos atrás, as Comunidades Europeias trouxeram novos problemas que, até aí, o direito interno desconhecia, pelo que nem sempre os conceitos caracterizadores deste ordenamento se têm revelado transponíveis para o Direito Comunitário[14].

---

direito português, in *Estudos em homenagem ao Conselheiro José Manuel Cardoso da Costa*, Coimbra, Coimbra Editora, 2003, p. 311; ANTÓNIO DE ARAÚJO / MIGUEL NOGUEIRA DE BRITO / JOAQUIM PEDRO CARDOSO DA COSTA; *As relações entre os tribunais constitucionais e as outras jurisdições nacionais, incluindo a interferência, nesta matéria, da acção das jurisdições europeias*, in *Estudos em homenagem ao Conselheiro José Manuel Cardoso da Costa*, Coimbra, Coimbra Editora, 2003, p. 262; RENATA MARGARIDO, *O pedido de decisão prejudicial e o princípio da cooperação jurisdicional*, Working-Paper 8/99, Universidade Nova de Lisboa, 1999, p. 17.

[14] Um exemplo destes é o conceito de aplicabilidade directa. Embora já se admitisse que algumas normas de Direito Internacional podiam ser *self-executing*, o Direito Comunitário revolucionou este conceito, e afirmou que algumas das suas normas podem ser *directamente aplicáveis*, ou seja, que, além de não necessitarem de um acto de recepção no ordenamento jurídico, não deixam nenhuma margem de conformação ao Estado, e podem, portanto, ser invocadas pelos particulares perante todas as entidades

É de esperar, por conseguinte, que, ao depararem com a aplicação de uma norma comunitária, os juízes nacionais nem sempre se sintam plenamente informados e esclarecidos sobre o seu conteúdo e alcance. Pode acontecer, até, que desconheçam ou tenham dúvidas sobre o próprio fundamento de validade dessa norma.

Tal risco pode, como se compreende, ser acentuado nos Estados que mais recentemente aderiram à União Europeia e cujos magistrados não têm, provavelmente, suficiente formação nas questões europeias.

2.3. *O perigo do desrespeito pelo princípio da uniformidade*

Além disso, a necessidade de o Direito Comunitário ser aplicado de modo uniforme em todo o território da Comunidade (o que é uma exigência, desde logo, da sua própria natureza de *direito comum*) não se compadece com a aplicação discrepante das suas normas pelos diferentes Estados membros[15]. O antigo Juiz e Presidente do Tribunal de Justiça, ROBERT LECOURT, afirmava, a este propósito, que não basta "a existência e o respeito por uma regra superior de direito aplicável em cada Estado membro. Esta regra deve também permanecer a mesma em toda a Comunidade"[16].

---

públicas ou privadas. Assim, o conceito de *self-executing* evoluiu e ganhou um conteúdo enriquecido no Direito Comunitário: aquilo que era excepção para o Direito Internacional Público tornou-se regra para o Direito Comunitário. Veremos quão fundamental se torna a correcta compreensão do seu conteúdo se pensarmos que a aplicabilidade directa é, talvez, dos conceitos que mais interessam ao juiz nacional (na medida em que é ele que serve como critério da invocabilidade de uma norma por um particular, daí dependendo também a sua aplicação no próprio litígio).

[15] Assim, ARACELI MARTIN / DIEGO NOGUERAS, *Instituciones y derecho de la Union Europea,* 2a ed., Madrid, McGraw Hill, 1999, p. 244; JEAN BOULOUIS, *Contentieux communautaire,* 2ª ed., Paris, Dalloz, 2001, p. 11; JOSÉ CARLOS MOITINHO DE ALMEIDA, *A ordem jurídica comunitária,* in *Temas de Direito Comunitário,* Ordem dos Advogados, Lisboa, 1983, p. 27.

[16] *Le rôle unificateur du juge dans la Communauté,* in *Études de droit des Communautés Européennes, Mélanges offerts à Pierre Henri Teitgen,* Éd. Pedone, Paris, 1984, p. 227. No mesmo sentido, MARCO CÉBRIAN, *La cuestión...,* cit., p. 31, citando também, no mesmo local e a este respeito, N. CATALANO, que afirma que "teria sido perigoso admitir nos Estados membros interpretações diversas por parte das jurisdições nacionais (...); o Direito Comunitário desdobrar-se-ia imediatamente em tantos sistemas diferentes quantos Direitos nacionais existem. Este risco, que é manifesto e que teria liquidado de imediato as pretensões de unidade próprias de um mercado comum supranacional, foi o que se tentou excluir com a criação da técnica prejudicial do art.º [234.º]" (*Manuale di diritto delle Comunità Europea,* Milão, 1965, p. 10).

A aplicação descentralizada das normas comunitárias, a que acima fizemos referência, levou à caracterização dos juízes dos Estados Membros como *juízes comuns do Direito Comunitário*[17] e trouxe como consequência a necessidade de prevenir os riscos decorrentes de uma Europa cada vez mais alargada, aglomerando Estados com tradições jurídicas, inclusivé jurisprudenciais, diversas e que, portanto, seriam levados a aplicar as normas comunitárias de acordo com diferentes sensibilidades jurídicas.

Este risco, de resto, foi também reconhecido pelo nosso Tribunal Constitucional que, poucos anos após a adesão de Portugal às Comunidades, afirmou num seu acórdão: "(...) permitir ao juiz nacional que interpretasse sozinho as normas de direito comunitário – ou seja, que respondesse sozinho às interrogações que, não raro, colocam a determinação do sentido e do real alcance de uma determinada norma jurídica comunitária – conduziria, a prazo mais ou menos longo, a permitir se rompesse a unidade do direito comunitário, colocando no lugar da '*regra comum*' um conjunto de regras deformadas pelas práticas jurisdicionais nacionais"[18].

O risco é acrescido pelo estado de permanente formação em que o ordenamento comunitário se encontra, exigindo as suas normas uma tarefa de integração constante e progressiva.

2.4. *A possibilidade da vigência de normas inválidas*

Os Tratados das Comunidades prevêem que o Tribunal de Justiça acautele "o respeito do direito na interpretação e aplicação do Tratado" (art.º 220.º do Tratado CE). Esta sua função de *garante da legalidade* manifesta-se, por exemplo, no facto de o Tribunal de Justiça poder

---

[17] A expressão é abundantemente referida na jurisprudência e na doutrina comunitárias. Terá sido utilizada pela primeira vez no Ac. de 5 de Fevereiro de 1963, no Proc. 26/62, *Van Gend en Loos c. Administração fiscal holandesa,* Rec. 1963, p. 1. V., também, e a título de exemplo, o Ac. de 9 de Março de 1978, no Proc. 106/77 *Administração das Finanças do Estado c. Sociedade Anónima Simmenthal,* Rec. 1978, p. 629, ou o Ac. de 10 de Julho de 1990, no Proc. T51/89, *TetraPak Rausing c. Comissão,* Rec. 1990, p. II--309. Utilizando igualmente a expressão, V. Frédérique Berrod, *La systématique des voies de droit communautaires,* Paris, Dalloz, 2003, p. 118 e segs.; Paz Santa Maria / / Javier Vega e Bernardo Pérez, *Introdución...,* cit., p. 514, que se referem também à expressão *juiz natural de Direito Comunitário.*

[18] Ac. n.º 163/90, no Proc. n.º 154/89, D.R. II série, de 18 de Outubro de 1991, citando Maurice Bergerès, *Contentieux communautaire,* pp. 231-232. Robert Lecourt utiliza, a este propósito, a expressiva expressão *risco de uma interpretação centrífuga* (*Le rôle...,* cit., p. 228). V., também, José Manuel Ribeiro de Almeida (*A cooperação...,* cit., p. 56).

declarar, com força obrigatória geral, a invalidade dos actos comunitários derivados, através do recurso de anulação (previsto no art.º 230.º do mesmo Tratado). No entanto, esta competência do Tribunal de Justiça, exercida a título principal, só em casos muito limitados pode ser exercida por iniciativa dos particulares.

Na verdade, o art.º 230.º do Tratado CE apenas prevê a possibilidade de os particulares requererem a apreciação da validade *"das decisões de que sejam destinatários e das decisões que, embora tomadas sobre a forma de regulamento ou decisão dirigida a outra pessoa, lhes digam directa e individualmente respeito"*. O acesso dos particulares ao contencioso directo de anulação dos regulamentos comunitários junto do Tribunal de Justiça está dependente, portanto, da difícil prova de que o acto (que o art.º 249.º do Tratado CE diz ser geral e abstracto) os afecta *directa e individualmente*. Mas mesmo que o consigam provar, este recurso só pode ser interposto no curto prazo de dois meses a contar da publicação do acto, da sua notificação ao destinatário ou, na sua falta, da tomada de conhecimento do acto (230.º §5). Assim, decorrido este prazo o acto deixou de ser impugnável junto do Tribunal de Justiça, e o ordenamento jurídico comunitário como que acolhe a vigência de uma norma inválida, com a agravante de que é uma norma que goza da aplicabilidade directa – ou seja, podendo impor obrigações que os administrados deverão respeitar. É certo que o artigo. 241.º do Tratado CE prevê a possibilidade de a invalidade dos regulamentos poder ser arguida a título incidental, por via de excepção, no Tribunal de Justiça, mesmo depois de passado o prazo de anulação do acto. Mas a verdade é que, em virtude do fenómeno de aplicação descentralizada que mencionámos há pouco, não é o Tribunal de Justiça que resolve as questões comuns de direito comunitário, pelo que serão raros os casos em que o particular poderá beneficiar do disposto naquela excepção.

2.5. *O perigo da perda das prerrogativas do Tribunal de Justiça*

Na sequência do que vimos na alínea anterior, e tendo como pano de fundo o facto de os tribunais nacionais serem os *juízes comuns* de Direito Comunitário, sendo eles que, em primeira linha, aplicam as suas normas aos litígios concretos, haveria o perigo de invadirem aquela competência do Tribunal de Justiça, exercendo eles próprios o controlo (que seria, portanto, difuso) da validade das normas comunitárias, ao deixarem de as aplicar quando as considerassem inválidas. Tal redundaria, no fundo, na declaração de invalidade das normas por parte de órgãos pertencentes a um sistema de direito distinto daquele de onde provêm. E não seria, sequer, uma declaração definitiva, já que outro tribunal nacional poderia não chegar ao mesmo resultado.

3. A resposta da competência do Tribunal de Justiça, exercida a título prejudicial

3.1. A escolha do mecanismo de reenvio

Atentas as dificuldades inerentes à especificidade do Direito Comunitário, quatro soluções se apresentavam possíveis para evitar os riscos apontados: (1) concentrar num único órgão a aplicação do Direito Comunitário, retirando aos tribunais nacionais essa competência e criando um tribunal cuja competência era determinada *rationae materiae*; (2) manter essa aplicação descentralizada nos tribunais nacionais, mas prevendo em cada Estado membro a existência de uma *delegação* ou *representação* das Comunidades, por exemplo, a nível diplomático, que ditasse o modo de interpretação das normas comunitárias e resolvesse as questões relacionadas com a sua validade; (3) estabelecer um recurso das decisões para o Tribunal de Justiça, criando uma relação hierárquica entre os tribunais nacionais e aquele Tribunal; ou, por fim, (4) reconhecer aos tribunais nacionais, no julgamento dos casos concretos, a plena liberdade de interpretação e aplicação do Direito Comunitário, exigindo-se, no entanto, que, em casos que pusessem em causa a uniformidade deste, fosse assegurado, e até imposto, o acesso a um órgão, também de natureza jurisdicional, que interpretasse de forma definitiva o Direito Comunitário.

Esta última solução seria compromissória e foi a escolhida. Sem amputar a natureza aplicadora e interpretativa que caracteriza a competência dos tribunais nacionais na resolução de litígios, assegura a intervenção do órgão jurisdicional de Direito Comunitário em determinados casos, garantindo que é a este que compete definir os termos em que as suas normas são aplicáveis nos Estados membros[19]. Por outro lado, esta solução também não implica "um abandono da soberania jurisdicional a

---

[19] RUI MOURA RAMOS, *Reenvio prejudicial...*, cit., p. 101 e segs.

que os Estados não estariam dispostos[20]". Em suma, a competência prejudicial pode ser caracterizada como uma *repartição de competências*[21], entre a jurisdição nacional[22] e a jurisdição comunitária, mantendo cada uma a sua autonomia e especificidade.

---

[20] RENÉ JOLIET, *L'article 177 du traité CEE et le renvoi préjudiciel,* in R.D.E., ano 31, n.º 3 Julho-Setembro, 1991, p. 595.

[21] PIERRE PESCATORE, *Las cuestiones prejudiciales. Art.º 177 del Tratado CEE,* in G.C. RODRIGUEZ IGLESIAS / D.J. LIÑAN NOGUERAS, (dir.), *El derecho comunitario europeo y su aplicación judicial,* Consejo General del Poder Judicial – Universidad de Granada- -Civitas, Madrid, 1993, p. 545.

[22] Note-se que o art.º 234.º não contém uma definição do que considera *jurisdição nacional*. Uma vez que, nos primórdios das Comunidades, a principal preocupação do Tribunal de Justiça era incentivar às instâncias nacionais o recurso ao mecanismo do reenvio prejudicial – procurando assegurar que tal se tornasse prática habitual na aplicação nacional do direito comunitário – ele não se mostrava exigente quanto à forma e aos sujeitos do reenvio. À medida que o número de reenvios foi aumentando (só no ano de 2002 foram efectuados 216 reenvios dos tribunais nacionais, constituindo a principal actividade do Tribunal de Justiça) e o Tribunal de Justiça foi ficando cada vez mais sobrecarregado (com os inerentes atrasos na conclusão dos processos – os processos de questões prejudiciais findos em 2002 duraram 24 meses), passou a preocupar-se em *filtrar* o acesso à competência a título prejudicial, limitando os requisitos a que estaria sujeito e elaborando uma noção **comunitária** de *jurisdição nacional* (uma vez que, nas diferentes tradições dos vários Estados Membros, aquela expressão corresponde a diferentes realidades). A este propósito, afirma DAVID ANDERSON (*The admissibility of Preliminary References,* in YEL, n.º 14, 1994, p. 180): "A um dado momento constatou-se que era exigido ao Tribunal de Justiça o exercício das funções de um Tribunal Constitucional de um sistema quase federal, e, ao mesmo tempo, de um tribunal encarregado de interpretar o Direito Comunitário a pedido de qualquer órgão judicial da Comunidade, mesmo se este se encontrasse colocado num grau inferior da hierarquia judicial e mesmo se a questão colocada fosse trivial ou sem sentido". Segundo o conceito comunitário desenvolvido pelo Tribunal no Ac. *Vaassen-Göbbels,* de 30 de Junho de 1966 (Proc. 61/65, Rec. 1966, p. 377), e confirmada no, mais recente, Ac. *Dorsch* (de 17 de Setembro de 1997, Proc. C-54/96, Col. 1996, p. 4961), será *jurisdição,* para efeitos do art.º 234.º, toda a instância nacional que preencha determinados critérios (carácter permanente, origem e competência definidas por lei, competência para resolver litígios, jurisdição obrigatória, decisão segundo a lei e procedimento contraditório), **mesmo que não faça parte da organização judiciária de um Estado membro**: no Acórdão *Broekmeulen,* (6 de Outubro de 1981, Proc. 246/80, Rec. 1980 p. 2311) o Tribunal de Justiça considerou jurisdição uma associação de direito privado holandesa encarregue de examinar determinados recursos interpostos contra decisões duma comissão de registo de clínicos gerais. Mais tarde, no Proc. *Pretore di Salò* (Ac. de 11 de Junho de 1987, no proc. 14/86, Col. 1987, p. 2545) o Tribunal de Justiça acrescentou a independência. RUIZ-JARABO COLOMER critica o conceito de órgão jurisdicional criado pelo Tribunal de Justiça afirmando que ele se mostra *pouco rigoroso e nada científico* (*El juez nacional como juez comunitario,*

3.2. Modelos inspiradores

É usual afirmar-se que a questão de validade foi inspirada no processo de fiscalização da constitucionalidade existente nos Estados alemão (*konkrete Normenkontrollverfahren*) e italiano (*questione di legitimità costituzionale*), dois dos Estados fundadores das Comunidades[23]. Com efeito, as suas normas constitucionais prevêem que, sempre que os tribunais destes Estados se defrontem, na resolução de um caso concreto, com dúvidas sobre a constitucionalidade de uma norma aplicável ao caso, devam suscitar aos respectivos Tribunais Constitucionais a fiscalização da sua constitucionalidade, não podendo eles mesmos (como acontece, ao invés, em Portugal) apreciar a inconstitucionalidade das normas.

Esta solução foi transportada, quase transcrita[24], para o Tratado CECA, em cujo art.º 41.º se dispunha: "só o Tribunal é competente para decidir, a título prejudicial, sobre a validade das deliberações da Comissão e do Conselho, se, em litígio submetido a um tribunal nacional, esta validade for posta em causa".

Estava apenas previsto, portanto, o reenvio prejudicial por motivos de validade, o que se compreende: para além de os modelos de inspiração alemão e italiano também não preverem a competência dos respec-

---

Ed. civitas, 1993, p. 659). Cfr., ainda, entre variadíssimos autores, José Carlos Moitinho de Almeida, *La notion de juridiction d'un État Membre (article 177 du traité CE)*, in *Mélanges en hommage à Fernand Schockweiler*, G. C. Rodríguez Iglesias / Ole Due / / Romain Schintgen / Charles Elsen (coord.), Baden-Baden, Nomos Verlagsgesellschaft, 1999, p. 463; João Mota de Campos, *Direito Comunitário*, cit., p. 448; Jean Boulouis, *Contentieux communautaire*, cit., p. 16; Jacques Pertek, *La pratique du renvoi préjudiciel en droit communautaire – Coopération entre CJCE et juges nationaux*, Paris, Éditions Litec, 2001, p. 90 e segs.; Denys Simon, *Le système...*, cit., p. 668; David Anderson / Mari-Eleni Demetriou, *References...*, cit., p. 31 e segs.; Ricardo Alonso García, *El juez español y el derecho comunitario*, Valencia, 2003, p. 222; Peter Oliver, *La recevabilité...*, cit., p. 16 e segs.; Pierre Pescatore, *Las cuestiones...*, cit., p. 541 e segs.; Giuseppe Liuzzi, *Processo civile italiano e rinvio pregiudiziale alla Corte di Giustizia della Comunità Europea*, in Rivista di Diritto Processuale, Ano 58, n.º 3, p. 746.

[23] V. Pierre Pescatore, *Le recours...*, cit., p. 7; René Joliet, *L'article 177...*, cit. p. 592; David Anderson / Mari-Eleni Demetriou, *References...* cit., p. 9; Mar Jimeno Bulnes, *La cuestión...*, cit., p. 168 e segs..

[24] O art.º 100.º, n.º 1, da Constituição alemã dispõe: "quando um tribunal considere inconstitucional uma lei, de cuja validade dependa a decisão, suspende o processo e submete a questão à decisão do tribunal estadual competente em assuntos constitucionais, se se tratar de violação da Constituição de um Estado, ou do Tribunal Constitucional Federal, se se tratar da violação desta Lei Fundamental (...)".

tivos Tribunais Constitucionais no que respeita à interpretação das normas, também a natureza do Tratado CECA não exigia o reenvio para interpretação das normas. É que no âmbito deste Tratado, dado o seu objecto restrito, a sua feição supranacional e, até, mais federalizante, a aplicação das normas comunitárias era levada a cabo maioritariamente pelas instituições comunitárias, sobretudo pela Alta Autoridade[25]. Assim, não se justificava a competência prejudicial para interpretação das normas comunitárias, já que raramente as instâncias nacionais eram chamadas a aplicar aquelas normas[26]. Ficava, desse modo, apenas consagrado um **sistema concentrado de fiscalização** da validade das normas comunitárias.

Já os Tratados CE e CEEA se revelaram como importantes instrumentos de diálogo entre as autoridades comunitárias e as nacionais, em todos os domínios de competência das Comunidades. Assim, tornava-se desejável que a competência prejudicial do Tribunal de Justiça nestes domínios abrangesse também a possibilidade de interpretação das normas.

Conhecida a prática, vigente durante muito tempo, em França, de se reenviar para o Governo a interpretação das convenções internacionais[27], criou-se, à sua imagem, a possibilidade de o Tribunal de Justiça interpretar as normas comunitárias que os tribunais considerassem aplicáveis aos casos concretos.

A solução do Tratado CECA foi, portanto, transportada com alterações para os Tratados CE (hoje, no art.º 234.º) e CEEA (art.º 150.º)[28].

---

[25] Nesse sentido, RICARDO ALONSO GARCÍA, *Derecho Comunitario, derechos nacionales y derecho comum europeo*, Madrid, 1989, p. 168.

[26] PIERRE PESCATORE, *Le recours...*, cit., p. 7. A lacuna foi, de resto, preenchida pelo Tribunal de Justiça no Ac. de 22 de Fevereiro 1990 (*Busseni*, Proc. n.º C-221/88, Col. 1990, p. 495), ao afirmar que "se o art.º 41.º do Tratado CECA menciona apenas a competência do Tribunal para decidir a título prejudicial sobre a validade das deliberações da Comissão e do Conselho, a apreciação de validade de um acto implica necessariamente a sua interpretação prévia". V. MIGUEL GORJÃO HENRIQUES, *Direito Comunitário*, cit., p.311.

[27] MAR JIMENO BULNES, refere também o sistema francês para interpretação e apreciação de validade dos actos administrativos (*La cuestión...*, cit., p. 171).

[28] A redacção do art.º 150.º do Tratado CEEA é praticamente idêntica à do art.º 234.º do Tratado CE, à excepção do facto de a al. c) do §1 do art.º 234.º (quanto à possibilidade de o reenvio ter por objecto a *"interpretação dos estatutos dos organismos criados por acto do Conselho desde que os estatutos o prevejam"*) não estar presente no art.º 150.º do Tratado CEEA.

4. Funções tradicionalmente atribuídas à competência prejudicial

4.1. *Auxílio na interpretação das normas comunitárias*

A incompletude e novidade do Direito Comunitário que atrás foram referidas são a principal causa que justifica o papel activista do Tribunal de Justiça desde os primórdios das Comunidades. Daqui se retira que o reenvio serve, em primeira linha, como **auxiliar da interpretação das normas comunitárias** levada a cabo pelo juiz nacional, ao garantir a este a possibilidade de requerer a colaboração e o apoio do Tribunal de Justiça na aplicação do Direito Comunitário[29], tendo em vista a solução das questões comunitárias que repute complexas ou controversas.

É precisamente este um dos objectos sobre que pode incidir a competência prejudicial do Tribunal de Justiça, previsto no art.º 234.º do Tratado CE: a *interpretação do Tratado (...); dos actos adoptados pelas Instituições da Comunidade e pelo BCE (...); dos estatutos dos organismos criados por acto do Conselho desde que estes estatutos o prevejam.*

O próprio Tribunal de Justiça salientou esta função do reenvio no Acórdão *Rheinmühlen*[30], afirmando que "ele tende a assegurar a aplicação do Direito Comunitário, abrindo ao juiz nacional um meio de eliminar as dificuldades que poderia trazer a exigência de atribuir ao Direito Comunitário o seu pleno efeito, no quadro dos sistemas jurisdicionais dos Estados membros".

JACQUES PERTEK afirma que esta função do reenvio se justifica por o juiz nacional ser um *generalista do direito comunitário*[31], uma vez que é chamado a conhecer dos litígios comuns, por vezes com recurso a normas comunitárias cujo alcance é apenas parcialmente inteligível à luz dos conhecimentos que possui, necessariamente condicionados pelo conhecimento do ordenamento jurídico nacional. O juiz do Tribunal de Justiça é, por contraste, um *especialista de direito comunitário*[32]. Esta **relação de especialidade** do juiz comunitário relativamente ao juiz nacional torna aquele num importante apoio que os tribunais nacionais, menos familiarizados com a ordem jurídica comunitária, encontram,

---

[29] H. SCHERMERS / P. WAELBROECK, *Judicial Protection in the European Communities*, 5ª ed., Deventer, 1992, p. 394.
[30] Ac. de 16 de Janeiro de 1974, no Proc. 166/73, Rec. 1974, p. 33.
[31] *La pratique...*, cit., p. 11.
[32] JACQUES PERTEK, *La pratique...*, cit., p. 12.

tendo em vista a aplicação das suas normas ao caso concreto; por outra parte, ela serve para clarificar a delimitação de competências entre as duas ordens jurisdicionais (sobretudo, como veremos adiante, para fixar a competência exclusiva do Tribunal de Justiça na declaração de invalidade das normas comunitárias).

Assim, o mecanismo do art.º 234.º do TCE é uma via aberta a todos os órgãos jurisdicionais nacionais[33], sempre que, na resolução do caso concreto, seja necessário o esclarecimento sobre o sentido, o alcance e o efeito[34] de uma norma de Direito Comunitário, originário ou derivado. Esse esclarecimento cabe, então, ao Tribunal de Justiça enquanto instituição que *garante o respeito do direito na interpretação e aplicação dos Tratados* (art.º 220.º TCE). Assim, todos os juízes podem reenviar questões para o Tribunal de Justiça quando se encontrem a julgar um litígio – na generalidade dos casos previstos no art.º 234.º do TCE, o reenvio é, pois, possível, mas facultativo, podendo o juiz nacional, em alternativa, resolver o litígio sem pedir a colaboração do Tribunal de Justiça.

Esta função do reenvio prejudicial fica preenchida, uma vez que o art.º 234.º, §2.º atribui aos tribunais nacionais, antes de mais, a **faculdade** de se dirigirem ao Tribunal de Justiça, a título prejudicial: *Sempre que uma questão desta natureza seja suscitada perante qualquer órgão jurisdicional de um dos Estados-membros, esse órgão* **pode, se considerar que uma decisão sobre essa questão é necessária ao julgamento da causa**, *pedir ao Tribunal de Justiça que sobre ela se pronuncie.*

---

[33] JACQUES PERTEK afirma mesmo que aos juízes nacionais pertence um *direito de reenvio (La pratique...* cit., p. 51). No mesmo sentido, GUY ISAAC / MARC BLANQUET, *Droit Communautaire Général,* 8a. ed., Paris, Armando Colin, 2001, p. 336 e segs..

[34] Aliás, o desenvolvimento do conceito de efeito directo em Direito Comunitário deveu-se inteiramente ao Tribunal de Justiça através das questões prejudiciais que eram colocadas pelos tribunais dos Estados Membros. Assim, quanto ao efeito directo das normas das directivas, o já referido Ac. *Van Duyn*; quanto à aplicabilidade directa das disposições dos Tratados, o Ac. *Van Gend en Loos,* também já citado; por fim, quanto ao efeito directo das decisões dirigidas aos Estados, o Ac. *Franz Grad* (Ac. de 6 de Outubro de 1970, no Proc. 9/70, Rec. 1970, p. 925), todos eles proferidos pelo Tribunal em sede de reenvio prejudicial. TREVOR HARTLEY, aliás, chega mesmo a admitir que a questão do efeito produzido pelas normas constitui um terceiro objecto do reenvio, autónomo, portanto, da questão de interpretação (*The foundations of European Community Law,* 5a ed., Oxford, Oxford University Press, 2003, p. 270).

4.2. Garantia da uniformidade na aplicação descentralizada do Direito Comunitário

Os redactores dos Tratados perceberam que a mera faculdade de reenvio (reconhecendo aos juízes, em todos os casos, a liberdade do seu exercício) não garantiria a unidade da aplicação do Direito Comunitário. Na verdade, o perigo da aplicação discordante das normas comunitárias não se compadecia com a mera faculdade, sem obrigação, de reenvio de questões para o Tribunal de Justiça, e a própria natureza específica do reenvio prejudicial enquanto *cooperação com a jurisdição comunitária*[35] exigia que a decisão do reenvio não estivesse sempre na discricionariedade do juiz nacional.

Assim, o art.º 234.º §3 impõe, quanto a alguns tribunais, a **obrigação** de suscitarem a competência prejudicial do Tribunal de Justiça. Pretende-se evitar, assim, a criação de jurisprudência desconforme nos vários Estados Membros e manter o Direito Comunitário como *direito comum* dos Estados. Sobressai, aqui, o **objectivo da aplicação uniforme dessas normas**[36].

Esta função foi preenchida através da imposição, quanto a alguns tribunais, da obrigação de procederem ao reenvio. É o que resulta do §3 do art.º 234.º: *sempre que uma questão desta natureza seja suscitada em processo pendente perante um órgão jurisdicional cujas decisões não sejam susceptíveis de recurso judicial previsto no direito interno, esse órgão é obrigado a submeter a questão ao Tribunal de Justiça.*

A interpretação da parte final daquela disposição tem levantado a questão de saber o que deve entender-se por um *órgão jurisdicional cujas decisões não sejam susceptíveis de recurso judicial previsto no direito interno*. É a conhecida querela entre a *teoria orgânica* (para a qual só estão obrigados ao reenvio os tribunais de cujas decisões não caiba nunca recurso – isto é, os tribunais situados no topo da hierarquia judiciária, no nosso caso o Supremo Tribunal de Justiça e o Supremo Tribunal Administrativo) e a *teoria do litígio concreto* (para a qual o reenvio será

---

[35] Ac. de 27 de Novembro de 1997, no Proc. C-369/95, *Somalfruit et Camar* c. *Ministero delle Finanze et Ministero del Commercio con l'Estero*, Col. 1997, p. I-06619.

[36] V., entre vários Autores, OLIVIER DUBOS, *Les juridictions...*, cit., p. 90; ROBERT LECOURT, *L'Europe des juges*, Bruxelas, 1976, p. 226, DENYS SIMON, *Le système...*, cit., p. 661; MAR JIMENO BULNES, *La cuestión...*, cit., p. 357; DOMINIQUE BLANCHET, *L'usage de la théorie de l'act clair en droit communautaire: une hypothèse de mise en jeu de la responsabilité de l'État français du fait de la fonction juridictionnelle*, in R.T.D.E., Paris, Ano 37, n.º 2 (Abril-Junho 2001), p. 409.

obrigatório para todas as jurisdições que, de acordo com as regras processuais de cada Estado, julguem em última instância no caso concreto em que se coloca a questão a reenviar).

Como veremos na segunda parte, a tomada de posição neste assunto pode relevar para a redefinição da natureza jurídica da competência a título prejudicial do Tribunal de Justiça. Por conseguinte, retomaremos esta questão nessa altura. Entretanto, acrescentaremos apenas que, sempre que seja possível recorrer de determinada decisão de um tribunal apenas verificadas determinadas circunstâncias, deve considerar-se que essa decisão foi proferida sem possibilidade de recurso. Assim, por exemplo, nalguns casos é possível haver recurso das decisões dos tribunais para o Tribunal Constitucional, mas esse recurso é, por natureza, limitado a determinado aspecto ou condicionado à verificação de certos requisitos. Assim, sempre que seja apenas esse o recurso admissível, deve entender-se que o tribunal se encontra a julgar em última instância, sendo, portanto, obrigado ao reenvio[37,38]. Por outras palavras, deve entender-se o art.º 234.º § 2.º como se referindo a *órgão cujas decisões não são susceptíveis de recurso judicial* **ordinário** *previsto no direito interno*.

4.3. *Garantia da legalidade do ordenamento comunitário*

O reenvio prejudicial é um meio de obviar ao possível desvio da legalidade comunitária, resultante, como vimos atrás, da possibilidade de vigência de normas inválidas de Direito Comunitário derivado. É isto que pretende evitar a previsão de um segundo objecto sobre que incide a competência prejudicial do Tribunal de Justiça: *a validade (...) dos actos adoptados pelas Instituições da Comunidade e pelo BCE*[39,40].

---

[37] Quer se opte pela teoria orgânica – nesse caso a afirmação só fará sentido, evidentemente, se o juiz do fundo da causa se situar no topo da hierarquia –, quer se prefira a teoria do litígio concreto. V., nesse sentido, o Ac. do Tribunal de Justiça de 27 de Junho de 1991, *Mecanarte*, Proc. C-348/89, Col. 1991, p. I – 03277.

[38] V. H. Schermers / P. Waelbroeck, *Judicial protection...,* cit., p. 411; Jacques Pertek, *La pratique...,* cit., p. 42; Mar Jimeno Bulnes, *La cuestión...,* cit., p. 274.

[39] Compreende-se a razão da não existência de reenvio de validade das disposições do Tratado, uma vez que a validade deste radica na transferência de soberania operada pelos Estados no momento da sua ratificação, antes constituindo ele próprio fundamento de validade das normas de direito derivado.

Por outro lado, o Tribunal tem entendido também que a sua competência prejudicial se estende à interpretação dos **acordos internacionais** concluídos pela Comunidade

O Tratado criou assim algo idêntico a uma **fiscalização concreta da validade da norma**, que produz um efeito sucedâneo[41] ao da declaração de invalidade a título principal e com força obrigatória geral: a necessidade de os tribunais nacionais deixarem de aplicar a norma já declarada inválida pelo Tribunal de Justiça no âmbito de um reenvio prejudicial

---

(embora apenas produz efeitos quanto a esta) e aos **princípios não escritos** de Direito Comunitário (V. PIERRE PESCATORE, *Le recours...*, cit., p. 10). Sobre os actos que podem ser objecto de um pedido prejudicial de interpretação ou apreciação de validade v., entre variadíssimos autores, DAVID ANDERSON / MARI-ELENI DEMETRIOU, *References...*, cit., p. 57 e segs., MAR JIMENO BULNES, *La cuestión...*, cit., p. 384 e segs..

[40] Nem sempre é evidente a distinção entre o reenvio para apreciação de validade das normas e o reenvio para a sua interpretação, o que nem sequer constitui novidade do reenvio prejudicial. De facto, também a jurisprudência constitucional portuguesa demonstra que a validade ou a invalidade de uma norma depende variadas vezes da interpretação que se lhes atribua. Muitas vezes o nosso Tribunal Constitucional tem considerado que uma determinada norma é inconstitucional quando interpretada num certo sentido (v., por exemplo, o Ac. 96/04, do Tribunal Constitucional, de 11 de Fevereiro, no Proc. 423/94). Por um lado, a análise da validade das normas supõe sempre uma prévia interpretação pelo julgador (V., RUI MEDEIROS, *A decisão de inconstitucionalidade*, Lisboa, Universidade Católica Editora, 1999, p. 340), por outro, a validade das normas depende muitas vezes da previsão dos efeitos da sua aplicação (por exemplo, quando a sua validade esteja posta em causa por uma eventual violação de direitos fundamentais). Tal raciocínio faz também sentido para o reenvio prejudicial de Direito Comunitário, o que tem levado a que, frequentemente, os tribunais nacionais coloquem em simultâneo ao Tribunal de Justiça questões de validade e de interpretação. No Ac. *Schwarze* (1 de Dezembro de 1965, no proc. 16/65, Rec. 1965, p. 1081), por exemplo, mostra-se evidente que o Tribunal de Justiça não se preocupa com essa distinção, não relevando, nas suas decisões prejudiciais, a qualificação que delas faz o tribunal nacional *a quo*. Afirmou o Tribunal de Justiça neste acórdão que, "se um tal rigor formalista é concebível em procedimentos contenciosos levados a cabo entre as partes, nos quais os direitos recíprocos devem obedecer a regras estritas, não deverá ser assim no quadro muito particular da cooperação judiciária instituída pelo art.º [234.º], pelo qual jurisdição nacional e Tribunal de Justiça, na esfera das respectivas competências, são chamados a contribuir, directa e reciprocamente, para a elaboração de uma decisão, tendo em vista assegurar a aplicação uniforme do direito comunitário no conjunto dos Estados Membros". No mesmo sentido, PIERRE PESCATORE, *Le recours...*, cit., p. 10; NUNO PIÇARRA, *O Tribunal de Justiça das Comunidades Europeias como Juiz Legal e o Processo do Artigo 177.º do Tratado CEE*, AAFDL, 1991, p. 18.

[41] A utilização do adjectivo *sucedâneo* em lugar do adjectivo *substituto* é intencional: queremos com ele salientar o facto de o reenvio prejudicial para apreciação de validade só de forma imperfeita atingir o mesmo efeito do recurso de anulação, já que, na sequência do julgamento da invalidade da norma, esta não é anulada com força obrigatória geral (como sucede no recurso de anulação), apenas se gerando um **dever de não a aplicar**. A distinção entre as duas figuras será abordada mais à frente.

efectuado pelo mesmo ou por outro tribunal nacional. Desta forma, o reenvio para apreciação de validade apresenta-se como mais uma via contenciosa de legalidade, o que, de resto, foi admitido pelo próprio Tribunal, no acórdão *Foto-frost*[42], ao afirmar que através do recurso de anulação e do reenvio prejudicial, "o Tratado estabeleceu um sistema completo de vias de recurso e de procedimentos destinados a confiar ao Tribunal de Justiça a fiscalização da legalidade dos actos das Instituições". A semelhança dos dois tipos de competência do Tribunal de Justiça na fiscalização da legalidade das normas é acentuada pelo facto de os fundamentos de invalidade no reenvio prejudicial serem os mesmos do recurso de anulação, tal como o Tribunal de Justiça considerou, no Ac. *International Fruit Company*[43].

4.4. Salvaguarda da competência do Tribunal de Justiça

Como referimos atrás, no quadro do Tratado CECA só o Tribunal de Justiça podia apreciar a validade das normas comunitárias. Sempre que surgisse uma questão daquelas, o tribunal nacional (qualquer um, independentemente do lugar que ocupasse na hierarquia judiciária de cada Estado) era obrigado a suspender a acção e suscitar a competência a título prejudicial do Tribunal de Justiça.

Tal regime não estava, e não está, previsto nos Tratados CE e EURATOM. Destes decorre apenas para os **tribunais cujas decisões não sejam susceptíveis de recurso** a obrigação de pedirem ao Tribunal de Justiça uma pronúncia sobre a validade das normas. Na letra destes Tratados, pois, o tratamento dado ao reenvio prejudicial de validade não difere do reenvio de interpretação.

Mas mostrava-se necessário, por várias razões, salvaguardar a jurisdição do Tribunal de Justiça no que respeita ao controlo de legalidade das normas.

Por um lado, o art.º 230.º do Tratado CE prevê que seja o Tribunal a pronunciar-se, a título principal, sobre a validade das normas comunitárias, gerando-se a dúvida de saber se se quis verdadeiramente excluir essa competência quando coubesse aos tribunais nacionais a resolução

---

[42] Proc. n.º 314/85, Acórdão de 22 de Outubro de 1987, Col. 1987-9, 4199 e segs..
[43] Ac. de 12 de Dezembro de 1972, nos Procs. apensos n.º 21-24/72, Rec. 1972, p. 1219.

dos litígios. Por outro lado, era difícil equilibrar a saudável liberdade de apreciação do juiz nacional com a possibilidade fáctica de uma mesma norma ser simultaneamente aplicada e não aplicada por diferentes juízes, em função do julgamento que fizessem sobre a sua validade.

Em suma, colocou-se durante algum tempo a questão de saber se, no âmbito de um processo num tribunal nacional, este poderia considerar procedentes os argumentos no sentido da invalidade da norma comunitária, deixando de a aplicar, ou se, por outro lado, seria obrigado a suspender o processo e reenviar a questão para o Tribunal de Justiça sempre que essa validade fosse posta em causa. A favor desta última solução apontava-se o facto de os redactores do Tratado terem desejado criar, através do recurso de anulação, uma competência exclusiva do Tribunal de Justiça quanto à fiscalização das normas comunitárias, que seria obrigatória, portanto, também a título incidental. A favor da possibilidade de os Tribunais nacionais poderem afastar a aplicação da norma comunitária com fundamento na sua invalidade apontava-se sobretudo a letra do art.º 234.º (que apenas obrigava ao reenvio aos tribunais cujas decisões não pudessem ser objecto de recurso), a autonomia do poder judicial (considerando-se que o juiz nacional acabaria por deixar de ser o *juiz comum* do direito comunitário), e o facto de não se conceber que os tribunais apenas pudessem declarar a validade das normas e não também a sua invalidade[44].

O problema subsistiu até ter sido resolvido pela via jurisprudencial através do Acórdão *Foto-frost*, já mencionado, que atribuiu um novo entendimento ao reenvio prejudicial, acabando por estabelecer um sistema concentrado de fiscalização da legalidade das normas comunitárias.

Segundo este acórdão, qualquer tribunal nacional (quer se encontre a decidir em última instância ou não) deve, sempre que considere que uma norma comunitária é inválida, remeter ao Tribunal de Justiça, a título prejudicial, essa questão de validade. No fundo, ficou proclamada a **competência do tribunal nacional apenas para afastar os motivos de invalidade** de uma norma comunitária, considerando-a plenamente válida e aplicando-a em conformidade; mas **recusou-se ao mesmo tribunal a competência para afastar a aplicação** daquela norma com fundamento em invalidade.

---

[44] V. ALBERTO SOUTO DE MIRANDA, *A competência dos tribunais dos Estados-membros para apreciarem a validade dos actos comunitários no âmbito do art.º 177.º do Tratado de Roma*, in *Temas de Direito Comunitário*, Coimbra, Almedina, 1990, p. 17 e segs..

O Acórdão *Foto-frost* aproximou, portanto, a solução dos Tratados CE e CEEA à que tinha sido estabelecido pelo Tratado de Paris, através da afirmação da competência exclusiva do Tribunal de Justiça para a fiscalização da invalidade das normas. Insista-se, no entanto, que tal solução não vem prevista nos Tratados CE e CEEA. Aliás, uma interpretação literal do art.º 234.º permitiria até retirar a possibilidade contrária, ou seja, a de os tribunais que não julguem em última instância poderem afastar a norma com fundamento em invalidade, uma vez que a obrigação de reenvio só se impõe aos tribunais que julgam sem hipótese de recurso **quando tenham dúvidas** sobre a validade das normas.

É precisamente esta falta de correspondência da jurisprudência *Foto--frost* com a letra do Tratado que tem sido pretexto para alguma crítica de uma parte da Doutrina[45], que considera que aquele acórdão procede a uma interpretação *abrogante* do art.º 234.º, convertendo-o em letra morta, ao estender aos tribunais de instância uma obrigação que apenas se encontra prevista naquele artigo quanto aos tribunais superiores.

Repare-se, não obstante, que a obrigação prevista no art.º 234.º quanto às jurisdições que julguem sem recurso não é, em bom rigor, a mesma que a elaborada pelo Tribunal no acórdão *sub judice*.

Na verdade, a letra do Tratado exige que o juiz nacional que julgue em última instância suscite a competência a título prejudicial do Tribunal de Justiça **pelo mero facto de no seu espírito surgir a dúvida sobre a validade**. Não é preciso, assim, que o juiz nacional tenha confirmado aquela dúvida no sentido da invalidade da norma, para que seja obrigado a submetê-la ao Tribunal de Justiça. Bem se compreende esta solução, uma vez que nos encontramos perante uma decisão que julga definitivamente o caso, não se admitindo já recurso da sua decisão. A jurisprudência *Foto-frost*, por outro lado, impõe aquele reenvio à generalidade dos tribunais apenas num momento posterior de formação da decisão do magistrado: precisamente o momento em que ele se inclina para considerar como inválida a norma comunitária. Não é suficiente, pois, a mera dúvida para gerar a obrigação de reenvio, já que, sempre que ela se

---

[45] V.g. JEAN BOULOUIS, *Contentieux communautaire*, cit., p. 22; MIGUEL GORJÃO HENRIQUES, *Direito Comunitário*, cit., p. 312. Para uma análise dos aspectos criticáveis deste acórdão, sobretudo no que respeita ao facto de os juízes nacionais ficarem limitados na sua vertente de *juízes comunitários*, v., além de ALBERTO SOUTO DE MIRANDA (*A competência...*, cit., p. 25 e segs.), JOÃO MOTA DE CAMPOS, *Contencioso Comunitário*, cit., p. 150. Para um resumo das críticas a este Acórdão V. PAUL CASSIA, *L'accès des personnes physiques et morales au juge de la légalité des actes communautaires*, Paris, Dalloz, 2002, p. 320 e segs..

convole numa certeza pela validade da norma, o juiz nacional fica autorizado a aplicar a norma comunitária sem proceder ao reenvio.

Outra crítica apontada a este acórdão prende-se com o facto de ele criar uma distinção de regime aparentemente injustificada quando permite ao juiz nacional considerar válida a norma comunitária, mas não julgá-la inválida. JEAN BOULOUIS, por exemplo, que defende que deveria haver uma obrigação de reenvio sempre que a resolução da questão de validade fosse necessária ao julgamento, afirma que declarar a validade ou a invalidade das normas "não são duas operações jurídicas diferentes, mas o resultado alternativo de um só e mesmo exame, que seria possível ou impossível de acordo com a própria conclusão"[46]. Outros Autores consideram ainda que o Tribunal de Justiça criou uma confusão entre desaplicação da norma, com efeitos no caso concreto, e declaração de invalidade da mesma – esta sim, com efeitos gerais e de competência exclusiva do Tribunal de Justiça. AMI BARAV, por exemplo, considera que este acórdão retirou ao juiz nacional um poder que o art.º 234.º lhe atribui, e impõe, por outro lado, uma obrigação de reenvio que não se coaduna com a concepção de plenitude de competência do juiz interno, mantendo-o numa situação de *incapacidade parcial permanente*[47].

Outros Autores há[48] que aplaudem a jurisprudência *Foto-frost*, uma vez que consideram que só essa solução está de acordo com o art.º 230.º do TCE, que, numa certa interpretação, atribui ao Tribunal de Justiça competência exclusiva para declarar a invalidade dos actos da Comunidade. Consideram, além disso, que o Tribunal de Justiça está em melhores condições de apreciar a validade do acto, já que no processo perante aquele Tribunal poderão participar as Instituições Comunitárias e os Estados membros, havendo uma melhor ponderação de interesses. Por fim, acrescentam que só o Tribunal de Justiça é que pode limitar os efeitos de uma declaração de invalidade, já que esta declaração nunca valerá apenas no caso concreto, devendo ser levada em conta nos feitos submetidos a julgamento que importem a aplicação da mesma norma[49].

---

[46] *Droit institutionnel de l'Union Européenne*, 1997, p. 317.

[47] *La plenitude de competence du juge national en sa qualité de juge communautaire*, in *L'Europe et le droit, Mélanges en hommage à J. Boulouis*, Paris, Dalloz, 1992, p. 3.

[48] V.g. H. SCHERMERS / P. WAELBROECK, *Judicial Protection*..., cit., p. 268.

[49] Com efeito, como veremos, o Tribunal tem equiparado os termos e o resultado da apreciação e declaração de invalidade das normas a título principal, nos termos do art.º 230.º do Tratado CE, à pronúncia pela invalidade em sede de reenvio prejudicial.

O julgamento sobre a validade ou invalidade das normas comunitária difere, assim, por exemplo do julgamento, em Portugal, da constitucionalidade ou inconstitucionalidade das normas – os tribunais nacionais, em virtude do sistema difuso de fiscalização concreta da constitucionalidade, podem, por sua iniciativa, deixar de aplicar uma norma, embora cabendo, nesse caso, recurso para o Tribunal Constitucional –, e aproxima-se do sistema austríaco de fiscalização concentrada[50]. Dir-se-ia, assim, que o Direito Comunitário é, assim, um Direito de aplicação desconcentrada mas de desaplicação concentrada.

Partindo de uma análise estritamente objectiva do reenvio prejudicial não nos parece que a jurisprudência *Foto-frost* traga alguma mais-valia para a cooperação entre jurisdições. Com efeito, não vemos por que razão se há-de impor ao Tribunal de Justiça a sobrecarga que implica necessariamente o facto de todos os tribunais terem de reenviar a questão mesmo quando a sua decisão pode ser atacada pelas vias judiciais. Nem nos parece ficar posta em causa a competência exclusiva do Tribunal de Justiça na declaração de invalidade das normas, uma vez que só é verdadeiramente importante que ela fique assegurada quanto às decisões que fazem caso julgado, ou seja, quando são definitivas.

No entanto, e não obstante pensarmos que seria desejável a inclusão no Tratado[51] da proibição de os tribunais nacionais declararem a invalidade das normas, afigura-se-nos que a posição acolhida no acórdão *Foto-frost* encontra a sua razão de ser à luz de uma compreensão *subjectiva* sobre a função do reenvio prejudicial, pelo que a esta questão regressaremos na Parte II desta investigação.

4.5. *Instrumento de evolução jurisprudencial*

A competência prejudicial do Tribunal de Justiça revelou-se boa também de um ponto de vista prático: o reenvio veio a revelar-se como um instrumento inédito de **evolução jurisprudencial** e até de **criação pretoriana** do direito[52]. Através da utilização deste processo o Tribunal

---

[50] V. JORGE MIRANDA, *Manual de Direito Constitucional,* Tomo VI, Coimbra, Coimbra Editora, 2001, p. 106.

[51] Por uma questão de segurança jurídica. Nesse sentido também FRÉDERIQUE BERROD, *La systématique...,* cit., p. 273.

[52] Sobre a intensa actividade criadora de direito pelo Tribunal de Justiça V. ORESTE POLLICINO, *Legal Reasoning of the European Court of Justice in the Context of the Principle of Equality between Judicial Activism and Self-restraint,* in G.L.J., vol. 5, n.º 3, 2004,

de Justiça teve oportunidade de preencher as lacunas deixadas pelos Tratados, elaborando diversos conceitos até aí desconhecidos, como o conceito de efeito directo, ou do primado, e desenvolvendo a protecção de direitos fundamentais à margem de qualquer previsão específica nos Tratados[53] sobre esta matéria.

Tal deveu-se igualmente, em grande parte, ao papel dos tribunais nacionais que, à medida que se vêm considerando mais familiarizados com o Direito Comunitário, têm usado também o reenvio quando discordam da posição assumida pelo Tribunal de Justiça noutros processos, e pretendem que este se pronuncie novamente sobre a mesma questão, ou uma questão que implique a análise das mesmas normas, para tentar obter uma solução diferente[54].

4.6. Consolidação do princípio do primado

Enquanto motor de evolução, o reenvio prejudicial desempenhou, por fim, um papel também importante na **uniformização do Direito dos próprios Estados membros**. De facto, sucede várias vezes que os tribunais nacionais requerem ao Tribunal de Justiça a interpretação das normas comunitárias com o objectivo de determinarem eventuais discordâncias das normas nacionais, que obriguem, por força do primado, a deixar de aplicar estas últimas. E, apesar de o Tribunal de Justiça nunca se pronunciar directamente sobre a interpretação ou a validade do direito nacional[55],

---

p. 283 e segs. Esta Autora justifica aquilo a que chama a *criatividade judicial* nas Comunidades pela incompletude das normas comunitárias (resultado do sistema institucional que exige que os actos sejam adoptados com um largo consenso), e pela natureza dos próprios Tratados, em muitos casos contendo normas programáticas.

[53] De facto, muitos destes conceitos foram elaborados a propósito da aplicação do Direito Comunitário pelos tribunais nacionais. V. RENÉ JOLIET, *L'article 177...*, cit., p. 592.

[54] Desde que configurem a dúvida suscitada de forma distinta da primeira, para evitar que o Tribunal de Justiça se limite a remeter a sua resposta para o primeiro acórdão...

[55] Os argumentos aduzidos pelo Tribunal para justificar a inadmissibilidade de questões relativas à conformidade do direito nacional com o Direito Comunitário prendem-se, por um lado, com o facto de aquele considerar que o meio ideal para o fazer é a acção por incumprimento (já que aí se assegura o princípio do contraditório) e, por outro, com a adequada compreensão sobre a separação de competência entre o Tribunal de Justiça e os tribunais nacionais (V. DAVID ANDERSON / MARI-ELENI DEMETRIOU, *References...*, cit., p. 73). FRÉDERIQUE BERROD, refere, no entanto, que, a par de uma *impossibilidade de princípio* de o juiz comunitário conhecer de direito nacional, se verifica uma *possibilidade de facto* de o fazer, através da interpretação das normas comunitárias (*La systématique...*, cit., pp. 127-128).

procura dar indicações claras ao juiz nacional que o ajudem a concluir pela aplicabilidade, ou não, da norma nacional[56]. Embora com efeitos diferentes, o reenvio prejudicial acaba, por vezes, por ter um conteúdo semelhante ao de uma acção por incumprimento[57]. JEAN-FRANÇOIS RENUCCI afirma que o controlo do direito nacional pelo Tribunal de Justiça pode ser feito de forma directa através da acção por incumprimento, ou de forma indirecta através do reenvio prejudicial[58].

Assim, pela mesma via, o reenvio prejudicial é um instrumento essencial de **consolidação do princípio do primado**[59], já que com a interpretação conferida às normas comunitárias pelo Tribunal de Justiça, o juiz nacional tem à sua disposição todos os elementos para decidir se deve ou não deixar de aplicar o direito nacional, na eventualidade de este se mostrar contrário à norma comunitária cuja interpretação foi pedida ao Tribunal de Justiça.

---

[56] No Ac. de 16 de Dezembro de 1981 (*Foglia*, Proc. 244/80, Rec. 1981, p. 3045), o Tribunal de Justiça admitiu claramente poder dar ao juiz nacional todos os dados para este poder julgar da conformidade do direito nacional face ao direito comunitário. Ainda recentemente, num Acórdão de 29 de Abril de 2004 (*Orfanopoulos*, Procs. Apensos C-482/01 e 493/01, o Tribunal concluiu que "os artigos 39.° CE e 3.° da Directiva 64/ /221 opõem-se a uma legislação ou uma prática nacional que impõe a expulsão do território de um cidadão de um outro Estado Membro que foi condenado a uma determinada pena por delitos específicos, apesar de se terem em conta considerações de ordem familiar, baseando-se na presunção de que este deve ser expulso, sem que seja devidamente tido em conta o seu comportamento pessoal nem o perigo que representa para ordem pública". Por outro lado, o Tribunal de Justiça já admitiu o reenvio prejudicial de um Tribunal **alemão** no qual este pretendia obter elementos para interpretar uma norma **italiana** face ao Direito Comunitário (Ac. de 23 de Novembro de 1989, no processo 150/ 88, *Eau de Cologne & Parfümerie-Fabrik*, Col 1989, p. 3891), eventualmente com a finalidade de desaplicar aquela norma por contrária ao ordenamento comunitário. A este respeito, V., DAVID ANDERSON / MARI-ELENI DEMETRIOU, *References...*, cit., p. 118. V., também, JEAN BOULOUIS, *Contentieux communautaire*, cit., p. 36; PIERRE PESCATORE, *Las cuestiones...*, cit., p. 537; RUI DE MOURA RAMOS, *Reenvio prejudicial...*, cit., p. 108 e segs..

[57] Assim, DAVID O'KEEFE, *Is the spirit of art.° 177 under attack? Preliminary references and admissibility*, E. L. Rev., n.° 23, 1998, p. 529; PETER OLIVER, *La recevabilité...*, cit., p. 35 e segs.. Por seu lado, RENÉ JOLIET afirma expressamente que uma das funções no reenvio prejudicial de interpretação é o *controlo ou a censura dos incumprimentos dos Estados* (*L'article 177.°...*, cit., p. 598). Em sentido análogo, JACQUES PERTEK, *La pratique...* cit., p. 22.

[58] *Droit Européen des droits de l'Homme*, 3ª ed., Paris, L.G.D.J., 2002, p. 660.

[59] Nesse sentido, MAURICE BERGERÈS, *Contentieux communautaire*, cit., p. 232.

4.7. Conclusão

Vimos quais os objectivos prosseguidos pelo reenvio prejudicial. Alguns destes objectivos ficaram concretizados por meio da consagração do reenvio para interpretação das normas comunitárias, outros pelo reenvio para apreciação da sua validade, ambos previstos no art.º 234.º. Em todo o caso, dir-se-ia, sintetizando, que **os grandes objectivos do reenvio prejudicial, nesta perspectiva tradicional, se resumem à garantia da uniformidade na aplicação e interpretação das normas comunitárias e à salvaguarda da legalidade do ordenamento**. Foi para assegurar estas duas grandes exigências do ordenamento comunitário que se **sacrificou parte da competência dos juízes comuns** de Direito Comunitário, assegurando a intervenção da jurisdição de nível comunitário. Assim, "a sede do relacionamento entre duas ordens jurídicas deixou de ser (...) a ordem jurídica onde tem lugar a recepção, para ser a outra, a que dela é precisamente objecto"[60], **sendo o reenvio prejudicial exercido antes de mais, no interesse do Direito Comunitário**.

5. A obrigação de reenvio

5.1. Razão de ordem

A prossecução dos objectivos que a competência prejudicial do Tribunal de Justiça pretende alcançar conduziu à criação de dois regimes de reenvio distintos, consoante a necessidade de efectivação desse objectivo se manifeste de forma mais ou menos intensa: assim, nalguns casos o reenvio será meramente facultativo, noutros não estará dependente da discricionariedade do juiz e será, portanto, obrigatório; noutros casos ainda, a obrigação de reenvio é substituída pelo dever de respeito pela orientação previamente adoptada pelo Tribunal de Justiça. É sobretudo quanto ao reenvio obrigatório e quanto à sua substituição pelo dever de respeito pela orientação do Tribunal que vai incidir a nossa investigação.

---

[60] RUI DE MOURA RAMOS, *Reenvio prejudicial...*, cit., p. 111.

5.2. Pressupostos da obrigação

Como vimos atrás, embora cumprindo objectivos diferentes, foram concebidos dois objectos possíveis de reenvio: a interpretação das normas e a apreciação da sua validade. O desenvolvimento jurisprudencial do reenvio conduziu a um afastamento do seu regime, que não estava previsto no art.º 234.º, impondo aos juízes a obrigação de reenviar com fundamento em invalidade das normas em mais casos do que para obter a sua interpretação. Mas os pressupostos legais de que depende a admissibilidade do reenvio são os mesmos[61].

Assim, para que se configure uma obrigação de reenviar é preciso que se verifique, em **primeiro lugar**, que, no âmbito da resolução de um caso, o juiz se depare com uma dúvida sobre a validade ou o alcance dessa norma; em **segundo lugar**, que a resolução dessa dúvida seja essencial para a resolução do caso, e não meramente acessória; por fim, em **terceiro lugar**, que o juiz nacional se encontre perante um caso do qual já não cabe recurso.

Para além destes pressupostos, previstos no art.º 234.º, acrescentaríamos um **quarto**, decorrente da jurisprudência *Foto-frost*, segundo a qual existe ainda obrigação de reenvio sempre que um juiz nacional (qualquer que seja o grau da hierarquia em que se encontre e, portanto, mesmo que a decisão admita recurso), tendo dúvidas sobre a validade de uma norma, esteja inclinado para considerá-la inválida.

5.3. Dispensa *da obrigação de reenvio*

A prática do reenvio prejudicial acabou por se revelar vítima do seu próprio sucesso[62]. De facto, se no início o Tribunal de Justiça se preocupou em demonstrar as vantagens do reenvio e em reforçar a sua competência (procurando assegurar que o reenvio se tornasse prática habitual nos tribunais nacionais), cedo passou a ser manifesto que o grande número de questões prejudiciais que eram colocadas ao Tribunal de Justiça, a somar a todos os outros meios contenciosos previsto nos Tratados,

---

[61] V., em geral, sobre os pressupostos, PETER OLIVER, *La recevabilité...*, cit., p. 15.

[62] ROBERT KOVAR, *La reorganisation de l'architecture juridictionnelle de l'Union Européenne*, in MARIANNE DONY / EMMANUELLE BRIBOSIA, *L'avenir du système juridictionnel de l'Union Européenne*, Bruxelles, Éditions de l'Université de Bruxelles, 2002, p. 42.

tornaram o Tribunal de Justiça num dos órgãos mais sobrecarregados das Comunidades[63]. Os consequentes atrasos processuais assumiam no reenvio prejudicial proporções desmesuradas, se pensarmos que ele corresponde apenas a um sub-processo enxertado num processo judicial nacional, que, em muitos casos, já se apresenta em si demorado. Tal sobrecarga do Tribunal de Justiça viria, de resto, a determinar a criação, em 1989, de uma *jurisdição associada ao Tribunal de Justiça*[64], o Tribunal de Primeira Instância, e, recentemente, das Câmaras jurisdicionais, embora ainda não tenha ocorrido a sua instituição na prática.

Por essa razão, ao mesmo tempo que começou a mostrar-se mais rigoroso quanto à admissibilidade das questões prejudiciais, o Tribunal de Justiça desenvolveu a interpretação do art.º 234.º do Tratado CE, de forma a limitar os casos em que os tribunais nacionais estão obrigados a reenviar questões prejudiciais para o Tribunal de Justiça, criando casos de *dispensa de reenvio*[65].

5.3.1. Autoridade material das decisões anteriores do Tribunal de Justiça

Os Tratados não estabelecem os efeitos que os acórdãos prejudiciais produzem, o que tem gerado discussões acesas, mesmo depois de o Tribunal de Justiça se ter pronunciado sobre o problema. Em todo o caso, é unânime que esses efeitos podem ser distintos, consoante estejamos perante acórdãos interpretativos ou perante acórdãos que declarem a invalidade das normas.

Em todo o caso, a questão está em saber se os efeitos dos acórdãos se verificam apenas *inter partes,* no processo no qual se suscitou a questão, ou se produzem efeitos *erga omnes*[66], impondo-se a todos os tribu-

---

[63] Em termos relativos talvez seja o mais sobrecarregado, já que, de acordo com o Tratado (art.º 221.º), é composto apenas por um juiz por cada Estado.

[64] Era esta a expressão do Acto Único Europeu que pretendia demonstrar a unidade das duas jurisdições, mais do que criar duas instâncias.

[65] V., em geral, RICARDO ALONSO GARCÍA, *El juez español...*, cit., p. 233 e segs..

[66] V., sobre esse debate, MAR JIMENO BULNES, *La cuestión...*, pp. 457 e segs.. Para uma exposição alongada sobre os efeitos materiais dos acórdãos prejudiciais, V. MANUEL CIENFUEGOS MATEO, *Las sentencias prejudiciales del Tribunal de Justicia de las Comunidades Europeas en los Estados Miembros – estudio de la interpretation prejudicial y de su aplicacion por los jueces y magistrados nacionales*, Barcelona, Bosch, 1998, p. 85 e segs..

nais que se venham a deparar, em futuros casos, com a eventual aplicação da mesma norma. Uma posição intermédia considera, quanto aos **acórdãos prejudiciais interpretativos**, que semelhante obrigação só existe para os tribunais que julguem sem hipótese de recurso, uma vez que só nessa altura a decisão é definitiva, devendo ser conforme à interpretação do Tribunal. Assim, em relação aos tribunais cujas decisões são ainda atacáveis pela via judicial, os acórdãos interpretativos equiparam-se aos proferidos pelas jurisdições supremas, beneficiando apenas de uma força vinculativa geral *de facto*[67].

O Tribunal de Justiça pronunciou-se sobre a questão dos efeitos dos acórdãos que interpretem normas no acórdão *Da Costa en Schaake*[68], tendo afirmado que "a obrigação imposta às jurisdições nacionais de última instância pelo art.º [234.º] do Tratado CE, pode perder a sua razão de ser, dada a autoridade da interpretação conferida pelo Tribunal no âmbito do art.º [234.º], quando a questão colocada seja materialmente idêntica a uma questão que já tenha sido objecto de uma decisão a título prejudicial num caso análogo". Repare-se que o Tribunal nada indica sobre o que se deve entender por *questão materialmente idêntica*, podendo considerar-se como tal a questão que comporta a aplicação das mesmas normas e a apreciação de factos análogos. De qualquer das formas, o Tribunal de Justiça acrescentou, no acórdão *Cilfit*[69], que, para além dos casos em que haja identidade material das questões, haverá também dispensa da obrigação de reenvio se "a questão de direito em causa foi já resolvida pela jurisprudência do tribunal, qualquer que seja a natureza do processo que deu origem a esta jurisprudência, mesmo na falta de uma identidade estrita das questões em litígio".

A norma comunitária interpretada torna-se, assim, naquilo a que se pode chamar o *acto clarificado*[70]: tendo servido como objecto de uma outra questão prejudicial idêntica, já foi alvo de interpretação pelo Tri-

---

[67] Nesse sentido, V. JOÃO MOTA DE CAMPOS, *Direito Comunitário*, cit., p. 496; JOSÉ CARLOS MOITINHO DE ALMEIDA, *O reenvio prejudicial...*, cit., p. 50; MIGUEL GORJÃO HENRIQUES, *Direito Comunitário*, cit., p. 316.

[68] Ac. de 27 de Março de 1963, nos Processos 28-30/62, Rec. 1963, p. 61.

[69] Ac. de 6 de Outubro de 1982, no proc. 283/81, Rec. 1982, p. 3415: "os órgãos jurisdicionais nacionais não estão obrigados a reenviar uma questão de interpretação do Direito Comunitário que se lhes coloque, se a questão não é pertinente, ou seja, se a resposta a essa questão, qualquer que seja, não tiver nenhuma influência na solução do litígio".

[70] RICARDO ALONSO GARCIA chama-lhe *acto aclarado* (*El juez español...*, cit., p. 234). V., também, PAZ SANTA MARIA / JAVIER VEGA / BERNARDO PÉREZ, *Introducción...*, cit., p. 542.

bunal de Justiça, encontrando-se assegurada a intervenção deste. Neste caso, **a obrigação de reenvio transforma-se em obrigação de seguir o acórdão prejudicial do Tribunal de Justiça**, que não se encontra prevista no art.º 234.º, mas que decorre da natureza do reenvio prejudicial enquanto manifestação do princípio da cooperação. Frequentemente, aliás, quanto a algumas questões que lhe são colocadas, o Tribunal tem remetido para casos análogos nos quais já interpretou a norma controvertida. É uma solução coerente com a posição manifestada no Ac. *Da Costa en Schaake*, e que está prevista no art.º 104.º, n.º 3 do Regulamento de Processo do Tribunal[71].

Por outro lado, no Ac. de 13 de Maio de 1981[72] o Tribunal de Justiça afirmou que um acórdão que constata a invalidade de um acto, ainda que não seja dirigido senão ao juiz que suscitou a questão no Tri-bunal, constitui uma "razão suficiente para que todos os outros juízes considerem este acto como não válido para os efeitos da decisão que ele tem de tomar". Assim, também o acórdão que aprecie a validade de uma norma produz, segundo o Tribunal, um efeito análogo ao efeito *erga omnes*[73].

Sem querermos participar nessa discussão, porque ela extravasa do objecto desta dissertação, não podemos, no entanto, deixar de referir que nos impressiona o argumento da necessidade de assegurar a uniformidade na aplicação do Direito Comunitário, pelo que entendemos que os acórdãos prejudiciais devem beneficiar de uma autoridade geral. Dito de outra forma, todos os tribunais que venham, no futuro, a julgar casos idênticos devem considerar-se vinculados pela decisão do Tribunal proferida a título prejudicial naquela matéria, quer ela seja interpretativa, quer declare a invalidade da norma[74]. Assim, "aplicar o Direito Comunitário é, para o juiz nacional, aplicar esse direito tal como interpretado pelo Tribunal"[75]. Em todo o caso, esta *autoridade* dos acórdãos prejudi-

---

[71] Dispõe este artigo: "Quando uma questão prejudicial for idêntica a uma questão que o Tribunal de Justiça já tenha decidido, quando a resposta a essa questão possa ser claramente deduzida da jurisprudência ou quando a resposta à questão não suscite nenhuma dúvida razoável, o Tribunal pode, depois de informar o órgão jurisdicional de reenvio, de ouvir as alegações ou observações dos interessados referidos no artigo 23.º do Estatuto, e de ouvir o Advogado-Geral, decidir por meio de despacho fundamentado, no qual fará, se for caso disso, referência ao acórdão anterior ou à jurisprudência em causa".

[72] *International Chemical Corporation,* Proc. 66/80, Rec. p. 1191.

[73] DAVID ANDERSON / MARI-ELENI DEMETRIOU, *References...,* cit., p. 334.

[74] MAURICE BERGERÈS, *Contentieux communautaire,* cit., p. 248 e segs..

[75] JEAN PAUL JACQUÉ, *Droit Institutionnel de l'Union Européenne*, Paris, Dalloz, 2001, p. 619.

ciais será, reconhece-se, sempre *atípica:* os tribunais ficam obrigados a aplicar a norma segundo a interpretação que lhe foi atribuída pelo Tribunal, mas conservam a faculdade de tornarem a questioná-lo, sempre que pretendam que ele esclareça a sua resposta ou quando considerarem que a jurisprudência do Tribunal pode ser alterada[76].

Seja como for, certo é que, para os tribunais que julguem sem recurso, os únicos que estão obrigados a efectuar o reenvio de interpretação, a opção está em seguir a orientação do Tribunal ou efectuar novo recurso.

A admissão do efeito *erga omnes* das decisões prejudiciais torna ténue a fronteira entre a força das decisões prejudiciais do Tribunal de Justiça e os precedentes judiciais dos sistemas de direito anglo-saxónicos[77]. A diferença prende-se, parece-nos, com o facto de os acórdãos interpretativos do Tribunal de Justiça irem mais longe do que os precedentes judiciais, no sentido de que, integrando-se na própria norma interpretada, produzem efeitos retroactivos[78].

Em todo o caso, e para prevenir abusos por parte dos tribunais nacionais, o Tribunal de Justiça delimitou o conteúdo desta dispensa de reenvio, declarando que ela deixará de existir se: (a) o juiz nacional permanecer com dúvidas sobre o sentido e alcance daquela norma[79]; (b) se constatar que existem novos argumentos, alterações legislativas ou posições assumidas pelo Tribunal de Justiça em casos diferentes mas com relevância para a questão[80]; ou (c) se o juiz nacional quiser que o Tribunal de Justiça modifique o seu entendimento[81].

---

[76] JOÃO MOTA DE CAMPOS, *Direito Comunitário,* cit., p. 492, ARACELÍ MARTÍN / DIEGO NOGUERAS, *Instituciones,* p. 250; JEAN BOULOUIS, *Contentieux communautaire,* cit., p. 47.

[77] Neste sentido, V. PIERRE PESCATORE, *Le recours...,* p. 24, e RENÉ JOLIET, *L'article 177.º...,* cit., p. 605.

[78] DENYS SIMON, *Le système...,* cit., p. 700. Na Parte III desenvolveremos a problemática dos efeitos no tempo dos acórdãos prejudiciais.

[79] Ac. de 24 de Julho de 1968, *Milch-Fett-und Eierkontor,* Proc. 29/68, Rec. 1968, p. 165. Neste caso, o Tribunal pode formular um acórdão interpretativo de outro acórdão, correspondendo a uma clarificação do mesmo, tal como se encontra previsto no art.º 102.º do Regulamento de Processo do Tribunal de Justiça. V., a aplicação prática deste princípio no Ac. de 2 de Outubro de 2003, no Proc. C-147/01, *Weber's Wine World Handels.*

[80] Ac. de 3 de Abril de 1968, *Molkerei-Zentrale,* Proc. 28/67, Rec. 1968, p. 211.

[81] Para além do referido acórdão de 13 de Maio de 1981, o Tribunal de Justiça reafirmou-o no mencionado Acórdão *Foglia.* Nesse caso, o facto de o acórdão do Tribunal de Justiça remeter para o acórdão anterior dever-se-á entender como recusa do pedido de alteração de entendimento.

5.3.2. Clareza objectiva do acto

Uma outra causa de dispensa de reenvio foi prevista pelo Acórdão *Cilfit*. Neste, o Tribunal de Justiça afirmou que a obrigação de reenvio cessa quando o juiz nacional constata que *a aplicação correcta do direito comunitário se impõe com uma tal evidência que não deixa margem a nenhuma **dúvida razoável***. Dito de outra forma, o reenvio deixará de ser obrigatório se a norma se apresentar como verdadeiramente **clara** no espírito do julgador[82].

O Acórdão *Cilfit* corresponde, em parte, a uma solução de compromisso entre duas atitudes extremas e que resultavam de uma certa concepção histórica sobre a função judicial, vigente no Estado francês, segundo a qual não cabia aos tribunais a interpretação das normas mas apenas a sua aplicação[83]. Como reacção a esta ideia, os tribunais elaboraram a chamada *teoria do acto claro,* resumida na máxima segundo a qual *in claris non fit interpretatio,* de harmonia com a qual sempre que o sentido da interpretação da norma se impusesse com evidência, estariam dispensados de reenviar a norma para interpretação.

Curiosamente, os ecos desta polémica transmitiram-se ao relacionamento entre tribunais nacionais e Tribunal de Justiça. Na realidade, havia quem interpretasse o art.º 234.º §3 do Tratado CE como obrigando todos os juízes nacionais, cujas decisões passassem pela aplicação de normas comunitárias e fossem insusceptíveis de recurso, a remeter a interpretação dessas normas para o Tribunal de Justiça. Era o que indiciavam, por exemplo, os já referidos acórdãos *Da Costa en Schaake* e *Costa-E.N.E.L.* Mas havia também quem afirmasse, recordando a anterior discussão, que o reenvio só seria obrigatório quando ocorresse, no espírito do juiz, uma dúvida sobre a aplicabilidade da norma, ou seja, apenas quando a norma comunitária não se revelasse suficientemente clara para o julgador.

Como forma de reacção a estas concepções extremas, o Tribunal de Justiça acolheu de forma mitigada a chamada *teoria do acto claro*.

---

[82] Nesse sentido, THOMAS DE LA MARE, *Article 177 in Social and Political Context*, in PAUL CRAIG / GRÁINNE DE BÚRCA (dir.), *The Evolution of EU Law*, Oxford, 1999, p. 223.

[83] Sobre a influência desta teoria na jurisprudência do Tribunal de Justiça, V. RICARDO ALONSO GARCÍA, *Derecho Comunitario...,* cit., p. 177 e segs. NUNO PIÇARRA refere o facto de, ainda hoje, em França, a interpretação dos tratados internacionais caber ao Governo, tendo os tribunais procurado limitar a influência daquele na actividade judicial através da *teoria do acto claro* (*O Tribunal de Justiça...,* cit., p. 20). Por último, em sentido análogo, V. MAR JIMENO BULNES, *La cuestión...,* cit., p. 289.

Começou por afirmar que o reenvio só será obrigatório quando se verifique uma dúvida razoável **para o julgador**: deixou claro, assim, que quem indaga da clareza do acto, ou falta dela, é o juiz da causa principal, cabendo-lhe só a ele, e não ao juiz comunitário, apurar da existência da dúvida, pressuposto da obrigação de reenvio. Evitou, desse modo, subtrair ao juiz nacional a determinação dos termos do reenvio, acolhendo a sua autonomia.

Mas, em contrapartida, o Tribunal não assumiu por inteiro os termos da *teoria do acto claro*: como forma de limitar os seus abusos, referiu, no mesmo acórdão, as condicionantes a que está sujeita a qualificação da clareza da norma comunitária. Assim, o juiz nacional deve levar em conta a terminologia específica do Direito Comunitário e o facto de as suas normas estarem redigidas (e fazerem fé) em várias línguas[84]. Acrescentou, ainda, que cada disposição deve ser interpretada no seu contexto e à luz do conjunto das disposições do ordenamento. Por fim, elaborou a ideia de *dúvida objectiva*[85], ao referir que o julgador deve certificar-se de que o acto se revela igualmente claro para qualquer outro juiz das Comunidades, colocado numa situação semelhante e julgando um caso à luz das mesmas normas[86].

A intenção do Tribunal de Justiça foi, no fundo, minimizar os efeitos, ao tempo já visíveis, da consagração da *teoria do acto claro*. Porém, a posição do Tribunal não é isenta de críticas, que resultam essencialmente do facto de a *teoria do acto claro*, que acabou por ser acolhida pelo Tribunal, estar viciada na sua génese e pouco ou nada contribuir para a resolução da questão sobre os termos em que se verifica a obrigação de reenvio[87].

Na verdade, no nosso entender a *clareza do acto* não é uma verdadeira excepção ao dever de reenvio, uma vez que só é descortinável **depois de efectuada a interpretação da norma**, que era precisamente o que se pretendia atribuir com carácter exclusivo ao Tribunal de Justiça.

---

[84] RICARDO ALONSO GARCÍA enuncia as críticas que esta exigência suscitou, ao exigir que os juízes nacionais conhecessem a jurisprudência de todos os outros Estados membros: v. *Derecho Comunitario...*, cit., p. 180.

[85] MIGUEL SÁNCHEZ, *El tribunal constitucional ante el control del derecho comunitario derivado*, Madrid, 2002, p. 117.

[86] RICARDO ALONSO GARCIA parece acrescentar que haverá indícios da falta de clareza do acto quando vários tribunais dos Estados Membros colocaram já questões relativas à sua interpretação ao Tribunal de Justiça. V. *El juez español...*, cit., p. 246 e segs.

[87] V., por exemplo, DOMINIQUE BLANCHET, *L'usage...*, cit., p. 401 e segs..

Podemos afirmar, neste sentido, que, do confronto do juiz com a norma comunitária podem resultar duas hipóteses:

- ou o juiz reconhece a existência de uma dúvida na interpretação ou na validade daquela norma, nascendo nesse momento a obrigação de reenviar a questão para o Tribunal de Justiça, que, através da sua interpretação, transformará a norma num *acto claro*;
- ou não chega, sequer, a configurar-se nenhuma *questão de Direito Comunitário* na acepção do art.º 234.º, já que no espírito do julgador não surge qualquer interrogação sob o alcance da norma.

Dito de outra forma, ou nunca chega a nascer uma obrigação de reenvio que possa ser dispensada, porque a clareza da norma se impôs *ab initio* quando o julgador se colocou perante a norma[88], ou, se depois deste momento existe uma dúvida efectiva, existe a obrigação, que não pode já ser dispensada, e a *clareza* será conferida pela própria interpretação levada a cabo pelo Tribunal de Justiça: "a função da interpretação consiste precisamente em distinguir aquilo que é claro daquilo que não é"[89].

Assim, a *teoria do acto claro*, mesmo na versão acolhida pelo Tribunal, revela-se inútil. De facto, os casos de dispensa da obrigação de reenvio devem ser recortados de entre aqueles que em princípio estariam sujeitos à obrigação. Na realidade, a dispensa de uma obrigação surge como logicamente posterior à constatação da existência dessa obrigação. O raciocínio do juiz seguirá, portanto, estes momentos lógicos: **em primeiro lugar**, fixará a norma comunitária relevante para o caso; num **segundo momento**, interpretará essa norma, procurando determinar o seu conteúdo e alcance; em **terceiro lugar**, dar-se-á o resultado da interpretação: se a norma for clara, o juiz aplicá-la-á ao caso concreto; se, pelo contrário, não for clara, estaremos então perante uma verdadeira dúvida de interpretação (ou de validade), verdadeiro fundamento da obrigação de reenvio. Se assim for, haverá ainda um **quarto momento** neste processo de raciocínio, no qual o juiz indagará da existência de alguma causa de dispensa do reenvio (nomeadamente, como vimos, a existência de jurisprudência anterior do Tribunal de Justiça naquela matéria). Não a havendo, só num **quinto momento,** quando o Tribunal de Justiça

---

[88] Assim, N. CATALANO, afirmando que "A afirmação da clareza da norma é resultado da interpretação, e não a pode preceder", cit. *in* DOMINIQUE BLANCHET, *L'usage...,* cit., p. 410.

[89] PIERRE PESCATORE, cit. *in* DOMINIQUE BLANCHET, *L'usage...,* cit., p. 410.

devolver a norma já interpretada ao juiz, é que este poderá afirmar que a norma é, agora, clara.

Mas a *teoria do acto claro* tem ainda outro inconveniente: ele deixa nas mãos dos juízes nacionais a difícil tarefa de conciliar o seu próprio entendimento subjectivo com as exigências de uniformidade do Direito Comunitário, traduzindo-se, na prática, num pretexto que alguns tribunais nacionais invocam para se escusar ao reenvio. Na verdade, "não faltam exemplos nos quais os órgãos judiciários aplicam mal o direito comunitário ou consideram como claros actos que não o são"[90].

5.3.3. Impertinência da questão

Algo desnecessariamente, o Tribunal de Justiça, no mesmo acórdão *da Costa en Schaake*, determinou que a obrigação de reenvio cessava se a questão não fosse pertinente ou relevante para a resolução do caso. Tal como no caso do acto claro, não se trata, evidentemente, de um caso de dispensa de reenvio, uma vez que, se a questão não for relevante, não chega a haver obrigação de reenviar, já que a questão não se revela como verdadeiramente prejudicial. Assim, DAVID ANDERSON refere-se ao requisito da *pertinência* como sendo mais um requisito de admissibilidade da própria questão prejudicial, e não causa de dispensa[91].

5.3.4. *Consagração legal dos casos de* dispensa

Nenhum destes casos se nos afigura como verdadeira possibilidade de dispensa de reenvio, já que a sua existência impede o nascimento da própria questão prejudicial. Assim, se a questão for clara, não há verdadeira dúvida, e se a questão não for pertinente, ela também não será prejudicial. Por fim, a existência de jurisprudência anterior do Tribunal de Justiça também não é fundamento de dispensa de reenvio, uma vez que ele continua a ser obrigatório se permanecer a dúvida do juiz, pelo que nada acrescenta à regra geral.

---

[90] JEAN-CLAUDE BONICHOT, cit. *in* DOMINIQUE BLANCHET, *L'usage...*, cit., p. 401.

[91] *The admissibility...*, cit., p. 185 e segs. Como causas que determinem a impertinência da questão este Autor aponta as seguintes: inexistência de um litígio real entre as partes, manifesta falta de relação entre o litígio e as normas cuja interpretação se pretende (o que sucederá, por exemplo, se a questão for meramente hipotética) ou presença de sérias dúvidas sobre a correcção dos factos enunciados pelo tribunal nacional.

Seja como for, todas estas causas de dispensa da obrigação de reenvio viriam a ser previstas no Regulamento de Processo do Tribunal de Justiça, no art.º 104.º, n.º 3, que dispõe que "quando uma questão prejudicial for idêntica a uma questão que o Tribunal de Justiça já tenha decidido, quando a resposta a essa questão possa ser claramente deduzida da jurisprudência ou quando a resposta à questão não suscite nenhuma dúvida razoável, o Tribunal pode, depois de informar o órgão jurisdicional de reenvio, de ouvir as alegações ou observações dos interessados referidos nos artigos 20.º do Estatuto CE, 21.º do Estatuto CEEA e 103.º, n.º 3, do presente regulamento, e de ouvir o Advogado-geral, decidir por meio de despacho fundamentado, no qual fará, se for caso disso, referência ao acórdão anterior ou à jurisprudência em causa".

5.4. *Casos de incumprimento da obrigação de reenvio*

Atentas as funções do reenvio prejudicial atrás apontadas, e levando em conta os casos em que o juiz nacional pode ser dispensado de o efectuar, haverá **incumprimento da obrigação de reenvio prevista no art.º 234.º**, à luz de concepção a que chamaríamos **objectiva**, quando[92]:

a) o juiz nacional de última instância não reenvia para o Tribunal de Justiça uma **questão de interpretação** de uma norma comunitária, sendo manifesto que a sua resolução era essencial para a decisão final do caso concreto e que ainda não existia jurisprudência do Tribunal de Justiça sobre essa questão;

b) o juiz nacional de última instância não reenvia a **questão de validade** de uma norma comunitária para o Tribunal de Justiça, tendo dúvidas sobre aquela (é indiferente se opta por aplicá-la ou não, uma vez que, como vimos, na última instância a **mera dúvida** configura um caso de obrigação de reenvio);

c) o juiz nacional de qualquer instância **recusa a aplicação** de uma norma comunitária por considerá-la inválida (obrigação que não decorre da letra do Tratado, mas do acórdão *Foto-frost*).

---

[92] V. RICARDO ALONSO GARCIA e J. M. BAÑO LEÓN, *El recurso de amparo frente a la negativa a plantear la cuestión prejudicial ante el Tribunal de Justicia de la Comunidad Europea*, in Rev. Española de Derecho Constitucional, Ano 10, n.º 29, 1990, p. 199; MARTA CARRO MArina, *El alcance ...*, cit., p. 311.

Para além destes, há casos que, não colidindo com o art.º 234.º, correspondem, não obstante, a violações do *princípio da cooperação* entre jurisdições por ele instituído (e que decorre, em termos gerais, do disposto no art.º 10.º do Tratado CE), ou do *princípio da autoridade da coisa interpretada*[93], quando se referem aos efeitos de uma decisão jurisprudencial. Correspondem a deveres que, embora não se extraindo literalmente do art.º 234.º, de alguma forma o completam e evitam que ele se convole em letra morta. Assim, configuram igualmente casos de omissão da obrigação de reenvio aqueles em que:

a) o juiz nacional, qualquer que seja o grau em que se encontre, aplica uma norma comunitária com um sentido materialmente incompatível ou diverso daquele que o Tribunal de Justiça já lhe atribuiu, no âmbito daquele processo ou de outro[94];

b) o juiz nacional aplica uma norma comunitária já declarada inválida pelo Tribunal de Justiça no próprio processo ou em processo anterior[95].

A primeira alínea justifica-se através da jurisprudência comunitária que analisámos no capítulo anterior, que determinou a dispensa da obrigação de reenvio quando a questão colocada já tenha sido resolvida pelo Tribunal num caso análogo. Por isso, há incumprimento desta obrigação quer quando o tribunal não reenvia a questão, sendo a tal obrigado, quer, de forma indirecta, quando não respeita os efeitos do acórdão do Tribunal de Justiça no âmbito do próprio processo ou de processo anterior[96].

---

[93] Expressão utilizada por FRÉDERIQUE BERROD, *La systématique...,* cit., p. 150, afirmando que a autoridade dos acórdãos prejudiciais não é uma simples *autoridade moral.*

[94] Para MANUEL CIENFUEGOS MATEO, a obrigação de seguir a orientação expressa pelo Tribunal de Justiça no âmbito de um reenvio decorre do princípio do primado. Como os acórdãos prejudiciais não têm força executiva, o não respeito da interpretação do Tribunal *terá as mesmas consequências que a violação do próprio Tratado, permitindo pôr em marcha o mecanismo do recurso por incumprimento (Las sentencias...,* cit., p. 77). Nas próximas páginas veremos em pormenor se este processo de incumprimento se adequa ao espírito de cooperação instituído pelo reenvio.

[95] Ac. *International Chemical Corporation,* já referido.

[96] Nesse sentido, RICARDO ALONSO GARCÍA, *Derecho comunitario...,* cit., p. 193.

5.5. Conclusão

A compreensão correcta do fenómeno da obrigação de reenvio e da sua dispensa releva para a determinação da margem de apreciação que cabe ao juiz nacional na configuração da existência dessa obrigação. De facto, a discricionariedade do juiz manifesta-se quanto à análise da verificação dos pressupostos de que depende aquele dever, e não quanto à decisão do reenvio em si. Sucede, porém, que essa análise passa pela interpretação de vários conceitos indeterminados, que acabam por permitir uma flexibilização excessiva do conteúdo da obrigação.

Na verdade, a *questão de Direito Comunitário,* ou a *dúvida sobre a validade ou interpretação,* ou a *pertinência da questão*, ou a indagação da *clareza do acto*, são conceitos indeterminados, cujo preenchimento cabe, de forma livre, ao próprio juiz nacional obrigado ao reenvio. Assim, é o julgador do caso concreto que estabelece as condições em que as próprias causas de dispensa se verificam, **podendo parecer irrelevante o facto de, para as partes, a questão se apresentar pertinente e pouco clara.** Como veremos adiante, pensamos que o facto de serem as partes a requererem que a questão seja suscitada no Tribunal de Justiça pode servir como limitação daquela apreciação discricionária.

Em todo o caso, parece ser intuitiva a conclusão de que as discrepâncias na materialização daqueles conceitos são a principal causa do desconhecimento ou do afastamento deliberado, pelos tribunais nacionais, do dever de reenvio imposto pelo art.º 234.º § 3.

6. Sanções pelo incumprimento da obrigação de reenvio

6.1. *O processo por incumprimento*

Na sequência da enunciação dos casos que configuram situações de incumprimento da obrigação de reenvio, há que indagar que meios estão previstos para sancionar essa inobservância. A verdade é que os Tratados comunitários não previram nenhuma sanção especial para a omissão de reenvio, o que leva ANTÓNIO BARBOSA DE MELO a afirmar que o art.º 234.º *"mais não será, ou pouco mais será do que uma 'lex imperfecta'"*[97].

---

[97] *Notas...,* cit., p. 131.

Recorde-se, no entanto, que **para a perspectiva clássica que temos vindo a descrever, o reenvio prejudicial é exercido, em primeira análise, no interesse do Direito Comunitário**. Assim, o art.º 234.º do Tratado CE (e, uma vez que deste resulta um dever de cooperação, também o art.º 10.º do mesmo Tratado) impõe uma verdadeira **obrigação internacional**[98]. As sanções aplicáveis em caso de incumprimento poderão ser, pois, as clássicas vias internacionais, previstas no Tratado para qualquer incumprimento do Direito Comunitário – ou seja, o processo previsto no art.º 226.º e segs. do Tratado CE, que pode resultar numa declaração de incumprimento do Estado emitida pelo Tribunal de Justiça[99].

Tendo em vista a obrigação comunitária de reenvio imposta pelo art.º 234.º, podemos considerar um duplo objecto da acção por incumprimento: aquela que tem como causa a aprovação ou manutenção, pelo Estado, de normas que impossibilitem ou tornem difícil o cumprimento dessa obrigação pelos tribunais, ou a própria recusa de reenvio por parte destes últimos. No primeiro caso, o incumprimento deve-se ao legislador; no segundo, atribui-se ao julgador.

6.1.1. *A manutenção de normas nacionais que dificultem ou impeçam o reenvio*

A consagração dos juízes nacionais como *juízes comuns* de Direito Comunitário não foi acompanhada da elaboração de um "Código de Processo Comunitário nos tribunais nacionais", ou de regras processuais especiais para a aplicação do Direito Comunitário. Na realidade, a *alteração material* da competência dos juízes nacionais em vista da aplicação das normas comunitárias não correspondeu a uma alteração *formal* da sua competência: manteve-se a **autonomia dos Estados em matéria processual**[100],

---

[98] É este, segundo nos parece, o entendimento de João Mota de Campos, ao afirmar, a este propósito, que a acção por incumprimento se justifica "em consonância com o princípio, bem estabelecido em Direito Internacional Público, de que as obrigações decorrentes dos Tratados incumbem aos Estados-membros como tais (...)" – v. *Contencioso Comunitário*, cit., p. 158.

[99] Aqui entendido em sentido estrito, já que a acção por incumprimento é hoje o único meio processual subtraído à competência do Tribunal de Primeira Instância (v. art.º 225.º do Tratado CE).

[100] Miguel Sánchez, *El tribunal constitucional...*, cit., p. 92 e segs.; C.N. Kakouris, *Do the Member States...*, cit., p. 1394; José Carlos Moitinho de Almeida, *A ordem jurídica...*, cit., p. 37-38.

sendo os meios contenciosos que envolvam a aplicação das normas deste ordenamento, à partida, processualmente idênticos àqueles nos quais se aplique exclusivamente direito nacional.

Como limitação à autonomia dos Estados, o Tribunal de Justiça elaborou, por via jurisprudencial, o **princípio da equivalência entre os meios contenciosos fundados no Direito nacional e os fundados no Direito Comunitário**[101], que será violado se as normas nacionais preverem requisitos mais exigentes para as acções fundadas no Direito Comunitário do que para as que se fundam no direito nacional, ou se dificultarem ou tornarem materialmente impossível o exercício dos direitos conferidos pelo Direito Comunitário[102]. Assim, "na ausência de Direito Comunitário processual, o direito nacional contribui para a força da primazia e eficácia do Direito Comunitário. Nestas circunstâncias, a competência dos Estados Membros para regularem a tutela judicial do Direito Comunitário encontra o seu limite unicamente no núcleo desse direito. Assim se devem interpretar os limites que o Tribunal de Justiça impõe à autonomia dos Estados Membros: que esta não torne a tutela materialmente impossível ou discriminatória"[103].

Ora, pode suceder que, em violação deste princípio da equivalência, o legislador nacional aprove uma norma que dificulte o exercício do reenvio pelo juiz nacional. Será o caso, por exemplo, se proibir o reenvio prejudicial em determinadas circunstâncias ou em determinados processos (neste caso ocorre uma **violação directa** do princípio da equivalência),

---

[101] Ac. de 14 de Dezembro de 1995, Proc. C312/93, *Peterbroeck*, Col. 1995, p. 4599.

[102] V. Takis Tridimas, *The general principles of EC law*, Oxford, p. 279; Olivier Dubos, *Les jurisdictions...*, cit., p. 269; Javier Pérez, *La cooperación leal en el ordenamento comunitario*, Madrid, Colex, 2000, p. 307 e segs. V. também os Acórdãos de 10 de Julho de 1997 (no proc. C-261/95, *Palmisani*, Col. 1997, p. 4025) – no qual o Tribunal de Justiça estabeleceu que "o direito comunitário não se opõe a que um Estado Membro imponha, para a propositura de qualquer acção destinada à reparação do prejuízo sofrido devido à transposição tardia da Directiva (...), um prazo de preclusão de um ano a contar da transposição na sua ordem jurídica interna, desde que esta modalidade processual não seja menos favorável do que as que dizem respeito a acções semelhantes de natureza interna" – e de 1 de Dezembro de 1998 (*BS Levez*, no proc. C-326/96, Col. 1998, p. 7835) – no qual o Tribunal decidiu que "o direito comunitário opõe-se à aplicação de uma norma de direito nacional que limita o período em relação ao qual o trabalhador pode pedir diferenças salariais (...), mesmo quando esteja disponível outra solução, se esta última solução comportar modalidades processuais o condições menos favoráveis do que as previstas para acções similares de natureza interna".

[103] Miguel Sánchez, *El tribunal constitucional...*, cit., pp. 91-92.

ou se fixar custas desproporcionadas para o incidente de reenvio, ou estabelecer prazos curtos para o seu exercício (casos estes nos quais a **violação será indirecta**, já que constituem apenas desincentivos ao reenvio, sem, no entanto, o proibirem).[104]

O autor do incumprimento é, então, o legislador, não se distinguindo esta situação de outras mais frequentes, como a manutenção de leis contrárias ao Direito Comunitário, ou a falta de transposição das directivas.

É certo que, por vezes, os Governos dos Estados Membros, agindo em sua representação nas acções em que estes sejam partes, alegam em sua defesa que o incumprimento do legislador não lhes pode ser oposto. No entanto, o Tribunal de Justiça não tem aceite tal justificação, afirmando que, embora seja o Governo o representantes dos Estados no âmbito de um processo de incumprimento, é o próprio Estado membro, na sua globalidade, que é sujeito de Direito Comunitário e que, portanto, responde pelas infracções a este ordenamento[105]. Assim, a acção por incumprimento revela-se o meio idóneo para fazer cessar o incumprimento do Direito Comunitário pelos Estados membros, quando esse incumprimento se tenha devido a uma actuação do legislador.

6.1.2. A recusa de reenvio pelo juiz nacional

Um segundo tipo de incumprimento afigura-se mais interessante para a nossa investigação: é o caso em que o juiz nacional deixou de cumprir as obrigações que lhe incumbiam por virtude do art.º 234.º, e que descrevemos no capítulo anterior, imputando-se, portanto, ao mesmo juiz o incumprimento do Direito Comunitário. Será que a Comissão ou outro Estado Membro podem usar da faculdade prevista nos arts. 226.º

---

[104] O próprio Tribunal afirmou, no Ac. *Van Schijndel* (14 de Dezembro de 1995, Procs apensos C-430 e 431/93, Col. 1995, p. 4705), que "na falta de regulamentação comunitária na matéria, compete à ordem jurídica interna de cada Estado-Membro designar os órgãos jurisdicionais competentes e regular as modalidades processuais das acções judiciais destinadas a assegurar a protecção dos direitos que decorrem para os particulares do efeito directo do direito comunitário. Todavia, estas modalidades não podem ser menos favoráveis do que as modalidades relativas a acções análogas de natureza interna, nem tornar na prática impossível ou excessivamente difícil o exercício dos direitos conferidos pela ordem jurídica comunitária. Uma norma de direito interno que impeça a aplicação do procedimento previsto no artigo 177.º [234.º] do Tratado não deve ser aplicada".

[105] V., por exemplo, o Ac. de 13 de Julho de 1972, Proc. 48/71, *Commission c. Itália*, Rec. 1972, p. 529.

ou 227.º, respectivamente, quando o incumprimento se tenha devido a um órgão do Estado que exerça a função judicial?

À primeira vista, dir-se-ia que este caso é idêntico ao anterior: nas duas situações estamos perante um incumprimento imputável a órgãos de soberania do Estado, parecendo poder comportar, por conseguinte, a responsabilidade do próprio Estado, ainda que seja o Governo do Estados quem surge em sua representação no lado passivo do processo perante o Tribunal de Justiça. "Uma vez que o legislativo e o judiciário são órgãos do Estado, tanto como o Governo, não há, em princípio, razão para que uma violação do Direito Comunitário pelo órgão legislativo ou pelos tribunais não conduza à responsabilidade do Estado da mesma forma que uma violação por parte do Executivo"[106]. Para além disso, os actos dos tribunais comportam a mesma nota de definitividade que os actos da Administração, decidem situações jurídicas. Assim, se a actuação das entidades administrativas pode ser objecto de um processo por incumprimento do Estado quando tenha violado o Direito Comunitário, por maioria de razão esse processo pode ser iniciado quando o incumprimento se tenha devido ao tribunais, já que estes podem fazer uso do mecanismo de reenvio precisamente para garantir a correcta aplicação do Direito Comunitário.

Por essas razões, a generalidade dos Autores[107] aponta a acção por incumprimento como sendo o meio idóneo de reacção perante a recusa das jurisdições nacionais de suscitar a competência a título prejudicial, uma vez que esta se configura também como um *ilícito comunitário*[108].

De resto, o próprio Tribunal de Justiça chegou a afirmar, no Acórdão *Meyer Burckhardt*[109], que, embora os particulares não possam exigir dos tribunais o cumprimento do reenvio, fica salvaguardada a possibili-

---

[106] TREVOR HARTLEY, *The foundations...*, cit., p. 308.
[107] PIERRE PESCATORE, *Las cuestiones...*, cit., p. 557.; GUY ISAAC / MARC BLANQUET, *Droit communautaire...*, cit., pp. 315 e 316; DENYS SIMON, *Le système...*, cit., p. 678; JOE VERHOEVEN, *Droit de la Communauté Européenne*, 2.º ed., Paris, Larcier, 2001, p. 372; DAVID ANDERSON / MARI-ELENI DEMETRIOU, *References...*, p. 186; JOÃO MOTA DE CAMPOS, *Contencioso comunitário*, cit., pp. 158 e 159; JOSÉ MANUEL RIBEIRO DE ALMEIDA, *A cooperação...*, cit., p. 67; MIGUEL ANDRADE, *Guia prático do reenvio prejudicial*, Lisboa, Gabinete de Documentação e Direito Comparado, 1991, p. 66; JOSÉ CARLOS MOITINHO DE ALMEIDA, *O reenvio prejudicial...*, cit., p. 70. Com dúvidas, pela difícil aplicação prática, GEORGES ROUHETTE, *Quelques aspects de l'application du mécanisme du renvoi préjudiciel*, in Justices – Revue Générale de droit processuel, n.º 6 – Avr-Juin 1997, Dailoz, p. 19, em nota de rodapé, e MAR JIMENO BULNES, *La cuestión...*, cit., p. 323.
[108] GIANDOMENICO FALCON, *La tutela...*, cit., p. 382, em nota de rodapé.
[109] Proc. 9/75, Acórdão de 22 de Outubro de 1975, Rec. 1975, p. 1171.

dade de ser iniciado o processo de incumprimento "quando a recusa dos tribunais fizer converter em letra morta o art.º 234.º". Da mesma opinião partilha o nosso Tribunal Constitucional, que, num acórdão de 20 de Novembro de 2002, referiu que a omissão de reenvio era sancionável apenas através da acção por incumprimento no Tribunal de Justiça[110].

Que dizer desta solução? Não podemos afirmar linearmente, como acima o fizemos, que também neste caso o processo por incumprimento constitui uma via idónea para sancionar a inobservância da obrigação de reenvio. Na realidade, quando essa inobservância se atribui aos tribunais, a questão configura-se como **materialmente distinta** dos casos em que o incumprimento se deve aos órgãos legislativos ou executivos. É certo que o processo por incumprimento previsto no Tratado não faz distinções, e que o próprio Tribunal de Justiça não parece levantar obstáculos à sua utilização. Todavia, bem vistas as coisas, o processo poderá não se revelar o mais adequado. Vamos ver porquê.

a) A independência do exercício da função judicial

Em primeiro lugar, o exercício do poder jurisdicional comporta sempre uma nota de **independência** que é mais dificilmente perceptível na prossecução das restantes funções do Estado. De facto, a irresponsabilidade do poder judicial relativamente ao poder político, do mesmo modo que exclui qualquer interferência deste no exercício do primeiro, torna indesejável a imputação ao Estado (representado pelo Governo) dos actos dos tribunais[111]. As garantias de independência do próprio Tribunal de Justiça, previstas nos Tratados e confirmadas ao longo da sua História, demonstram que ao Direito Comunitário não é indiferente a autonomia dos tribunais[112] – aliás, é precisamente essa mesma autonomia que

---

[110] Acórdão n.º 476/2002, no Proc. 449/2002.

[111] Este problema encontra-se tratado, em geral, por J. J. GOMES CANOTILHO, *Direito Constitucional e Teoria da Constituição*, 7ª edição, Coimbra, Almedina, 2003, p. 659, e, em concreto quanto ao problema de que nos ocupamos, por GÉRARD NAFYLAN, *De quelques problèmes posés par l'application de l'article 177 du Traité de Rome,* in *Melanges offerts à Pierre-Henri Teitgen,* Paris, Éditions A. Pedone, 1984, p. 337; NUNO PIÇARRA, *O Tribunal de Justiça...,* cit., p. 16, em nota de rodapé.

[112] CAROL HARLOW considera que, se o Tribunal de Justiça sancionar o Estado por um acto de um tribunal, pondo em causa a independência do poder judicial, tal poderia reverter também em seu desfavor – o que justifica o facto de, como veremos, até agora não ter sido utilizada a acção de incumprimento com este objecto. V. *The national...,* cit., p. 945.

garante que os órgãos jurisdicionais possam deixar de aplicar normas nacionais para aplicar normas comunitárias, em respeito pelo princípio do primado[113]. Daí que, por exemplo, CAROL HARLOW seja da opinião de que a responsabilidade do Estado membro por actos praticados por órgãos da função jurisdicional se encontra na letra, mas não no espírito do processo por incumprimento[114].

Por outro lado, não se descortina o modo como os Estados poderiam efectivar internamente a responsabilidade dos tribunais, ou de que maneira poderiam garantir que estes passassem a cumprir a obrigação de reenvio[115]. Mesmo se procurassem promover uma efectiva formação dos juízes no respeito pelo Direito Comunitário, tal não passaria de um fraco empenho, já que a solução última dos casos caberia sempre ao juiz. Certo é que os Estados membros se encontrariam comprometidos entre, por um lado, a independência dos tribunais e, por outro, a possibilidade de, mantendo-se o estado de incumprimento, o processo ser reaberto e virem a ser aplicáveis ao Estado faltoso sanções pecuniárias compulsórias, por efeito das alterações feitas ao art.º 228.º do Tratado CE pelo Tratado de Maastricht. Mesmo neste caso, porém, seria difícil fixar os critérios de que o Tribunal se serviria para fixar aquelas sanções.

A Comissão já se pronunciou sobre o problema, em resposta a algumas perguntas escritas do Parlamento que versaram sobre esta questão. Assim, por exemplo, na resposta à pergunta escrita n.º 28/68[116] (que teve como intuito chamar a atenção da Comissão para o caso particular do *Conseil d'État* francês, que, num caso perante si colocado[117], não havia suscitado

---

[113] No, já referido, Acórdão *Rheinmuhlen,* o Tribunal de Justiça afirmou que, em respeito pelo princípio do primado, os tribunais inferiores não estão obrigados a seguir a orientação dos tribunais superiores contrárias ao Direito Comunitário (o que se revela especialmente importante nos casos em que vigore o sistema de precedentes judiciais), podendo – e, nos termos gerais, por vezes devendo – reenviar a questão para o Tribunal de Justiça.

[114] *The National Legal Order and the Court of Justice: Some Reflections on the case of the United Kingdom,* in *Rivista Italiana di Diritto Pubblico Comunitario,* Ano V, n.º 5/1995, Giuffrè Editore, p. 944.

[115] Assim, FAUSTO DE QUADROS / ANA GUERRA MARTINS, *Contencioso comunitário,* cit., p. 70; No mesmo sentido, GÉRARD NAFYLAN, *De quelques problemes...,* cit., p. 339.

[116] Resposta de 5 de Julho de 1968 à pergunta escrita do deputado DERINGER, n.º 28/68, JOCE 1968 n.º C71, pp.1-2; antes já também a resposta do dia 20 de Outubro de 1967 à pergunta escrita do Deputado Westerterp. V. H. SCHERMERS / P. WAELBROECK, *Judicial protection...,* cit., p. 306.

[117] Caso *Syndicat Général des fabricants de semoules de France,* Acórdão do *Conseil d'État* de 1 de Março de 1968. V. H. SCHERMERS / P. WAELBROECK, *Judicial protection...,* cit., p. 306.

a competência prejudicial do Tribunal de Justiça), a Comissão afirmou que "o procedimento do art.º [226.º] é aplicável quando uma decisão judicial de um Estado membro viola o art.º [234.º]"[118]. Como, apesar dessa afirmação, a Comissão não iniciasse o procedimento por incumprimento contra o Estado francês, o Parlamento Europeu voltou a insistir no ano seguinte, através de nova pergunta escrita[119]. Desta vez a Comissão admitiu claramente que "far-se-á notar que [tal como tinha sido exposto pelo próprio Parlamento, num relatório elaborado pela sua Comissão Jurídica] 'a utilização eventual do art.º [226.º] conflituaria naturalmente com a independência do poder judiciário em relação ao poder executivo' (...), o que leva a Comissão a considerar que não deve ser posto em prática o procedimento do art.º [226.º] em qualquer caso em que uma decisão de uma jurisdição nacional viole as exigências do Direito Comunitário". A hesitação da Comissão reflecte bem o conflito entre o princípio da independência e a irresponsabilidade do poder judicial, por um lado, e a necessidade de garantir o cumprimento do art.º 234.º, por outro.

É verdade que o próprio Tribunal de Justiça afirmou expressamente que "a responsabilidade de um Estado membro à luz do art.º [226.º] é efectivada, qualquer que seja o órgão do Estado cuja acção ou omissão está na origem do incumprimento, mesmo se se trata de uma instituição constitucionalmente independente"[120]. Mas a verdade é que, mesmo dentro do próprio Tribunal, tal solução não é evidente, havendo quem proponha a flexibilização do processo de incumprimento nestes casos. É o caso do Advogado-Geral WARNER, que declarou, nas suas conclusões no Proc. 30//77[121], que "o erro judicial não constitui um violação do Tratado" só podendo ter lugar a acção de incumprimento no caso de um tribunal de um Estado Membro "ignorar ou violar deliberadamente as disposições do Direito Comunitário" – posição que foi, de resto, também perfilhada pela Comissão nas suas alegações no Acórdão *Meyer Burckhard*[122].

---

[118] No mesmo sentido se pronunciou o Tribunal de Justiça no ac. de 14 de Dezembro de 1971, no proc. 7/71, *Comissão c. Rep. Francesa*, Rec. 1971, p. 1003.

[119] Questão n.º 349/69 do deputado WESTERTEP, que originou a resposta da Comissão do dia 30 de Janeiro de 1970.

[120] Ac. de 5 de Maio de 1970, *Comissão c. Bélgica*, no Proc. 77/69, Rec. 1970, p. 237.

[121] *Regina c. Bouchereau,* Conclusões apresentadas em 28 de Setembro de 1977, Ac. 27 de Outubro de 1977, Rec. 1977, p. 1999.

[122] Também L. NEVILLE BROWN / TOM KENNEDY, procurando minimizar os efeitos da aplicação deste procedimento, afirmam que ele só será admissível em caso de violação grave – v. *The Court of Justice of the European Communities,* 5ªed., Londres, Sweet & Maxwell, 2000, p. 117.

Emblemático desta cautela do Tribunal de Justiça na afirmação do incumprimento por parte de tribunais nacionais é o Acórdão de 9 de Dezembro de 2003[123], no qual estava em causa o modo como os tribunais italianos vinham aplicando uma norma italiana, em matéria fiscal, de forma contrária ao Direito Comunitário. Apesar de ter afirmado a que o incumprimento do Estado pode ser declarado mesmo quando se deva a um órgão independente, o Tribunal acabou por reconduzir a violação ao legislador, condenando o Estado italiano por não alterar a lei, permitindo dessa forma, por esta não ser clara, que a Administração e os tribunais a interpretassem num sentido contrário ao Direito Comunitário.

Provavelmente devido a estas dúvidas não encontrámos nenhuma acção por incumprimento dirigida a um Estado por infracção do art.º 234.º, embora a Comissão Europeia tenha chegado a abrir formalmente a fase pré-contenciosa daquele processo contra o Estado Alemão, por duas vezes, em 1985[124] e 1990[125], dada a recusa sistemática do *Bundesfinanzhof* em suscitar o reenvio prejudicial. Não chegou, no entanto, a promover a acção judicial junto do Tribunal de Justiça.

Na medida em que a Comissão se limite a instar junto dos Estados para que procurem, na instrução dos juízes, convencê-los da necessidade de cumprimento da obrigação de reenvio, não nos choca que a forma para tal utilizada seja a da abertura da fase pré-contenciosa do processo de incumprimento. Isso significa, no fundo, a admissão de que o incumprimento se deve, ainda que de forma indirecta, à Administração dos Estados, que não investiram devidamente na formação europeia dos seus magistrados.

b) A falta de legitimidade dos particulares e a discricionariedade da Comissão

Mas mesmo abstraindo das inconveniências da utilização do processo de incumprimento, torna-se forçoso reconhecer que ele apresenta ainda

---

[123] Proc. C-129/00, *Comissão c. Itália*.

[124] Questão escrita n.º 1907/85 (5 de Novembro de 1985), do deputado KARL VON WOGAU, e respectiva resposta da Comissão (de 10 de Fevereiro de 1986), na qual esta afirmou ter iniciado o processo por incumprimento contra o Estado alemão. H. SCHERMERS / P. WAELBROECK referem ainda um caso anterior, de 1974, no qual a Comissão iniciou igualmente o processo de incumprimento (*Judicial protection...*, cit., p. 307). V., a este respeito, Europe, 27 Dez. 1974, n.º 1657, p. 9.

[125] A Comissão escreveu uma carta ao Governo alemão em Agosto de 1990 pela recusa do *Bundesgerichthof* em reenviar. V. DAVID ANDERSON / MARI-ELENI DEMETRIOU, *References...*, cit., p. 186.

uma dificuldade prática: a sua natureza objectiva[126] proíbe que possa ser iniciado pelos particulares (que eventualmente tenham ficado prejudicados pela omissão de reenvio), mas apenas pela Comissão (art.º 226.º do Tratado CE) ou por outro Estado membro (artigo 227.º do mesmo Tratado)[127]. Aos particulares caberá, quando muito, a possibilidade de queixa à Comissão[128], que continuará, apesar disso, a gozar do poder (discricionário) de decisão sobre a oportunidade do processo. Na verdade, os art.ᵒˢ 226.º e 227.º atribuem àquele órgão comunitário a condução da fase administrativa e a legitimidade para, finda esta, recorrer ao Tribunal. Assim, mesmo quando o procedimento administrativo tenha sido iniciado por um Estado membro, este deve, nos termos do art.º 227.º, § 2, "submeter o assunto à apreciação da Comissão".

Mesmo que tenha decidido acolher a queixa do particular, a Comissão dispõe ainda de um **largo poder de apreciação dos casos em que considere que os Estados violaram qualquer das obrigações do Tratado**. E então, pode verificar-se um de dois desfechos:

– pode acontecer que a Comissão opte, no seu parecer fundamentado, por não interpor a acção de incumprimento no Tribunal de Justiça. Deste parecer, defende TREVOR HARTLEY[129], não cabe recurso, uma vez que não é um acto obrigatório, não estando incluído, portanto, dentro dos actos recorríveis (o próprio art.º 230.º exclui do âmbito do recurso de anulação *as recomendações e os pareceres*)[130]. Mesmo que se entendesse de forma diversa, atendendo ao facto de o acto por fim à fase inicial (administrativa) do processo de incumprimento, constituindo, nesse sentido, um acto obrigatório e produtor de efeitos jurídicos, devendo ser recorrível[131], ainda assim teria o particular de provar que aquele

---

[126] GUY ISAAC / MARC BLANQUET, *Droit communautaire...*, p. 317.

[127] V. GÉRARD NAFYLAN, *De quelques problemes...*, cit., p. 338; OLIVIER DUBOS, *Les juridictions...*, cit., p. 640.

[128] Direito enquadrável no quadro de direitos conferidos pela cidadania europeia, uma vez que, encontrando-se prevista no art.º 21.º do TCE a possibilidade de queixa ao Provedor de Justiça e de petição ao Parlamento Europeu, não há razão para excluir, à partida, a possibilidade de queixa à Comissão, possivelmente prevista no espírito do art.º 21.º § 3.

[129] *The foundations...*, cit., p. 312.

[130] O próprio Tribunal rejeitou essa possibilidade, no ac. de 1 de Março de 1966, *Lütticke c. Comissão*, Rec. 1966, p. 27.

[131] Até por analogia como regime instituído pelo Tratado CECA, mais vantajoso para os particulares, segundo o qual, à luz dos arts. 35.º e 88.º daquele Tratado, os

parecer fundamentado lhe dizia *directa e individualmente respeito*, critério de que o art.º 230.º faz depender a legitimidade dos particulares para a propositura do recurso de anulação. Em todo o caso, a posição assumida pela Comissão no parecer fundamentado seria apenas sindicável nos termos em que o são os actos discricionários em geral, ou seja, por falta de fundamentação ou desvio de poder;
– pode acontecer, por outro lado, que a Comissão tenha pura e simplesmente omitido o seu parecer. Neste caso, discute-se[132] a possibilidade de ser iniciado o processo por omissão. Na medida em que a Comissão é titular do poder discricionário de interpor no Tribunal a acção por incumprimento, pode entender-se que ela não é obrigada a formular o parecer fundamentado, tomando-se a sua omissão como recusa tácita. Mas mesmo que assim não se entenda, a legitimidade para iniciar o processo por omissão nunca caberia ao particular, uma vez que o art.º 232.º apenas prevê a legitimidade deste quando não lhe tenham sido dirigidos os actos em falta, não se podendo entender como tal a preterição da propositura de uma acção por incumprimento[133].

Pese embora a dificuldade de aceitar, do ponto de vista dogmático, que o recurso de anulação e a acção por omissão seriam meios adequados de reacção ao parecer fundamentado ou à sua inexistência, respectivamente, sempre se teria de admitir que ao particular restaria tornar a utilizar o direito de queixa, desta vez procurando convencer outra Instituição a promover aqueles meios contenciosos.

Uma alternativa seria a proposta por ROBERT LECOURT[134] e TREVOR HARTLEY[135], que defendem que a falta, atribuída à Comissão, de promoção de uma acção por incumprimento pode gerar responsabilidade das

---

particulares (que no quadro do Tratado CECA seriam as empresas ou associações relacionadas com o fabrico ou comercialização do carvão e do aço) podiam propor uma acção de anulação contra o acto de recusa da Comissão de promover a acção por incumprimento. V. HARTLEY, *The foundations...*, cit., pp. 319-320.

[132] Veja-se, por exemplo, FAUSTO DE QUADROS / ANA GUERRA MARTINS, *Contencioso comunitário*, cit., p. 198.

[133] MAR JIMENO BULNES, *La cuestión...*, cit., p. 329 e segs.

[134] *L'Europe...*, cit., p. 267. No mesmo seguimento, e em Portugal, v. MIGUEL MOURA E SILVA, *O papel das partes e outros interessados no processo de reenvio prejudicial*, in *Direito e Justiça*, Lisboa, v. 9, t. 1 (1995), p. 147.

[135] *The foundations...*, cit., p. 321.

próprias Comunidades, desde que daí tenham advindo prejuízos para o particular.

No acórdão de 3 de Julho de 1997[136] o Tribunal de Justiça afirmou que "resulta da economia do artigo [226.º] do Tratado que a Comissão não é obrigada a instaurar o processo nele previsto, dispondo, pelo contrário, de um poder discricionário de apreciação que exclui o direito de os particulares exigirem dela uma tomada de posição em determinado sentido. Por outro lado, a pessoa singular ou colectiva que requer à Comissão a abertura de um processo em aplicação do artigo [226.º] solicita na realidade a adopção de actos que não lhe diriam directa e individualmente respeito, na acepção do artigo [230.º], quarto parágrafo, e que, de qualquer forma, não poderia por isso impugnar pela via do recurso de anulação. Na medida em que a Comissão não era obrigada a intentar uma acção por incumprimento ao abrigo do artigo [226.º] do Tratado, a sua decisão de não intentar tal acção não é constitutiva de ilegalidade, de modo que não é susceptível de dar origem a responsabilidade extracontratual da Comunidade e que o único comportamento que poderia ser posto em causa como tendo originado o prejuízo seria o do Estado-Membro em questão. É pois inadmissível o pedido de indemnização, que, na realidade, se destina a denunciar a abstenção da Comissão de intentar uma acção por incumprimento contra um Estado-Membro"[137].

A responsabilidade extracontratual das Comunidades não se revela, no nosso entender, uma boa via para sancionar a Comissão pela não propositura de uma acção por incumprimento. Às razões apontadas pelo Tribunal, acrescentaríamos ainda a dificuldade da prova da existência dos pressupostos de que depende a efectivação dessa responsabilidade. Na verdade, os particulares teriam de demonstrar que existe um **nexo de causalidade adequada** entre a actuação da Comissão, e o prejuízo que sofreram[138], o que nos parece de muito difícil prova.

De resto, a questão foi directamente abordada no caso, já referido, *Meyer-Burckhardt c. Comissão*. Um particular, antigo funcionário das Comunidades, recorreu de uma decisão administrativa, das autoridades

---

[136] Proc. T-201/96, *Ségaud c. Comissão*, Col. 1997, p. II-1081.

[137] V., no mesmo sentido, os acórdãos de 5 de Dezembro de 1978, *Denkavit c. Comissão*, Proc. 14/78, Rec.1978, p. 2497; de 14 de Setembro de 1995, *Lefebvre e outros c. Comissão*, Proc. T-571/93, Col. 1995, p. II-2379; de 10 de Abril de 2000, *Karl Meyer c. Comissão e Banco Europeu de Investimento*, Proc. T-351/99, Col. 2000, p. II-2031.

[138] V., por exemplo, o ac. de 10 de Dezembro de 2002, *Comissão c. Camar e Tico*, no Proc. C-312/00, Col. 2002, p. I-1355.

alemãs, que reduzia substancialmente o montante da reforma a que teria direito (uma vez que segundo o Estado alemão, o particular acumularia essa pensão de reforma com a concedida pelas Comunidades). Durante o processo no *Bundesverwaltungsgericht*, levantou-se uma dúvida sobre a interpretação de uma norma do Estatuto dos Funcionários Públicos das Comunidades, não tendo o tribunal alemão suscitado a competência prejudicial do Tribunal de Justiça. O particular decidiu, assim, apresentar queixa à Comissão, afim de ser intentada uma acção por incumprimento contra o Estado alemão, uma vez que não tinha sido respeitada, pelo tribunal deste Estado, a obrigação que para ele decorria do então art.º 177.º § 3 do Tratado CE (hoje, 234.º § 3). Como a Comissão não tivesse dado seguimento à mencionada queixa, o particular intentou uma acção de responsabilidade extracontratual contra a Comunidade. O Advogado-Geral WARNER considerou, nas suas conclusões, que para que o Tribunal de Justiça pudesse julgar de uma eventual responsabilidade da Comissão por não ter promovido uma acção por incumprimento contra um Estado membro, ele teria que se pronunciar sobre o próprio incumprimento do Estado, para **averiguar se a inércia da Comissão seria causa directa do prejuízo do particular** (o que só se verificaria a provar-se que o resultado daquela acção de incumprimento seria a declaração do incumprimento do Estado). WARNER considerou, então, que isso traria como efeito a **sujeição indirecta dos Estados a uma acção por incumprimento, sem estarem garantidos os mecanismos de defesa próprios desta**, pelo que propôs ao tribunal a não admissibilidade da acção[139].

c) Os efeitos restritos de uma declaração de incumprimento

Para além de o particular não poder nunca interpor uma acção deste tipo, nem dispor de meios para obrigar a Comissão a fazê-lo, a verdade é que ele não veria nisso grande interesse, já que ele **nunca será beneficiado pela declaração de incumprimento por parte do Tribunal de Justiça**.

É que, mesmo quando a Comissão inicia este procedimento, e o Tribunal de Justiça condena o Estado, o particular não pode beneficiar directamente do conteúdo da sentença, já que esta é apenas declarativa quanto à verificação, ou não, do incumprimento do Estado – o Tribunal

---

[139] O Tribunal acabaria por considerar inadmissível o recurso por não ter sido interposto no prazo legal. Não chegou, portanto, a pronunciar-se directamente sobre o fundo.

de Justiça não poderia obrigar o tribunal nacional a suscitar a sua competência prejudicial[140].

De facto, outra das grandes desvantagens da acção por incumprimento prende-se com a execução da sua sentença[141]. É que, na lógica de uma separação de competência entre as jurisdições nacionais e a comunitária, uma declaração de incumprimento por parte deste não poderá determinar a revogação da sentença do juiz nacional faltoso.

Tudo ficaria dependente, portanto, da existência, nos Estados membros, de meios de responsabilização do poder judicial, sendo de admitir a hipótese de a declaração de incumprimento pelo Tribunal de Justiça poder servir como **título executivo para uma acção de responsabilidade do Estado interposta num tribunal nacional**. Embora o Tribunal de Justiça nunca o tenha admitido expressamente[142], a verdade é que, como bem nota PIERRE PESCATORE, "a Comissão ou o Estado autor pretendem obter do Tribunal [de Justiça] uma declaração não só do incumprimento como também da existência e do montante das consequências que dele resultaram, a fim de se obter um título judiciário susceptível de fundar o pedido de reparação" [143].

JOÃO MOTA DE CAMPOS refere-se, a este respeito, a uma *eficácia interna do acórdão do Tribunal de Justiça*[144] proferido no âmbito de uma acção por incumprimento. Esta eficácia permite aos particulares, desde que a norma comunitária violada pelo Estado seja **directamente aplicável**, o recurso aos tribunais nacionais para obtenção de uma indemnização pelos danos sofridos com o incumprimento[145]. Tal foi também a orientação do

---

[140] Tal será mais facilmente concebível quando estejam em causa relações jurídicas comportando prestações duradouras a que os Estados estejam obrigados (e nas quais, portanto, se admite uma requalificação da prestação por efeito da declaração de incumprimento), do que quanto àquelas que se esgotam numa única prestação, como é o caso da obrigação de reenvio por parte dos tribunais nacionais.

[141] Sobre o problema da execução das sentenças que declaram o incumprimento V. MAURICE BERGERÈS, *Contentieux communautaire*, cit., pp. 185-186.

[142] V. FAUSTO DE QUADROS, *Responsabilidade dos poderes públicos no Direito Comunitário: responsabilidade extracontratual da Comunidade Europeia e responsabilidade dos Estados por incumprimento do Direito Comunitário*, Separata do *III Coloquio Hispano-Luso de Derecho Administrativo*, Valladolid, 16-18 Octubre 1997, p. 146.

[143] *Responsabilité des États membres en cas de manquement aux règles communautaires*, in *Il Foro Padano*, 1972-IV, p. 9 e segs..

[144] *Contencioso Comunitário*, cit., p. 294. e segs..

[145] V. MARIA JOSÉ RANGEL DE MESQUITA, *Efeitos dos acórdãos do Tribunal de Justiça das Comunidades Europeias, proferidos no âmbito de uma acção por incumprimento*, Coimbra, Almedina, 1997, p. 61 e segs..

Tribunal de Justiça no Acórdão de 7 de Fevereiro de 1973[146]. O Tribunal decidiu aí que "ocorrendo um atraso no cumprimento da obrigação ou uma recusa definitiva de cumprimento, um acórdão proferido pelo Tribunal nos termos do art.º [226.º] e [228.º] do Tratado pode comportar um efeito material, estabelecendo a base de uma responsabilidade em que o Estado membro incorre, na sequência do incumprimento, perante outros Estados membros, perante a Comunidade, ou perante os particulares". Esta eficácia decorre, na verdade, do *dever indeclinável* que impende sobre os tribunais nacionais, de, no exercício da sua função jurisdicional, *assegurarem o respeito pelas decisões do Tribunal de Justiça*[147].

É este o regime que também resulta dos art.ºˢ 244.º e 256.º do Tratado CE, os quais, lidos em conjugação, estabelecem um processo de execução das sentenças do Tribunal de Justiça, levada a cabo pelos tribunais nacionais, *em conformidade com a legislação nacional* e *regulada pelas normas de processo civil em vigor*. Deve entender-se, assim, que as sentenças do Tribunal constituem *documentos a que, por força de disposição especial,* [é] *atribuída força executiva*, para os efeitos do art.º 46.º, n.º 1, al. c) do nosso Código de Processo Civil.

Relembre-se, no entanto, que esta possibilidade está dependente da iniciativa da Comissão ou de outro Estado membro na propositura de uma acção de incumprimento, o que poderá não ocorrer. Além disso, poderá constituir um processo moroso para o particular, que terá de aguardar pelo fim da acção por incumprimento para obtenção do título executivo e, de seguida, ainda propor a acção no tribunal nacional.

d) A criação de uma relação de desconfiança

Por fim, é importante fazer notar que, concebendo-se o reenvio prejudicial como um processo de cooperação entre jurisdições, a acção por incumprimento não deverá nunca servir como meio de sancionar a sua inobservância, já que a cooperação não se compadece com a desconfiança própria do processo de incumprimento[148].

É certo que o dever de cooperação constitui uma obrigação genérica de Direito Comunitário, prevista no art.º 10.º do Tratado CE, e cuja

---

[146] Proc. 39/72, *Comissão c. Itália*, Rec. 1973, p.112. V. também o Ac. do Tribunal de Justiça de 13 de Julho de 1972, *Comissão c. Itália*, já referido *supra*, p. 54.

[147] JOÃO MOTA DE CAMPOS, *Contencioso comunitário*, cit., p. 302.

[148] No mesmo sentido, MANUEL CIENFUEGOS MATEO, *Las sentencias...*, cit., p. 533.

omissão é apontada como um dos objectos possíveis do processo de incumprimento[149]. No entanto, a verdade é que, quando aplicável à cooperação entre jurisdições nacional e comunitária, em lugar de as colocar num plano de igualdade, aquele processo manifesta uma clara subordinação da primeira relativamente à segunda. Assim, se há quem realce o facto de a propositura de uma acção por incumprimento ser uma opção claramente política, questionando o próprio prestígio do Estado (tanto mais quando está em causa a especificidade do poder jurisdicional e o princípio da separação de poderes)[150], outros salientam que a própria *crise jurídica* criada pela recusa de reenvio se poderia agravar[151].

6.2. Apreciação

Por tudo o que foi dito, o processo de incumprimento não nos parece uma via adequada para sancionar o Estado pelo facto de os seus tribunais terem omitido a obrigação de reenvio.

Não é adequada, desde logo, no plano dos princípios. Na realidade, tal processo acarreta uma relação de desconfiança entre os tribunais nacionais e o Tribunal de Justiça, acabando por desconsiderar a lógica de cooperação em que assenta o processo de reenvio. Poderia até ter efeitos nefastos do ponto de vista processual, levando os tribunais a reenviarem todas e quaisquer questões, mesmo se irrelevantes, com receio de que fosse iniciado o processo de incumprimento. Além disso, esta solução colide com o dever de respeito pelo princípio da independência do poder judicial e deixa os Estados na impossibilidade de "tomar as medidas necessárias à execução do acórdão" (art.º 228.º do Tratado CE).

Não é desejável, por outro lado, do ponto de vista prático, porque está dependente do exercício da legitimidade activa por parte da Comissão, e porque os seus efeitos não se repercutem no caso concreto no qual ocorreu a violação da obrigação de reenvio.

---

[149] V. JAVIER PÉREZ, *La cooperación...*, p. 341 e segs.
[150] MANUEL CIENFUEGOS MATEO, *Las sentencias...*, cit., p. 532.
[151] B. PACTEAU (in *note sous CE ass., 22 Dec 78, Ministre de l'intérieur, c/ Cohn--Bendit*, D. 1979, jur. p. 162) cit. in OLIVIER DUBOS, *Les jurisdictions...*, cit., p. 645.

7. Experiências nacionais

7.1. *Tribunais comuns*

De um modo geral, a utilização do mecanismo de reenvio por parte dos Estados membros foi sempre num sentido crescente: à medida que o Direito Comunitário se desenvolvia, e ao mesmo tempo que a sua aplicação se generalizava, os tribunais nacionais habituaram-se a utilizá-lo com mais frequência.

No entanto, casos houve, e ainda ocorrem, em que os tribunais nacionais, por falta de preparação[152], desconhecem variadas vezes a obrigação que sobre eles impende por força do art.º 234.º. Para RUI DE MOURA RAMOS tal *fricção entre as jurisdições nacionais e comunitária* dever-se-á igualmente ao facto de o reenvio prejudicial separar radicalmente a aplicação e a interpretação das normas, o que pode fazer crer aos tribunais nacionais que o reenvio implica uma limitação ao exercício do seu poder jurisdicional[153].

O melhor exemplo de uma atitude um tanto reticente em relação ao processo de reenvio é o caso dos **tribunais franceses**[154]. O *Conseil d'État* tem escapado ao mecanismo de reenvio prejudicial, afastando a obrigação com o argumento de que as normas comunitárias são suficientemente claras – mesmo que tal resulte na má aplicação do Direito Comunitário[155],

---

[152] E talvez um pouco por um certo individualismo na resolução dos casos...

[153] *Reenvio prejudicial...*, cit., p. 107. No mesmo sentido, TREVOR HARTLEY (*The foundations...*, cit., p. 267), afirmando que isso pode por vezes causar melindres pelo facto de o Tribunal de Justiça não ser chamado a aplicar o direito, tal cabendo ao juiz do caso concreto. V., ainda, DENYS SIMON, *Le système...*, cit., p. 694; ROBERT LECOURT, *L'Europe...*, cit., p. 266; JOÃO MOTA CAMPOS, *Contencioso comunitário*, cit., p. 116.

[154] Para uma descrição da relutância dos tribunais franceses na aplicação do Direito Comunitário v. OLIVIER DUBOS, *Les juridictions...*, cit., p. 741 e segs; FRÉDERIQUE BERROD, *La systématique...*, cit., p. 272; GUY ISAAC / MARC BLANQUET, *Droit communautaire...*, cit., p. 340; DAVID ANDERSON / MARI-ELENI DEMETRIOU, *References...*, cit., p. 177 e segs.. Curiosamente, PAUL CASSIA refere que, ainda antes do Tribunal de Justiça ter proclamado, no acórdão *Foto-frost,* a competência para a sua competência exclusiva para declaração de invalidade das normas, já o *Conseil d'État* o tinha afirmado, no acórdão *Comité national de la meunerie d'exportation,* de 15 de Fevereiro de 1967. (*L'accès...* cit., p. 321).

[155] Expressiva desta atitude do Estado francês foi o célebre Acórdão *Cohn-Bendit*, de 22 de Dezembro de 1978, D.1979-155, no qual o *Conseil d'État* ignorou a jurisprudência do Tribunal de Justiça sobre o efeito das normas comunitárias, fazendo uso da teoria do acto claro. V. DOMINIQUE BLANCHET, *L'usage...*, cit., p. 401 e segs; MAURICE BERGERÈS, *Contentieux communautaire,* cit., p. 238.

ou na total dissonância das suas decisões em relação às orientações do Tribunal de Justiça.

Na realidade, comprova-se o que acima referimos, quanto ao efeito nocivo da *teoria do acto claro* – o que até se compreende em França, onde a teoria foi desenvolvida e atingiu o seu máximo exponente[156]. Por outro lado, tal como para o tribunais portugueses, é difícil para o juiz francês, mais do que para os juízes italianos e alemães (por estes integrarem, respectivamente, um Estado regional e um Estado federal), compreender a repartição de competências entre ordens jurisdicionais. Nos Estados unitários tudo se enquadra numa questão de prevalência de uma norma sobre a outra, sem que se tenha previamente de resolver o problema da adequada repartição de competências, como acontece nos Estados federais[157].

Esta tomada de posição por parte do Estado francês manifestou-se, recentemente, no acórdão do *Conseil d'État* de 3 de Dezembro de 2001[158]. Os factos resumem-se ao seguinte: por acórdão de 15 de Outubro de 1999, o *Conseil d'État* anulou uma norma nacional que determinava uma redução das contribuições para a segurança social para os laboratórios que apresentassem despesas de investigação levadas a cabo em França. O acórdão do *Conseil d'État* teve como fundamento um acórdão prejudicial do Tribunal de Justiça no mesmo processo[159], do qual resultava a incompatibilidade daquela norma francesa com o Direito Comunitário, ao estabelecer uma discriminação relativamente aos laboratórios que promovessem projectos de investigação noutros Estados membros. Passados alguns meses, o legislador francês aprovou a lei de financiamento da segurança social e instituiu uma nova contribuição, claramente com o intuito de compensar as consequências financeiras resultantes da anulação das normas anteriores. Tendo sido requerida a anulação dessa lei, por tornar desprovido de efeito o acórdão do Tribunal de Justiça

---

[156] DAVID ANDERSON / MARI-ELENI DEMETRIOU referem igualmente exemplos de decisões do Conselho de Estado grego (Julgamento n.º 815/84 e, mais recentemente, os julgamentos n.ºs 2807/1997 e 3457/1998, relativos ao reconhecimento de diplomas universitários), nos quais se verifica a utilização reiterada da *teoria do acto claro*. V. *References...*, cit., p. 178.

[157] V., sobre a difícil compreensão, pelos tribunais franceses, do problema do primado, ANNE RIGAUX / DENYS SIMON, *Summun jus, summa injuria: a propos de l'arret du Conseil d'État du 3 décembre 2001*, in Europe, Ano 12, n.º 4 (Abril 2002), Paris, p. 6 e segs..

[158] Acórdão n.º 226.514.

[159] Ac. de 8 de Julho de 1999, *Baxter*, no proc. C 254/97, Col. 1999, p. 4809.

(conduzindo, na prática, a resultado idêntico ao da norma previamente anulada), o *Conseil d'État* viria, no dia 3 de Dezembro de 2001, a rejeitar o requerimento de anulação **recusando-se a efectuar um novo reenvio ao Tribunal de Justiça**. Esta decisão do tribunal francês foi duramente criticada pela doutrina francesa[160], que salientou o facto de ela ter posto em causa a própria autoridade das decisões do Tribunal de Justiça.

Outro exemplo desta *rebeldia* dos tribunais franceses foi o Acórdão da *Cour de Cassation* francesa de 16 de Janeiro de 2003[161]. Tratava-se de um recurso interposto de uma decisão da *Cour d'Appel de Montpellier* que tinha recusado a uma das partes um pedido de reenvio prejudicial. A *Cour de Cassation* considerou que tinha havido violação do art.º 455.º do *Code de Procédure Civil*, uma vez que a decisão de não reenvio não tinha sido motivada, mas acabou por negar provimento ao recurso por, lapidarmente, considerar que a norma comunitária era suficientemente clara...

É possível, entretanto, que assistamos a algumas alterações num futuro próximo. Disso é exemplo uma decisão do *Conseil Constitutionnel* de 10 de Junho de 2004[162], na qual este se considerou incompetente para decidir da conformidade de uma Directiva comunitária com os direitos fundamentais, "pertencendo ao juiz comunitário, chamado, no caso concreto, a título prejudicial, o controlo do respeito por uma directiva comunitária, tanto das competências definidas pelos tratados, como pelos direitos fundamentais garantidos pelo art.º 6.º do Tratado da União Europeia". O mesmo raciocínio conduziu o Tribunal Constitucional alemão, como veremos adiante, a considerar o Tribunal de Justiça como *juiz legal*, para efeitos do art.º 101 §1 da Constituição alemã[163], transformando a obrigação de reenvio numa questão de competência.

Os **tribunais italianos** têm convivido, salvo raras excepções[164], pacificamente e sem excessos com a teoria do acto claro. Logo em 1980, um acórdão da *Corte di cassazione* determinava que a clareza da norma

---

[160] ANNE RIGAUX / DENYS SIMON, *Summun jus...*, cit., p. 7.
[161] Proc. n.º 01-20832.
[162] Decisão 2004/496.
[163] De resto, têm sido os tribunais alemães os que mais têm reenviado questões para o Tribunal de Justiça. DAVID ANDERSON / MARI-ELENI DEMETRIOU referem que até final de 2001 os tribunais alemães tinham utilizado o reenvio prejudicial 1262 vezes, quase a soma dos reenvios efectuados pela Itália (714) e pela França (638) (*References...*, cit., p. 27).
[164] GEORGES ROUHETTE menciona um acórdão das *Sezionu Unite*, de 27 de Julho de 1993 (ac. n.º 8390), que recusou o reenvio para o Tribunal de Justiça sem que houvesse qualquer precedente sobre a matéria. *Quelques aspects...*, cit., p. 18.

comunitária só podia ser declarada com fundamento em, pelo menos, "um precedente directo e inequívoco do Tribunal de Justiça, de modo a tornar efectivamente supérflua uma nova intervenção do juiz comunitário"[165].

Atendendo ao facto de os Estados francês[166] e italiano preverem o recurso de cassação (ou recurso no interesse da lei) das decisões dos tribunais, há quem proponha que a recusa de reenvio por um tribunal de última instância possa ser fundamento para interposição de um recurso dessa espécie[167]. Em ambos os Estados, no entanto, a sentença ditada não tem, na generalidade dos casos, efeitos *inter partes*, mantendo-se para estas a decisão anulada. Ainda assim, a vantagem da utilização deste recurso seria o de evitar posteriores decisões incorrectas ou inadequadas[168].

Exemplo da utilização do instrumento do recurso de cassação em Itália foi a sentença *Salerno*[169], da *Corte di Cassazione*. Tratou-se de um recurso contra uma decisão do Conselho de Estado, que se recusou a suscitar uma questão prejudicial ao Tribunal de Justiça. O recurso tinha com fundamento a *falta de jurisdição* (único motivo de recurso das decisões daquele Tribunal, de acordo com o art.º 111.º§3.º da Constituição Italiana[170]) deste Tribunal, ao decidir sozinho uma questão que devia ter sido resolvida pelo Tribunal de Justiça no exercício da sua competência prejudicial. A *Corte di Cassazione* considerou o recurso inadmissível, por considerar que a falta de reenvio se traduz apenas numa "violação de uma norma internacional de carácter processual, que não exclui a jurisdição nacional, na medida em que o órgão *a quo* conserva o seu poder jurisdicional. Assim, não houve falta de jurisdição do Conselho de Estado"[171]. A opinião do mesmo tribunal italiano pode ter evoluído, já que

---

[165] Ac. n.º 3799 de 14 de Junho de 1980. V. GEORGES ROUHETTE, *Quelques aspects...*, cit., p. 18. No dia 7 de Junho de 2000 a *Corte di cassazione* pronunciou-se, de forma neutra, sobre o dever de reenvio, afirmando que ele não exclui a possibilidade de os tribunais avaliarem a pertinência da questão. V. GIUSEPPE LIUZZI, *Processo civile...*, cit., p. 763.

[166] art.º 618.º n.º 1 do Código do Processo Civil e art.º 17.º da Lei n.º 67/523 de 3 de Julho de 1967, relativa ao recurso de cassação.

[167] GIUSEPPE LIUZZI, *Processo Civile...*, cit., p. 763.

[168] V. MAR JIMENO BULNES, *La cuestión...*, cit., p. 333. Sobre o efeito de uma pronúncia da *Corte di Cassazione* pela recusa de reenvio, V. GIUSEPPE LIUZZI, *Processo Civile...*, cit., p. 765.

[169] Sentença n.º 3223, de 25 de Maio de 1984.

[170] O artigo dispõe o seguinte: *contra as decisões do Conselho de Estado e do Tribunal de Contas, o recurso só é admitido por motivos inerentes à jurisdição*.

[171] V. MAR JIMENO BULNES, *La cuestión...*, cit., p. 334.

decidiu numa sentença posterior[172] que: "quando a uma sentença da *Corte di Cassazione*, que cassa uma decisão e enuncia um princípio de direito, se siga uma sentença do Tribunal de Justiça das Comunidades que contrasta com esse princípio, o juiz de reenvio deve afastar-se do tal princípio e decidir de acordo com a sentença do Tribunal de Justiça".

Também os **tribunais espanhóis** têm sido grandes adeptos da *teoria do acto claro*, como se vê de duas sentenças do Tribunal Supremo[173], nas quais este se recusou a reenviar para o Tribunal de Justiça uma questão de interpretação de uma directiva, considerando que não se lhe ofereciam quaisquer dúvidas sobre a sua interpretação. As críticas apontadas a esta sentença incidiram sobretudo no facto de ao Tribunal Supremo ter sido indiferente o facto de outros tribunais espanhóis terem decidido casos semelhantes de maneira diversa, e de que noutros Estados membros questões semelhantes tenham dado origem a vários reenvios. Aliás, o Tribunal de Justiça acabaria até por julgar duas acções por incumprimento naquela matéria, dirigidas contra a Itália[174] e contra a Grécia. Por isso, comenta criticamente RUIZ-JARABO COLOMER: "um problema que origina posições muito diferentes nos Tribunais Superiores das Comunidades Autónomas espanholas, que suscita dúvidas aos órgãos judiciais europeus, que dá lugar a que a Comissão das Comunidades interponha dois recursos contra Estados membros por incumprimento das obrigações que lhes incumbem em virtude dos Tratados, que provoca três pronúncias do Tribunal de Justiça, não produz, no entanto, a menor vacilação nos clarividentes juízes do Tribunal Supremo[175].

Curiosamente, o **Reino Unido**, avesso, por tradição, a toda a lógica de construção comunitária, não tem levantado grandes obstáculos à efectivação do reenvio prejudicial. Aliás, a *European Communities Act*

---

[172] N.º 10035 de 9 de Outubro de 1998 – referida por GIUSEPPE LIUZZI, *Processo civile...*, cit., p. 766.

[173] Sentença n.º 5147, de 13 de Junho de 1991 e Sentença n.º 5985, de 13 de Julho de 1991. V. RICARDO ALONSO GARCÍA, *El juez español...*, cit., p. 246.

[174] Aliás, o incumprimento da Directiva em questão pelo Estado italiano foi o que deu lugar, através de reenvio pelos tribunais italianos, ao conhecido Acórdão *Francovich*.

[175] *El juez nacional como juez comunitario – valoración de la practica española*, in G.C. RODRIGUEZ IGLESIAS / D.J. LIÑAN NOGUERAS, (dir.), *El derecho comunitario europeo y su aplicación judicial*, Consejo General del Poder Judicial – Universidad de Granada-Civitas, Madrid, 1993, p. 663. V. DAVID ANDERSON / MARI-ELENI DEMETRIOU (*References...*, cit., p. 179) com exemplos semelhantes do Supremo Tribunal Holandês (*Hoge Raad*), num acórdão de 20 de Fevereiro de 1985 (BNB 1985/128); e do Supremo Tribunal Administrativo Sueco (*Regeringsrätten*), numa decisão de 16 de Junho de 1999 (casos apensos n.ºs 1424/98, 2397/98 e 2939/98).

de 17 de Outubro de 1972 dispõe na sua secção 3ª §1: "para todos os fins legais, toda a questão relativa ao sentido ou alcance de um dos Tratados, ou relativa à validade, sentido ou alcance de qualquer acto comunitário, deverá, ser tratada como uma questão de direito (**e, se o seu conhecimento não pertence ao Tribunal de Justiça, ser resolvida em conformidade com os princípios definidos por aquele Tribunal**)"[176]. Pode afirmar-se, portanto, que no Reino Unido se consolidou com mais facilidade (porventura em razão do sistema de *common law*) a ideia de que a jurisprudência do Tribunal de Justiça tem o valor de precedente semelhante às sentenças dos restantes tribunais britânicos[177].

Em todo o caso, DAVID ANDERSON / MARI-ELENI DEMETRIOU mencionam três fases respeitantes à evolução da aceitação do reenvio pelos tribunais britânicos[178].

Uma primeira fase, chamada de *cautela inicial (initial caution)*, representada por uma decisão do *Court of Appeal*[179] num recurso interposto pela recusa do *High Court* de suscitar a competência prejudicial do Tribunal de Justiça, na qual o seu Presidente, Lord DENNING, afirmou: "a menos que a questão seja realmente difícil e importante, é preferível que o juiz inglês decida sozinho: por enquanto, os juízes ingleses ainda não abdicaram das suas responsabilidades". A afirmação corresponde, no fundo à aplicação perversa da teoria do *acto claro*[180].

A segunda fase é a fase do *encorajamento (encouragement to refer)*: nesta fase, o juiz inglês encara com naturalidade o reenvio. Num acórdão de 1993[181], o *Master of the Rolls* afirmou que o reenvio prejudicial se tornou a regra, se a questão for essencial para a resolução do litígio, estando o juiz autorizado a deixar de reenviar apenas quando tenha confiança suficiente para decidir sozinho, levando em conta as especificidades do Direito Comunitário.

---

[176] O sublinhado é nosso.
[177] No mesmo sentido, MARCO CÉBRIAN, *La cuestión...*, cit., p. 92.
[178] *References...*, cit., p. 131 e segs. No mesmo sentido, P. CRAIG, *Report on the United Kingdom*, in *The European Courts and national courts*, ANNE-MARIE SLAUGHTER / ALEC SWEET / J.H.H. WEILER (org.), Oxford, Hart Publishing, 1998, p.205 e segs..
[179] *HP Bulner v. J Bollinger* 1974 3WLR 202.
[180] CAROL HARLOW refere ainda outros casos nos quais se manifestou esta *resistência* dos tribunais ingleses. Por exemplo, no processo *R. v. London Boroughs Transport Commitee ex p Freight Transport Association* (1991 1 WLR 828), o tribunal (*House of Lords*) considerou que o Direito Comunitário não era aplicável ao caso, contrariando a própria orientação do Tribunal de Justiça na matéria (*The National...*, cit., p. 944).
[181] *R. v. International Stock Exchange, ex p. Else Ltd*, 1993, Q.B. 534. Cfr. GEORGES ROUHETTE, *Quelques aspects...*, cit., p. 18 e segs..

Por fim, a terceira fase, em que nos encontramos, é, para DAVID ANDERSON / MARI-ELENI DEMETRIOU, uma *fase de síntese* das duas fases anteriores: uma vez que os juízes estão mais familiarizados com o Direito Comunitário e que o Tribunal de Justiça se encontra muito sobrecarregado, não é necessário os tribunais inferiores suscitarem questões ao Tribunal de Justiça "desde que as partes aceitem a jurisdição do juiz"[182]. Há aqui, claramente, uma atenção à posição que as partes ocupam no processo principal, como forma de limitar o dever de reenvio. Corresponde a uma visão actualista do reenvio prejudicial e que, de resto, encontra eco na jurisprudência do Tribunal de Justiça, quando este afirma que o reenvio só é admissível quando haja uma disputa real entre as partes[183].

Os **tribunais portugueses** não são, à partida, avessos quanto a suscitarem questões prejudiciais: não são frequentes os casos em que o recusam embora também não seja alargado o número de reenvios efectuados desde a adesão[184]. Tal poderá dever-se, em parte, ao facto muitas vezes nos processos não ser feita referência ao Direito Comunitário – aliás, acabam por ser os tribunais tributários de Lisboa e Porto que efectuam grande parte dos reenvios provenientes dos tribunais portugueses.

De qualquer das formas, e sempre que tenham suscitado questões prejudiciais junto do Tribunal de Justiça, a generalidade dos tribunais nacionais dos vários Estados membros aceita pacificamente a obrigatoriedade das sentenças prejudiciais, o que, de resto, já era prática mesmo antes de o Tribunal de Justiça se referir a essa obrigatoriedade. Excepção feita, evidentemente, por um lado, aos casos nos quais se manifesta a resistência à aceitação do princípio do primado – como foi o caso de alguns tribunais alemães na sequência do Acórdão *Solange I* do Tribunal Constitucional Federal, a que nos dedicaremos na terceira parte desta investigação[185] – e, por outro, mais raramente, aos casos nos quais os tribunais se afastaram da decisão prejudicial com o fundamento de que ela não tinha mais do que um valor consultivo[186].

---

[182] *References...*, cit., p. 134.
[183] Ac. *Foglia*, mencionado *supra*.
[184] DAVID ANDERSON / MARI-ELENI DEMETRIOU referem que entre 1995 e 2001, os tribunais portugueses efectuaram 39 reenvios prejudiciais, número semelhante ao da Dinamarca (37), Grécia (31) e Suécia (36). A Alemanha, embora não servindo como ponto de comparação por ser um Estado maior, efectuou 361 reenvios.
[185] V., a esse respeito, MANUEL CIENFUEGOS MATEO, *Las sentencias...*, cit., p. 414.
[186] Sentença do Tribunal de Polícia de Paris, 13 de Fevereiro de 1987. V. MANUEL CIENFUEGOS MATEO, *Las sentencias...*, cit., p. 420.

7.2. Tribunais Constitucionais

Dentro da referência breve às experiências de reenvio por parte dos tribunais nacionais, indagaremos agora de que modo os tribunais constitucionais têm participado nesse procedimento.

Antes de mais, deve afirmar-se que a submissão dos Tribunais Constitucionais à obrigação de reenvio não é isenta de dúvidas. Na realidade, é verdade que esta jurisdição pode ser considerada como um *órgão jurisdicional cujas decisões não são susceptíveis de recurso*, na acepção do art.º 234.º do Tratado CE. Não obstante, o próprio Tribunal de Justiça exige, para resolver uma questão que lhe tenha sido colocada, que ela provenha de um tribunal que se encontre a decidir um litígio concreto, sendo raros os casos em que tal sucede nos Tribunais Constitucionais. De facto, a maior parte das questões resolvidas por estes tribunais não se reflectem em casos concretos, nem se tratam de verdadeiros processos de partes. Acresce, por outro lado, que os tribunais constitucionais não são, em princípio, chamados a aplicar normas de direito comunitário, sendo que o art.º 234.º do Tratado CE exige que a norma, cuja interpretação ou apreciação se pretende seja feita pelo Tribunal de Justiça, deva ser relevante para a decisão do juiz nacional. Por estas razões, aqueles tribunais afirmam-se muitas vezes dispensados do reenvio, considerando que o Direito Comunitário não pertence ao núcleo de normas que são chamados a aplicar. É o caso dos Tribunais constitucionais alemão, espanhol e italiano, que afirmam que o Direito Constitucional se movimenta num plano distinto, não devendo ser encarado no plano do relacionamento do restante direito estadual com o Direito Comunitário: a função da jurisdição constitucional é aferir da compatibilidade das normas com a Constituição; o Tribunal de Justiça, por sua vez, tem jurisdição no que respeita aos tratados e ao direito derivado.

O Tribunal Constitucional espanhol[187], por exemplo, considera que a sua função é a garantir a efectividade da Constituição e não do Direito Comunitário, não podendo este servir como *cânon de constitucionalidade*. Criticando esta posição, RICARDO ALONSO GARCÍA[188] afirma que o

---

[187] LUIS DIEZ-PICAZO, invoca como exemplos as sentenças do Tribunal Constitucional 11/1993, 180/1993 e 143/1994 (*El derecho comunitario en la jurisprudencia constitucional española*, in Revista Española de Derecho Constitucional, 54 (ano 18), Sept-Dic 1998, p. 268). V., também, a Sentença 372/1993, de 13 de Dezembro.

[188] *El juez español...*, cit., p. 270.

Tribunal Constitucional confunde a questão prejudicial comunitária com a questão de inconstitucionalidade[189], devendo a problemática ser abordada de forma diversa. Na verdade, diz aquele Autor, enquanto que só se verifica uma questão de constitucionalidade quando, nos termos do art.º 163.º da Constituição Espanhola[190], a norma em causa seja **aplicável ao caso concreto**, para que se configure uma obrigação de reenvio basta, por oposição, que a questão de Direito Comunitário seja **pertinente, não sendo necessário que a norma comunitária seja aplicável**. Assim, ainda que o Tribunal Constitucional não aplique o Direito Comunitário, poderá ter de o levar em conta, já que ele "pode servir como cânon hermenêutico" da Constituição[191], bastando-lhe "confirmar que a norma forma parte do conjunto normativo que se refere aos efeitos de resolução do litígio"[192].

Também o Tribunal Constitucional italiano se escusou sempre a reconhecer-se submetido à obrigação de reenvio[193], por considerar que não pode ser tido por *jurisdição nacional* no sentido atribuído pelo Tribunal de Justiça, já que nunca decide do mérito da causa. Assim, só nas acções propostas directamente no Tribunal Constitucional é que se verifica aquela obrigação.

O Tribunal Constitucional português afirmou expressamente em 1990[194] estar sujeito à obrigação de reenvio para o Tribunal de Justiça sempre que se discuta a interpretação ou a validade de uma norma de Direito Comunitário. No entanto, o mesmo Tribunal Constitucional nunca efectuou um reenvio, sempre o tendo recusado com o fundamento

---

[189] No mesmo sentido, MIGUEL SÁNCHEZ, *El tribunal constitucional...*, cit., p. 124.

[190] Que dispõe que "*quando um órgão jurisdicional considere, nalgum processo, que uma norma com força de lei, aplicável ao caso, e de cuja validade dependa a sentença, possa ser contrária à Constituição, apresentará a questão ao Tribunal Constitucional (...)*".

[191] RICARDO ALONSO GARCÍA, *El juez español...*, cit., p. 273, V.g. no Ac. 28/91 de 14 de Fevereiro, no qual se fez referência ao papel do Direito Comunitário na interpretação das normas de direitos fundamentais. RICARDO ALONSO GARCÍA afirma que igual função hermenêutica pode ser reconhecida ao Direito Comunitário no âmbito de outras matérias (*El juez español...*, cit., p. 265).

[192] RICARDO ALONSO GARCÍA, *El juez español...*, cit., p. 271, em nota de pé de página. No mesmo sentido, LUIS DIEZ-PICAZO, *El derecho comunitario...*, cit., p. 268.

[193] GIUSEPPE LIUZZI menciona um caso isolado no qual o Tribunal Constitucional italiano reconheceu a possibilidade de aplicação do reenvio prejudicial: sentença de 18 de Abril de 1991, n.º 168. (*Processo civile...*, cit., p. 767).

[194] Ac. 16390, publicado no DR II série, n.º 240 de 18 de Outubro de 1991, p. 10430 e segs. – V. MARIA HELENA BRITO, *Relações...*, cit., p. 309.

de que a questão colocada não era relevante, ou que não existia qualquer dúvida[195].

Nesta matéria o Tribunal Constitucional austríaco tem sido pioneiro, afirmando-se vinculado ao reenvio e pondo-o efectivamente em prática: assim o atestam os Processos do Tribunal de Justiça n.os C-171/01[196] e C-465/00[197], correspondendo a pedidos de decisão prejudicial efectuados pelo *Verfassungsgerichtshof* austríaco para interpretação de normas de direito comunitário derivado[198].

8. Conclusão da primeira parte

A concepção clássica sobre o reenvio prejudicial poderia culminar na afirmação de uma **subordinação** dos tribunais nacionais em relação ao Tribunal de Justiça, estando apenas este autorizado a elaborar a única interpretação autêntica do Direito Comunitário. Segundo THOMAS DE LA MARE, a uniformidade que com o reenvio se pretende atingir pode conduzir a uma *compreensão vertical* sobre a sua natureza, já que aquela uniformidade não é mais do que um *conceito-irmão* do primado[199]. Aliás, a obrigação de os tribunais nacionais seguirem a orientação fixada pelo Tribunal de Justiça no âmbito de uma questão prejudicial suscitada no mesmo processo, ou até num processo anterior (tornando a competência do juiz nacional **dependente** da competência exercida pelo Tribunal de Justiça), na medida em que se assemelhe à consagração de um sistema de *precedente judicial*, pode levar a concluir pela existência dessa hierarquia.

No entanto, a subordinação dos tribunais inferiores não é mais do que aparente: na verdade, o reenvio prejudicial não corresponde a qualquer espécie de *recurso* (sobre o fundo, de cassação ou no interesse da lei) para o Tribunal comunitário[200]: este não decide sobre o fundo da

---

[195] V., por exemplo, os acórdãos 658/99, 240/2000, 278/2000. Cfr. ANTÓNIO DE ARAÚJO / MIGUEL NOGUEIRA DE BRITO / JOAQUIM PEDRO CARDOSO DA COSTA, *As relações...*, cit., p. 263.

[196] Ac. de 8 de Maio de 2003, Col. 2003, p. 4301.

[197] Ac. de 20 de Maio de 2003, Col. 2003, p. 4989.

[198] ANDRÉ ALEN / MICHEL MELCHIOR, *The relations between the Constitutional Courts and the other national courts, including the interference in this area of the action of the European Courts – general reports,* Conference of European Constitutional Courts, Brussels, polic., 2002, p. 54.

[199] *Article 177...*, cit., p. 226.

[200] RENÉ JOLIET, *L'article 177...*, p. 593.

causa, mas apenas sobre um aspecto específico de Direito Comunitário, **delimitado pelo tribunal *a quo***, não deixando de ser este que resolve a questão principal. O recurso seria típico de uma organização estadual, comportando geralmente a apreciação de normas do mesmo ordenamento; o reenvio, por outro lado, implica entre aquelas jurisdições, uma separação de competências *ratione materiae,* por envolver a aplicação de normas de ordenamentos distintos.

Aliás, "não existe um sistema judicial integrado, mas o Tribunal nacional converte o juiz nacional no garante máximo dos princípios estruturais básicos do Direito Comunitário"[201], pelo que a supremacia do Tribunal de Justiça não é jurídica mas antes prática, efectiva. **Assim,** a concepção dominante compreende o reenvio como um processo de **cooperação judiciária**, tendente à melhor aplicação possível do Direito Comunitário no território de todos os Estados membros[202].

Neste quadro de cooperação, o reenvio prejudicial coloca os tribunais nacionais e o Tribunal de Justiça num plano de igualdade: ambas as jurisdições exercem a sua competência para o mesmo fim, sendo, portanto, no interesse de ambas que o reenvio é estabelecido. Assim, se por um lado os tribunais nacionais atribuem ao Tribunal de Justiça a competência para decidir *questões controversas* de Direito Comunitário, este, por seu lado, fornece aos tribunais nacionais critérios de resolução do caso concreto, segundo um método de **estrita separação de competência** entre as duas ordens jurisdicionais[203]. O reenvio prejudicial constituirá, portanto, um **direito**, do qual são titulares tanto o Tribunal de Justiça como os órgãos jurisdicionais nacionais, dentro da repartição das respec-

---

[201] DENYS SIMON, *Le système...*, cit., p. 661; RUIZ-JARABO COLOMER, *El juez nacional...*, cit., p. 653. Afirmando expressamente que não existe uma hierarquia, V. ARACELÍ MARTÍN / DIEGO NOGUERAS, *Instituciones...*, cit., p. 245; MANUEL CIENFUEGOS MATEO, *Las sentencias...*, cit., p. 29; JACQUES PERTEK, *La pratique...* cit., p. 8; JOÃO MOTA DE CAMPOS, *Direito Comunitário,* cit., p. 435.

[202] RUIZ-JARABO COLOMER chama-lhe uma *cooperação técnico-judicial* (*El juez nacional...*, cit., p. 30). V, também, MIGUEL GORJÃO HENRIQUES, *Direito Comunitário,* cit., p. 306; JOÃO MOTA DE CAMPOS, *Contencioso Comunitário,* cit., p. 105; RENATA MARGARIDO, *O pedido...*, cit., p. 16; DAVID O'KEEFE, *Is the spirit...*, cit., p. 516 e segs.; GUY ISAAC / MARC BLANQUET, *Droit communautaire...*, cit., p. 326 e segs..

[203] A Advogada-Geral afirmou, nas suas conclusões no processo C-338/02 (8 de Junho de 2004, *Fixtures Marketing*): "no âmbito de um processo nos termos do artigo 234.º CE, baseado numa nítida separação das funções entre os órgãos jurisdicionais nacionais e o Tribunal de Justiça, toda e qualquer apreciação dos factos da causa se inscreve na competência do juiz nacional".

tivas competências. "O procedimento prejudicial repousa sobre uma repartição de competências entre o juiz nacional e o juiz comunitário, sobre uma associação dos dois na prossecução de uma tarefa comum, que é a boa aplicação do Direito Comunitário no conjunto da Comunidade. Sem estabelecer uma hierarquia entre as jurisdições nacionais e o Tribunal de Justiça, este procedimento permite, através do jogo das perguntas e respostas, assegurar a uniformidade do direito comunitário em toda a Comunidade, na sua interpretação e na apreciação das questões de validade que a sua aplicação pode trazer[204]. O dever de respeito reconduz-se, assim, não a uma relação de subordinação, mas a uma manifestação da cooperação, ou da lealdade comunitária: o reenvio deve basear-se num "clima de confiança recíproca, conduzindo a que, assim como o juiz nacional deve respeitar a decisão do TCE [aqui como Tribunal das Comunidades Europeias] (...), assim também tem direito a ser respeitado, dentro dos limites da razoabilidade, na sua decisão de não considerar no caso necessária uma consulta ao TCE"[205]. Desde cedo o Tribunal de Justiça se mostrou favorável a esta ideia de cooperação, tendo afirmado, no Ac. de 1 de Dezembro de 1965[206], que o reenvio prejudicial é um processo de "cooperação judiciária instituída pelo art.º [234.º], mediante o qual a jurisdição nacional e o Tribunal de Justiça são chamado a contribuir, directa e reciprocamente, no âmbito das respectivas competências, para elaboração de uma decisão com vista a assegurar a aplicação uniforme do Direito Comunitário no conjunto dos Estados Membros".

THOMAS DE LA MARE considera, no entanto, que do ponto de vista político esta cooperação não tem grande significado, mais servindo para garantir que os tribunais nacionais cumpram a obrigação de reenvio[207]. Na verdade, como vimos, a ameaça da acção por incumprimento parece não cumprir sequer uma função dissuasora da recusa de reenvio, dadas as dificuldades que a sua efectivação apresenta, pelo que chamar ao discurso o princípio da cooperação pode constituir um incentivo, na medida em que ele significa integrar os juízes no processo de decisão comunitária.

---

[204] PIERRE PESCATORE, *Le recours...*, cit., p. 11.
[205] ANTÓNIO BARBOSA DE MELO, *Notas...*, cit., p. 131.
[206] Ac. *Schwarze,* já citado *supra*, p. 30. V., no mesmo sentido, os acórdãos *Costa-E.N.E.L.* (citado *supra*, p. 14); o Ac. de 19 de Dezembro de 1968, *Salgoil,* Proc. n.º 13/68, Rec. 1968, p. 661; e o Ac. de 26 de Janeiro de 1990, *Falciola,* Proc. 286/88, Col. p. 191.
[207] *Article 177...*, cit., p. 228.

Em todo o caso, pensamos que a natureza jurídica do reenvio prejudicial carece de uma redefinição. Na verdade, concebido apenas como uma manifestação do princípio da cooperação entre jurisdições, ele acaba por não constituir mais que uma **obrigação desprovida de sanção**, apresentando, além disso, uma grande lacuna ao **desvalorizar o papel do particular** que é parte no processo principal. Daí resulta também, no nosso entender, o facto de o mecanismo de reenvio não ser ainda um hábito adquirido nos tribunais de alguns Estados membros, dando origem a casos de evidente rebeldia. Na realidade, enquanto não se entender o reenvio prejudicial como uma das vias de protecção dos administrados comunitários, o juiz nacional não terá a convicção da obrigatoriedade do seu cumprimento.

SEGUNDA PARTE

Requalificação do problema: os benefícios de uma compreensão integral do reenvio prejudicial

1. **Razão de ordem**

A nossa exposição tem-se debruçado, até aqui, na análise da perspectiva tradicional (aquela que vimos ser aceite ainda pela generalidade da Doutrina jus-comunitária) sobre os pressupostos, conteúdo e efeitos da competência a título prejudicial do Tribunal de Justiça, estabelecida pelo art.º 234.º do Tratado CE. Esta perspectiva clássica supõe que o processo de reenvio prejudicial tem uma **natureza predominantemente objectiva,** ou seja, que o reenvio é exercido no interesse do Direito Comunitário. São, como vimos, fins essencialmente **funcionais e objectivos** (auxílio dos tribunais nacionais, uniformidade na aplicação do Direito Comunitário, garantia da legalidade comunitária, reforço da competência do Tribunal de Justiça e evolução jurisprudencial) os que estão na origem da criação de uma competência especial do Tribunal de Justiça, suscitada a título prejudicial pelos tribunais nacionais, quando estejam em causa questões decorrentes da aplicação, por estes, do Direito Comunitário. De resto, esta concepção, para além de larga tradição doutrinal, baseia-se nalguma jurisprudência do Tribunal de Justiça. No acórdão *Cilfit*, que já atrás analisámos, o Tribunal afirmou que o reenvio não é uma via de recurso aberta às partes – lembre-se que, de resto, foi deste acórdão que resultou a consagração, pelo Tribunal, da *teoria do acto claro*, que vimos ser, frequentemente, a causa invocada pelos tribunais para recusarem o reenvio das questões prejudiciais para o Tribunal de Justiça.

Este entendimento coloca, portanto, o epicentro do processo de reenvio no plano comunitário, ao estabelecer que ele é exercido no interesse do próprio ordenamento jurídico, ou do juiz nacional: ele terá, portanto, "um carácter de ordem pública"[1]. Assim se compreendem as reticências ao seu cumprimento postas pelos tribunais nacionais, que não estão dispostos a atrasar os processos nacionais contribuindo para a uniformidade de um Direito que não é o seu, e se sentem autorizados a declinar uma ajuda que lhes é oferecida quando julguem dela não precisar.

De resto, a concepção objectiva do reenvio nem sequer serve os seus próprios objectivos. Na verdade, ela apresenta como único meio de sanção para a omissão de reenvio o processo por incumprimento, ou seja, coerentemente, uma sanção de Direito Comunitário. Não obstante, e como vimos, para além de ser um processo de difícil aplicação prática, este método implica uma subordinação inaceitável das jurisdições nacionais relativamente às instituições comunitárias, sujeitando-as (se bem que representadas pelo Estado a que pertencem) a um procedimento administrativo conduzido pela Comissão que pode culminar num processo judicial levado a cabo no Tribunal de Justiça – o que contrasta com a própria ideia de cooperação e lealdade subjacentes ao reenvio. De resto, este contraste é confirmado pela própria actuação da Comissão, que sempre se tem recusado a iniciar o procedimento. Assim, a concepção objectiva do reenvio acaba por nos confrontar com a existência de uma **obrigação desprovida de sanção**. Além disso, ao identificar a obrigação de reenvio como uma pura obrigação internacional (à qual estão vinculadas todas as entidades públicas no âmbito das suas competências[2]), esta concepção ignora que o Direito Comunitário trouxe como inovação, relativamente ao Direito Internacional Público, o facto de o particular ser o primeiro destinatário das normas e, portanto, o principal prejudicado pelo seu incumprimento.

Por outro lado, esta concepção objectiva do reenvio acaba por reduzir este mecanismo a uma forma de interpretação autêntica do Direito Comunitário[3]. Na verdade, embora não haja aqui uma interpretação feita

---

[1] MAR JIMENO BULNES, *La cuestión...*, cit., p. 118; GUY ISAAC / MARC BLANQUET, *Droit communautaire...*, cit., p. 342; No mesmo sentido, MANUEL CIENFUEGOS MATEO, *Las sentencias prejudiciales...*, cit., p. 53; PAZ SANTA MARÍA / JAVIER VEGA / BERNARDO PÉREZ afirmam que o processo de reenvio está *associado ao interesse público* (*Introducción...*, cit., p. 536).

[2] V. MIGUEL BAPTISTA, *O caso Bosman: intervenção do Tribunal de Justiça – o reenvio prejudicial*, Lisboa, 1998, p. 196.

[3] JACQUES PERTEK, por exemplo, defende que o essencial que as partes podem esperar de um reenvio prejudicial é a interpretação autêntica do Direito Comunitário (*La pratique...*, cit., p. 42). MANUEL CIENFUEGOS MATEO considera que a interpretação prejudicial tem valor *semi-autêntico*, na medida em que a força vinculativa dos acórdãos

pelo próprio autor da norma, já que se trata da interpretação feita pelo Tribunal de Justiça, órgão judicial (não correspondendo, portanto, à definição latina da interpretação autêntica: *eius est interpretare cuius est condere*[4]), a interpretação é feita pelo órgãos do ordenamento de onde a norma provém, e não pelos que a aplicam. Assim, por exemplo, GUY ISAAC considera que o reenvio preenche uma *função de justiça reguladora*, ao permitir ao Tribunal de Justiça atribuir a **única interpretação autêntica do Direito Comunitário**[5]. No entanto, verifica-se que os Tratados prevêem outros casos em que o Tribunal de Justiça intervém para interpretar normas jurídicas, e que melhor se ajustam à imagem da *interpretação autêntica*.

É o caso, por exemplo, do n.º 3 do art.º 68.º do Tratado CE, através do qual o Tribunal de Justiça, pode, a pedido do Conselho, da Comissão ou de um Estado membro, interpretar as normas comunitárias independentemente da existência de um litígio. DENYS SIMON considera este caso um exemplo de um *recurso no interesse do Direito Comunitário*[6]. Na verdade, o facto de se abstrair da existência de um litígio concreto ressalta a feição exclusivamente objectiva do processo.

É o caso, ainda, do regime previsto no Protocolo relativo à Interpretação pelo Tribunal de Justiça da Convenção de Bruxelas de 27 de Setembro de 1968[7]. O art.º 4.º deste Protocolo prevê que a autoridade competente[8]

---

prejudiciais decorre do facto de o Tribunal de Justiça ser intérprete supremo dos Tratados e, portanto, dispor do *monopólio da interpretação obrigatória em última instância do Direito Comunitário*. Mesmo quando não seja exclusiva, a interpretação feita pelo Tribunal de Justiça *exclui interpretações divergentes* (*Las sentencias...*, cit., pp. 239-240).

[4] MANUEL CIENFUEGOS MATEO refere que a expressão remonta ao Digesto de Justiniano. *Las sentencias...*, cit, p. 253.

[5] *Observations sur la pratique de l'intervention devant la Cour de Justice des Communauté Européennes dans les affaires de manquement d'États,* in *Melanges offerts à Pierre-Henri Teitgen,* Paris, Éditions A. Pedone, 1984, p. 178.

[6] *Le système...*, cit., p. 708. No mesmo sentido, em Portugal, NUNO PIÇARRA, *O papel do Tribunal de Justiça no espaço de liberdade, segurança e justiça,* in *Themis,* ano 1, n.º 1, 2000, p. 97.

[7] Esta Convenção está, hoje, apenas em vigor entre a Dinamarca e os Estados Membros; quanto aos restantes Estados, a Convenção foi substituída pelo Regulamento 44/2001/CE, do Conselho, de 22 de Dezembro de 2000. Fundando-se no Título IV do Tratado CE (em especial no art.º 65.º), este regulamento beneficia do regime das questões prejudiciais previsto no art.º 68.º do Tratado CE, a que faremos referência mais à frente.

[8] Nos termos do n.º 3 do mesmo artigo, por *autoridade competente* devem entender-se os *Procuradores-Gerais junto dos Tribunais Supremos dos Estados contratantes ou qualquer outra autoridade designada por um Estado contratante.*

possa pedir ao Tribunal de Justiça que se interprete a Convenção, quando a sentença de um órgão jurisdicional de um Estado Membro estiver em contradição com a jurisprudência do Tribunal de Justiça, embora esta interpretação não vá afectar as decisões relativamente às quais tenha sido pedida interpretação. É um regime semelhante ao do *recurso de cassação*, previstos nas leis processuais italiana ou francesa[9]. Neste caso também avulta a componente objectiva, já que a decisão do Tribunal de Justiça não determinará o resultado final da acção, melhor se revelando como uma competência do Tribunal de Justiça para uniformização da jurisprudência. No reenvio prejudicial, por outro lado, a uniformidade do Direito Comunitário é alcançada através da subsunção da interpretação das suas normas, pelo Tribunal de Justiça, aos casos concretos[10].

Por fim, também é de referir a solução, semelhante à anterior, prevista no Protocolo relativo à interpretação uniforme da Convenção de Lugano de 16 de Setembro de 1988. Aí se estabelece um sistema de intercâmbio de informações sobre as resoluções ditadas em aplicação da convenção, assegurando a uniformidade da sua interpretação.

Estas soluções, claramente marcadas com um intuito objectivista, pouco ou nada têm a ver com o exercício da competência prejudicial do Tribunal de Justiça. Elas destinam-se a assegurar a uniformidade na aplicação do Direito Comunitário, e têm a vantagem de não sobrecarregar excessivamente aquele Tribunal. No entanto, não foi esse o regime criado pelo Tratado CE para a generalidade dos casos: o modelo plasmado no art.º 234.º reflecte, por conseguinte, uma intencionalidade diversa.

Analisaremos, por conseguinte, as razões que nos fazem preferir, adiantamos já, uma concepção integral sobre o reenvio prejudicial, ou seja, uma concepção que assegure a uniformidade na aplicação do Direito Comunitário pelos tribunais nacionais, mas que atenda, igualmente, à posição dos particulares. No nosso entender, várias são as razões que apontam para a necessidade de requalificar o papel do particular no reenvio prejudicial, sem esquecer, no entanto, que a análise deste através da óptica do interesse público tem a seu favor vários argumentos. Por fim, dedicaremos as últimas páginas desta parte à análise da natureza jurídica da posição do particular.

---

[9] Assim, JEAN BOULOUIS, *Contentieux communautaire...*, cit., p. 61.
[10] PAZ SANTA MARÍA / JAVIER VEGA / BERNARDO PEREZ (*Introducción...*, p. 535) afirmam que o reenvio prejudicial não converte o Tribunal de Justiça num Tribunal de Cassação.

2. Uma concepção integral

2.1. *A decisão de reenvio*

2.1.1. *A aparente irrelevância das partes*

Desde logo, impressiona-nos o facto, inegável, de **caber apenas ao juiz nacional a decisão sobre o reenvio**. Na verdade, como vimos atrás, é no exercício de um poder discricionário que o juiz analisa os pressupostos de que depende o reenvio obrigatório, apreciação que consiste no preenchimento de conceitos indeterminados: a existência de uma **dúvida** e a **pertinência** da sua resolução para a decisão do caso concreto. Tal tem sido fundamento para se afirmar que o processo de reenvio é um *processo sem partes*[11].

É um facto que as partes não dispõem de quaisquer poderes formais de disposição ou de impulso relativamente ao processo[12], ainda que na generalidade dos casos sejam elas que, em requerimento, fazem ver ao juiz a necessidade de o Tribunal de Justiça ser chamado a pronunciar-se, e até que sejam elas muitas vezes que redigem a questão prejudicial. No entanto, isso constitui apenas uma evidência prática, e não uma obrigação jurídica. O próprio Tribunal de Justiça o afirmou, no famoso Acórdão Simmenthal[13]: "(...) o reenvio prejudicial é possível desde o momento em que uma questão relativa ao direito comunitário se coloca perante uma jurisdição nacional, **pouco importa que ela tenha surgido em primeiro lugar no espírito das partes ou no espírito do juiz**"[14]. Assim, se o reenvio serve para fornecer ao juiz critérios de decisão, é este, por outro lado, que conforma aquela obrigação, determinando a existência de uma dúvida, e definindo se essa dúvida é, ou não, essencial para a decisão do caso. É ao juiz que cabe, por fim, interpretar a jurisprudência anterior do Tribunal de Justiça, procurando resolver sozinho a sua dúvida.

---

[11] ROBERT LECOURT afirma que "Os Tratados instituíram um diálogo directo de juiz a juiz num procedimento especial sem partes no sentido habitual do termo" (*L'Europe...*, cit., p. 266). V., no mesmo sentido, JOSÉ MANUEL RIBEIRO DE ALMEIDA, *A cooperação...*, cit., p. 86.

[12] DENYS SIMON, *Le système...*, cit., p. 669; JOÃO MOTA DE CAMPOS, *Contencioso Comunitário*, cit., p. 165; PIERRE PESCATORE, *Las cuestiones...*, cit., p. 547 e segs., ARACELÍ MARTÍN / DIego NOGUERAS, *Instituciones...*, cit., p. 247.

[13] V. *supra*, p. 27.

[14] PIERRE PESCATORE, *Le recours...*, cit., p. 13, sublinhados nossos.

Que dizer da argumentação desta visão **estritamente objectiva** sobre a questão prejudicial comunitária?

É certo que o papel activo das partes se demonstra limitado ao longo de todo o processo de reenvio, sobretudo por não lhes caber a possibilidade de exigir do juiz que reenvie determinada questão para o Tribunal de Justiça. No entanto, extrair daqui mais do que uma simples opção de política processual, com o objectivo de manter no juiz a autonomia de decisão, conduz directamente à total **irrelevância** dos particulares no processo de reenvio, como se lhes fosse indiferente o efeito que o resultado daquela operação de reenvio terá na resolução do caso concreto: essenciais no processo principal, já que são elas que trazem para o processo os factos que fundamentam a decisão de reenvio, as partes serão irrelevantes no processo prejudicial.

2.1.2. *Os diferentes pressupostos do reenvio facultativo e obrigatório*

Pensamos, em todo o caso, que não é de todo irrelevante o papel das partes na colocação da questão ao Tribunal de Justiça[15].

Na verdade, um dos principais defeitos de que consideramos padecer a teoria tradicional é o de ela não extrair todas as consequências da diferença entre reenvio prejudicial facultativo e reenvio prejudicial obrigatório. Começaremos, por conseguinte, por confrontar o § 2 e o § 3 do art.º 234.º.

Na verdade, o §3, que corresponde aos casos de reenvio prejudicial obrigatório, não atribui ao juiz nacional o poder de verificar *se a decisão sobre essa questão é necessária ao julgamento da causa*, como sucede nos casos previstos no §2. Ele dispõe, antes, que a obrigação de reenvio existe **desde que seja** *suscitada em processo pendente.* Assim, não é desprovida de sentido a questão de saber se os tribunais de última instância não estarão obrigados a suscitar a questão ao Tribunal de Justiça sempre que as partes a suscitem[16].

É evidente que a questão é delicada, uma vez que ela pode redundar na afirmação de que o juiz nacional fica obrigado a reenviar para o Tribunal de Justiça qualquer questão, sobre qualquer matéria, por menor conexão que assuma relativamente ao litígio. Tal solução, proposta pela

---

[15] FRÉDERIQUE BERROD, *La systématique...*, cit., p. 855, MAR JIMENO BULNES, *La cuestión...*, cit., p. 339.

[16] Questão colocada, por exemplo, por H. SCHERMERS / P. WAELBROECK, *Judicial protection...*, cit., p. 419.

chamada *teoria do reenvio automático*[17], parece-nos altamente criticável, já que ela amputaria ao juiz nacional a sua competência para determinação das normas aplicáveis ao caso. Assim, embora tenha surgido como reacção aos efeitos nocivos da teoria do acto claro, ela acaba por cair no extremo oposto ao impedir o juiz nacional de interpretar normas.

Aliás, como vimos atrás, o próprio Tribunal de Justiça interpretou aquele último parágrafo do art.º 234.º no acórdão *Cilfit*, exigindo que a questão seja *pertinente*. Ficam de fora do âmbito das questões prejudiciais, portanto, os casos nos quais a norma comunitária controvertida seja manifestamente inaplicável ou sem qualquer relação com o caso[18], uma vez que o Tratado estabeleceu taxativamente os casos em que o Tribunal exerce a sua competência meramente consultiva. Em todo o caso, não vamos tão longe como PIERRE PESCATORE, que, apoiando-se no acórdão *Cilfit*, desvaloriza a diferença de regime entre reenvio obrigatório e reenvio facultativo criada pelo art.º 234.º, considerando que se tratou de um *defeito de redacção*[19]. Pensamos que, a menos que a letra das normas nos conduza a resultados aberrantes, ela é um importante ponto de partida.

Cumpre portanto determinar que razões terão levado o legislador comunitário a criar aquela diferença de regime. Ora, como vimos atrás, a razão da consagração desta diferença prende-se com a nota de definitividade que assiste às decisões dos tribunais que sejam insusceptíveis de recurso judicial. Essa definitividade torna especialmente dignas de protecção a coerência do próprio ordenamento e as próprias partes, já que é uma decisão que **define situações jurídicas.**

Assim, parece-nos que tem havido na doutrina grande confusão acerca do papel das partes no reenvio obrigatório. Diz-se que o tribunal nacional mantém o poder de disposição em matéria de reenvio, o que, no fundo, leva à total indistinção entre o reenvio facultativo e obrigatório[20].

---

[17] Cujos termos e autores se encontram descritos em MAR JIMENO BULNES, *La cuestión...*, cit., p. 304 e segs..

[18] Ac. de 16 de Julho de 1992, no Proc. C-343/90, *Lourenço Dias c. Director da Alfândega do Porto*, Col. 1992, p. 4673.

[19] *Le recours...*, cit., p. 16.

[20] GIANDOMENICO FALCON acaba por afirmar que "na prática, a distinção entre a mera faculdade de reenviar e a verdadeira e própria obrigação não é grande: por um lado, não se vê por que é que o juiz que descobre a existência de uma dúvida séria de interpretação evitará o reenvio; por outro lado, a própria obrigação acaba por não subsistir, se o juiz de último grau considerar que não existe dúvida séria" – *La tutela...*, cit., p. 382, em nota de rodapé.

No entanto, no primeiro, o juiz é livre na apreciação dos pressupostos e livre na decisão de reenvio, ou seja, pode optar, por motivos de mera oportunidade, por não reenviar a questão, **mesmo que estejam preenchidos todos os pressupostos de reenvio e mesmo que se considere que a resolução da questão é necessária ao julgamento da causa**. Por outro lado, ele estará impedido de reenviar se a questão não for pertinente: embora o Ac. *Cilfit* se tenha referido à pertinência da questão a propósito das causas de dispensa de reenvio, ela constitui, no nosso entender e em rigor, um **verdadeiro pressuposto do reenvio**, ou uma **exigência de admissibilidade, já que a questão não pertinente não é, em rigor, verdadeiramente prejudicial**. Foi o que vimos atrás, quando nos referimos às causas de dispensa de reenvio.

No reenvio obrigatório, por seu lado, o juízo que cabe ao julgador nacional é muito mais apertado, devendo **limitar-se à aferição da verificação dos pressupostos**. Isso, aliás, de resto, nem constitui novidade para o juiz nacional, porque, sempre que cabe recurso de direito interno de uma sua sentença, o juiz da causa também tem de verificar dos pressupostos do recurso, sendo obrigado a admiti-lo se estes estiverem preenchidos (v., por exemplo, o art.º 687.º do nosso Código de Processo Civil): a única diferença é que um dos pressupostos é um conceito indeterminado, a *pertinência da questão,* que deve ser preenchido nos mesmos termos quer o reenvio seja obrigatório ou facultativo. Ao juiz caberá, para o efeito, apenas aferir da existência de uma **conexão entre a questão suscitada e o objecto do caso concreto**. Assim, no acórdão *Salonia*[21], o Tribunal de Justiça decidiu que pode rejeitar um pedido prejudicial se "transparece de maneira manifesta que a interpretação do direito comunitário ou o exame da validade de uma regra comunitária, suscitadas por esta jurisdição, não têm nenhuma ligação com a realidade ou o objecto do litígio principal"[22].

Subsiste a dúvida quando à exigência de que o acto não seja verdadeiramente claro. Dir-se-ia, desde logo, que também aqui estamos perante um verdadeiro pressuposto do reenvio e não de uma causa de dispensa.

Deve presidir à decisão do juiz uma extrema cautela. Na verdade, como vimos, o Tribunal de Justiça afirmou que a dúvida do juiz que

---

[21] De 16 de Junho de 1981, Proc. 126/80, Rec. p. 1563.

[22] Com este fundamento o Tribunal de Justiça já se recusou a responder às questões prejudiciais em vários processos. V., por ex.º, o Ac. de 9 de Outubro de 1997, *Procédure pénale c. Martino Grado e Shahid Bashir,* Proc. C-291/96, Col. 1997, p. 5531.

fundamente o reenvio deve ser uma dúvida objectiva, devendo fazer um raciocínio de diagnóstico daquela que seria a opinião dos restantes juízes da Comunidade, colocados perante um caso análogo que comportasse a aplicação das mesmas regras. Ora, à luz do que afirmámos, consideramos que o juiz deve levar em conta o facto de a questão não se revelar como clara para as partes, como modo de assegurar a legitimidade da decisão final: por conseguinte, o juiz só poderá considerar a questão verdadeiramente clara quando ambas as partes estão de acordo quanto ao seu significado. Aliás, se nem as partes, nem o juiz, divergirem quanto ao sentido da norma, o problema do reenvio nem se chega a impor.

A título de exemplo ilustrativo, atente-se na posição assumida pelo Tribunal de Justiça no acórdão *Foglia c. Novello* [23]. Neste processo, embora estivesse em causa a aplicação de uma norma comunitária, verificou-se que as partes estavam de acordo quanto à interpretação a dar àquela. Por essa razão, o Tribunal de Justiça não recebeu a questão por considerar que a questão suscitada **não era controversa,** já que o exercício da sua competência prejudicial está subordinado à **existência de uma necessidade objectiva inerente à solução de um litígio**. É interessante realçar, portanto, a importância que o Tribunal atribui à influência que a sua resposta vai exercer no resultado final da causa[24].

Não deixa, portanto, de ser curiosa a diferença de redacção dos dois parágrafos do art.º 234.º. Na verdade, a obrigação de reenvio conduz a uma clara restrição do poder do juiz. Sempre que tiverem sido as partes a suscitar, elas, a questão, esse facto deverá ser levado em conta pelo juiz, que se deverá limitar a analisar os pressupostos de que depende a decisão de reenvio, nos quais se incluem a pertinência e a falta de clareza da questão. Verificados os pressupostos, o juiz deverá reenviar. Assim, salvo casos-limite de flagrante desconexão com o objecto do processo, ou se parecer ao juiz que a questão é totalmente desprovida de fundamento[25], o juiz nacional está obrigado a reenviar as questões suscitadas pelas partes, na medida em que elas constituam um indício da falta de clareza da norma. A apreciação sobre a clareza da norma ou a sua

---

[23] V. *supra*, p. 44.
[24] V. o Ac. de 12 de Junho de 1986, nos Proc. apensos n.ºs 98, 162 e 258/85, *Bertini c. Regione Lazio,* Col. 1986, p. 1885. V., sobre o Proc. *Foglia,* DAVID ANDERSON, *The admissibility...*, cit., p. 191 e segs..
[25] RENÉ JOLIET, *L'article 177...*, cit., p. 610. Nesses casos, poder-se-á, inclusivamente, chamar à colação a figura da responsabilidade processual das partes, se se considerar que o pedido de reenvio tece um intuito claramente dilatório.

pertinência nunca poderão redundar num juízo de oportunidade, que não cabe ao juiz de última instância. Só assim nos parecem verdadeiramente distintas a faculdade de reenvio e a obrigação de reenviar.

É o que acaba por admitir MARCO CÉBRIAN, ao afirmar que "antes de decidir sobre a remissão da questão ao Tribunal de Justiça, o órgão jurisdicional deverá ouvir as partes a fim de que estas possam alegar o que considerem oportuno sobre a pertinência da questão. Este passo é indispensável, não sendo aceitável excluir por completo a intervenção das partes neste incidente, que, sem dúvida, as afecta substancialmente; basta pensar nos efeitos suspensivos que necessariamente supõe a submissão da questão ao Tribunal de Justiça e na influência que a sentença que este Tribunal dite terá sobre a resolução do fundo do litígio"[26].

2.2. O processo no Tribunal de Justiça

Outro dos fundamentos em que se apoia a concepção objectiva é o facto de a intervenção das partes ser limitada também na fase processual do reenvio que corre já junto do Tribunal de Justiça. É evidente que a fase desenrolada no Tribunal de Justiça é, no verdadeiro sentido da palavra, um *processo sem partes*: assim, a resolução da questão de fundo, que interessa àquelas, não cabe de forma directa ao Tribunal de Justiça que, aliás, tem apenas de conhecer os dados de facto mínimos que relevam para a formulação do seu acórdão. Não existe, portanto, no processo comunitário, um *interesse directo em demandar* nem um *interesse directo em contradizer* (art.º 26.º do Código do Processo Civil).

No entanto, à luz das regras de processo do Tribunal de Justiça, há outros sujeitos, para além das partes, que podem fazer valer interesses próprios: são os chamados *intervenientes*[27].

De facto, de acordo com o art.º 20.º do Estatuto do Tribunal de Justiça, para que este possa decidir a questão prejudicial, deve levar em conta as observações feitas por diferentes sujeitos: os Estados, as Instituições comunitárias e também os **particulares**. Estes são notificados, nos termos do Estatuto, quer da decisão de reenvio, quer das observações

---

[26] *La cuestión...*, cit., p. 106. No mesmo sentido, o Tribunal de Justiça considerou, no Ac. *Simmenthal*, já referido, que a decisão de reenvio deve ser precedida de algum contraditório, no interesse de uma boa justiça. V. GUY ISAAC / MARC BLANQUET, *Droit communautaire...*, cit., p.337.

[27] MAR JIMENO BULNES, *La cuestión...*, cit., p. 340.

escritas formuladas por todos os intervenientes, quer do despacho que designa dia para a audiência. Repare-se que **no processo comunitário é mais importante a figura das partes que a do próprio juiz nacional**, cuja actuação se esgota na formulação da questão prejudicial e só volta a acontecer quando esta tiver sido resolvida. Aliás, ao passo que os órgãos comunitários e os Estados são chamados a intervir em qualquer processo prejudicial, os particulares apenas participam no caso a que o processo nacional em que são partes deu causa. É certo que a sua eventual falta de participação não tem consequências[28]. Aliás, o próprio Tribunal de Justiça afirmou que o reenvio prejudicial é um "processo não contencioso, que exclui qualquer iniciativa das partes, que são apenas convidadas a ser ouvidas no decurso desse procedimento"[29].

Ainda assim, há que reconhecer que as partes não agem no âmbito de uma acção popular, ou para a protecção de interesses colectivos. Aos intervenientes institucionais cabe, portanto, a prossecução da função **objectiva** do reenvio; aos particulares, a defesa dos **seus próprios** interesses no processo principal. Assim, não é sem motivo que o particular é chamado a participar no processo comunitário, devendo fazer-se representar por um Advogado, o que denota que as partes agem na defesa dos seus interesses, e não na defesa de um interesse público ou comunitário. Esta intervenção preenche, segundo nos parece, a função de dar a conhecer ao Tribunal os interesses em presença de todos os destinatários das normas comunitárias, incluindo, também, os interesses dos particulares, o que será verdadeiramente importante quando o processo nacional defronte um particular com o Estado, já que este tem sempre a possibilidade de participar na fase de discussão perante o Tribunal de Justiça.

Embora não represente um argumento definitivo, não deixa de ser interessante referir o argumento sistemático. O Tribunal de Primeira Instância, cuja principal função é conhecer dos recursos interpostos pelos particulares[30], pode, desde o Tratado de Nice, também exercer a competência prejudicial, embora seja necessário, o que ainda não aconteceu, que o Estatuto seja alterado para passar a determinar as matérias sobre as quais este Tribunal se poderá pronunciar a título prejudicial (art.º 225.º, n.º 3, do Tratado CE).

---

[28] V. JACQUES PERTEK, *La pratique...*, cit., p. 109.
[29] Proc. C-364/92, SAT *Fluggesellschaft mbH v. Eurocontrol*, Ac. de 19 de Janeiro de 1994, Col. 1994, p. 43.
[30] V. o art.º 225.º do Tratado CE e art.º 51.º do Estatuto do Tribunal.

2.3. O efeito directo das normas comunitárias

A relevância dos particulares no âmbito das questões prejudiciais decorre também do conceito de efeito directo que algumas normas comunitárias produzem[31]. Na verdade, a proliferação de novos direitos trazidos pelo cada vez maior número de políticas comunitárias[32] e a possibilidade de estes direitos poderem ser invocados em juízo pelos particulares, ficariam esvaziadas de conteúdo se estes não pudessem obter dos tribunais a correcta aplicação (incluindo a interpretação) dessas normas.

Mas se o reenvio é uma consequência do efeito directo, ele é também, adiantemos já, a sua **premissa essencial**, já que é através da questão prejudicial que fica assegurada a tutela efectiva dos direitos que o ordenamento comunitário confere aos particulares pela via do efeito directo[33]. De resto, se o efeito directo é causa da atribuição de direitos aos particulares e da possibilidade de estes os invocarem em juízo, então há que entender o art.º 47.º da Carta dos Direitos Fundamentais, que consagra o princípio do *ubi ius ibi remedis*[34], como exigindo que o juiz nacional reconheça aqueles direitos, **tal como são consagrados pelo Direito Comunitário**. Também Ewa Biernat considera que o cumprimento deste dever é exigível tanto aos tribunais comunitários como aos tribunais nacionais[35].

Em certa medida, este princípio comporta uma limitação ao princípio da autonomia procedimental, já que ele determina para o juiz nacional a obrigação de garantir, independentemente dos meios nacionais, a

---

[31] Afirmando que o reenvio prejudicial é *vector de salvaguarda dos direitos dos particulares*, por assegurar o efeito directo das normas, V. Jacques Pertek, *La pratique...*, cit., p. 20.

[32] Neste campo é especialmente elucidativo o caso da liberdade de circulação de pessoas.

[33] No Ac. de 16 de Dezembro de 1976 (*Rewe*, Proc. 33/76, Rec. 1976, p. 1989) o Tribunal afirmou que compete às jurisdições nacionais o *cuidado de assegurar a protecção jurídica que decorre para os particulares do efeito das disposições de Direito Comunitário*. Mais recentemente, no Ac. Terhoeve (Proc. C-18/95, Ac. de 16 de Janeiro de 1999, Col. 1999, p. 345), o Tribunal de Justiça decidiu que "os órgãos jurisdicionais nacionais devem aplicar o Direito Comunitário protegendo os direitos que este confere aos particulares". Nesse sentido, V. Aracelí Martín / Diego Nogueras, *Instituciones...*, p. 225.

[34] O art.º 47.º dispõe: "Toda a pessoa cujos direitos e liberdades garantidos pelo Direito da União tenham sido violados tem direito a uma acção perante um tribunal".

[35] *The Locus Standi...*, cit., p. 24.

plena eficácia do Direito Comunitário. Aliás, o projecto de Tratado Constitucional prevê, no art.º 28.º, que "Os Estados membros estabelecem as vias de recurso necessárias para assegurar uma protecção jurisdicional efectiva no domínio do direito da União".

2.4. *A necessidade de protecção das partes*

A concepção objectiva não permite, no nosso entender, uma protecção jurisdicional efectiva e eficaz dos direitos dos particulares que o próprio Tribunal de Justiça não se cansa de defender[36]. Se é verdade que no reenvio prejudicial "não se podem fazer valer direitos subjectivos e está vedada às partes a possibilidade de suscitar directamente a questão ao tribunal[37]", tal não significa que as partes não tenham qualquer interesse no reenvio. Na verdade, a sua omissão pelo juiz nacional conduz a grave situação de desprotecção dos particulares, uma vez que ignora o efeito que o reenvio tem na situação jurídica da parte do processo principal.

Àquelas funções do reenvio prejudicial que enunciámos na primeira parte desta investigação teríamos, portanto, de acrescentar uma outra: a protecção dos particulares.[38] Em todo o caso é evidente que esta protecção assume uma maior importância quando o **juiz nacional esteja a julgar em última instância**, porque só nesse caso é que a sua decisão é definitiva e põe termo ao processo, definindo a situação das partes. Outros casos menos graves de omissão de reenvio (por exemplo, quando o tribunal de instância inferior não cumpriu a obrigação prevista no acórdão *Foto-frost* e deixou de aplicar uma norma comunitária por considerá-la inválida), embora possam lesar o particular, na medida em que terá de aguardar pela última instância para esperar o cumprimento das normas comunitárias, não são tão graves precisamente por não comportarem essa nota de definitividade[39].

---

[36] DOMINIQUE BLANCHET, *L'usage...*, cit. p. 427
[37] MARCO CÉBRIAN, *La cuestión...*, cit., p. 35. No mesmo sentido, JEAN PAUL JACQUÉ, *Droit institutionnel...* cit., p. 605.
[38] FAUSTO DE QUADROS / ANA GUERRA MARTINS afirmam mesmo que o reenvio prejudicial é "a última esperança de aplicação correcta do Direito Comunitário para os particulares". (*Contencioso Comunitário...*, cit., p. 52).
[39] Por outro lado, será ainda menor a desprotecção sempre que o recurso tenha carácter suspensivo.

2.4.1. Um contencioso limitativo para os particulares

Nunca é demais recordar que os diferentes meios contenciosos previstos nos Tratados comunitários são claramente avessos à participação dos particulares nos processos junto do Tribunal de Justiça. Na verdade, ressalvando-se os casos pouco relevantes do contencioso da função pública comunitária (art.º 236.º TCE) e das acções de responsabilidade contratual (art.º 288.º) e extracontratual (art.º 235.º) das Comunidades, só em termos limitados têm os particulares acesso à jurisdição comunitária[40]. Saliente-se, a título de exemplo, a sua reduzida legitimidade em sede do recurso contencioso de anulação e da acção por omissão (art.º 230.º) – já que, mesmo nos casos previstos nos art.ºˢ 230.º e 232.º, a prova da *afectação directa e individual* é extremamente difícil de levar a cabo pelo particular[41] –, ou a total falta de legitimidade na acção por

---

[40] Sobre a desproporção entre os meios contenciosos previstos nos Tratados e o princípio da efectividade, V. RACHEL SMITH, *Remedies for Breaches of EU Law in National Courts: Legal Variation and Selection*, in PAUL CRAIG / GRÁINNE DE BÚRCA (dir.), *The Evolution of EU Law*, Oxford, 1999, p. 310 e segs..

[41] Ainda que aqueles conceitos tenham sido alargados pelas conclusões do Advogado Geral JACOBS do dia 21 de Março de 2002, no Processo *Unión de Pequeños Agricultores* (C-50/2000), e a posição deste perfilhada pelo Tribunal de Primeira Instância no Ac. *Jégo-Quéré* (3 de Maio de 2002, no proc. T-177/2001). O Tribunal de Justiça, no entanto, persiste em manter o entendimento tradicional, quer no Ac. de 25 de Julho de 2002 no referido processo *Unión de Pequeños Agricultores* (Col. 2002, p. I-6677), quer no acórdão que decidiu o recurso interposto pela Comissão no processo *Jégo-Quéré*, em 1 de Abril de 2004. Nestes acórdãos, o Tribunal de Justiça afirmou que o art.º 230.º deve ser revisto, não comportando a sua letra uma aplicação diferente daquela que é a tradicional. Dir-se-ia que é de estranhar esta repentina preocupação do Tribunal pela pureza dos preceitos: noutros campos não hesitou em completar, ou até mesmo corrigir (por vezes de forma discutível), normas dos Tratados. O caso *Foto-frost*, que veremos de seguida, é ilustrativo desta *actividade criadora* do Tribunal de Justiça. Sobre a falta de legitimidade dos particulares no recurso de anulação, e a necessidade de revisão do art.º 230.º, v., entre vastíssima doutrina, ANTHONY ARNULL, *Privant applicants and the Action for annulment since Codorniu*, in *C.M.L.R.*, 38, Dordrecht, 2001, p. 7-52; EWA BIERNAT, *The Locus Standi of Private Applicants under art.º 230 (4) EC and the Principle of Judicial Protection in the European Community*, Jean Monnet Working Paper 12/03, Nova Iorque, New York University School of Law, 2003, p. 21 e segs.; JEAN-LOUIS CLERGERIE, *L'élargissement des possibilités des recours ouverts aux particuliers en matière d'annulation*, in *Récueil Le Dalloz*, 178e année, n.º 36, Paris, 2002, p. 2755 e segs.; DENIS WAELBROECK / A. M. VERHEYDEN, *Les conditions de recevabilité des recours en annulation des particuliers contre les actes normatifs communautaires*, in *C.D.E.*, 1995, n.ºˢ 3-4, pp. 399 e segs.; DENIS WAELBROECK, *Le droit au recours juridictionnel effectif du particulier: trois pas en avant, deux pas en arrière*, in *C.D.E.*, 2002, n.ºˢ 1-2,

incumprimento (art.º 226.º e segs). Quanto a estes dois últimos meios contenciosos, ao particular apenas restará a hipótese de se dirigir por escrito a uma das instituições comunitárias (podendo-se entender que ao abrigo do direito consagrado no art.º 21.º do TCE, um dos atribuídos pela *cidadania europeia*) sugerindo que seja iniciado o competente processo e esperar que a sua sugestão seja levada em conta.

Por outro lado, o mecanismo de reenvio prejudicial é um meio a utilizar pelos tribunais nacionais a propósito da resolução de casos concretos, o que se demonstra vantajoso para o particular, já que a decisão que o Tribunal de Justiça profira no âmbito do exercício dessa competência prejudicial vai reflectir-se na definição da sua situação jurídica. Assim, "Relembrar tudo o que a protecção jurisdicional dos particulares deve ao reenvio prejudicial é hoje uma banalidade"[42].

2.4.2. *O reenvio de validade e a protecção de direitos fundamentais*

Quando, na primeira parte, fizemos referência às funções que classicamente eram atribuídas ao reenvio prejudicial, aludimos à necessidade de se salvaguardar a integridade do ordenamento jurídico que justificava a possibilidade de o Tribunal de Justiça controlar a validade das normas comunitárias quando estas já se encontrassem em vigor, a título incidental. Estamos agora em condições de dar o passo subsequente, afirmando que o reenvio prejudicial de validade cumpre também uma importante função de protecção dos particulares contra actos ilegais das Instituições comunitárias. Daí a afirmação de que o reenvio de validade preenche uma "necessidade de procurar um ponto de equilíbrio entre a configura-

---

pp. 3 e segs.; DOMINIK HANF, *Facilitating Private Applicants' Acess to the European Courts? On the possible impact of the CFI's Ruling in Jégo-Quéré*, in G.L.J., vol. 3 n.º 7, Julho de 2002; JOSÉ CARLOS MOITINHO DE ALMEIDA, *Evolucion jurisprudencial en materia de acceso de los particulares a la jurisdiccion comunitaria,* in G.C. RODRIGUEZ IGLESIAS, / D.J. LIÑAN NOGUERAS (dir.), *El derecho comunitario europeo y su aplicación judicial*, Consejo General del Poder Judicial – Universidad de Granada-Civitas, Madrid, 1993, pp. 595 e segs.. O *Tratado que estabelece uma Constituição para a Europa*, se vier a entrar em vigor com a redacção actual, alargará parcialmente o acesso dos particulares ao Tribunal de Justiça, ao prever, no seu art. 365.º, n.º 4, a possibilidade de os particulares recorrerem de actos regulamentares que não incluam medidas de execução.

[42] HENRI LABAYLE, *L'effectivité de la protection juridictionnelle des particuliers: le droit administrative français et les exigences de la jurisprudence européenne,* in Revue française de droit administrative, Paris, Ano 8, n.º 4 (Julho-Agosto 1992), p. 628.

ção da questão de validade como via abstracta de apuramento do ordenamento jurídico comunitário e a via concreta de protecção dos administrados comunitários"[43].

Na verdade, a desprotecção a que acima fizemos referência é maior, reconhecemos, quando estivermos perante uma **questão de validade** de uma norma comunitária do que quando se coloca apenas uma questão de interpretação da norma comunitária[44], uma vez que a aplicação da norma inválida, ou a recusa da aplicação de uma norma com o fundamento na sua invalidade, sem a prévia intervenção do Tribunal de Justiça, pode onerar a situação jurídica do particular com obrigações que não teria, de outra forma, que cumprir.

Neste contexto se compreende, pois, a importância do reenvio prejudicial. Neste caso "é mais directamente perceptível o aspecto subjectivo da protecção dos direitos fundamentais do 'cidadão comunitário'", já que abre aos particulares a "possibilidade de verem anulada pelo Tribunal de Justiça a disposição de direito comunitário cuja ilegalidade tenham invocado *incidenter tantum*"[45], suprindo a estreita possibilidade do seu acesso ao recurso de anulação directamente naquele Tribunal.

Através deste mecanismo, os particulares poderão, por conseguinte, beneficiar da jurisdição do Tribunal de Justiça no seu caso concreto: não gozando do direito de acesso directo àquele, eles disporão de uma via análoga que possibilita o controlo da validade das normas comunitárias **a título incidental**. Assim, "deve ver-se no reenvio prejudicial de apreciação de validade do direito derivado uma forma de permitir aos tribunais nacionais alargar a tutela dos particulares contra os actos praticados pelas autoridades comunitárias, tutela que os tratados encerram em termos assaz estreitos (...)"[46].

Esta é, aliás, a posição do próprio Tribunal de Justiça quando, ao justificar a recusa de admissão de um recurso de anulação interposto por um particular, afirmou claramente que a sua desprotecção não é total, já que tem aberta a possibilidade de ver a sua pretensão resolvida nos

---

[43] RICARDO ALONSO GARCÍA / J. M. BAÑO LEÓN, *El recurso...*, cit., p. 197 e segs..

[44] Afirmando claramente que no reenvio de validade avulta a função de protecção dos particulares, V. CARLOS MOLINA DEL POZO, *El poder judicial y la integracion de España en las Comunidades Europeas*, in *El poder judicial*, Madrid, Instituto de Estudios Fiscales, 1983, p. 2097.

[45] NUNO PIÇARRA, *O Tribunal de Justiça...*, cit., p. 22. No mesmo sentido, MIGUEL SÁNCHEZ, *El Tribunal Constitucional...*, cit., p. 112 e segs.

[46] RUI DE MOURA RAMOS, *Reenvio prejudicial...*, cit., p. 105.

tribunais nacionais, uma vez que estes podem, e, nalguns casos, devem, reenviar para si a questão da validade[47].

Lembremo-nos, além do mais, de que a violação de direitos fundamentais é causa de invalidade das normas comunitárias[48], pelo que o não cumprimento, por um tribunal nacional, da obrigação de reenvio, poderá determinar, para o particular, uma situação de grave desprotecção[49]. Desse modo, quando não for possível interpretar a norma num sentido favorável aos direitos fundamentais, "a possível lesão de direitos fundamentais pela norma comunitária transmite-se ao acto normativo estatal, objecto de recurso perante o tribunal nacional, que, perante a alegação da nulidade da norma na qual se funda o acto, deveria suscitar a questão prejudicial de validade, transformada assim em mecanismo para a garantia dos direitos fundamentais[50]". Por isso, "a omissão da obrigação de reenvio por parte dos juízes que decidem em última instância deixa o particular em situação de indefesa, tendo em conta a autoridade de caso julgado que está ligada a estas decisões adoptadas em última instância"[51]. Daí a importância do reenvio prejudicial, na medida em que, revelando-se um importante processo de cooperação destinado a salvaguardar a ordem jurídica comunitária, ele garante também a protecção jurídica integral dos particulares, nomeadamente na validade, colmatando "lacunas decorrentes dos termos restritivos em que é concebido o acesso dos particulares ao recurso de anulação"[52].

É certo, no entanto, que o reenvio prejudicial não substitui inteiramente o recurso de anulação. As duas vias são *complementares* e não se

---

[47] V.g. no Ac. de 18 de Setembro de 1992, Processo T-24/90, *Automec v. Comissão*, Col. 1992, p. II-02223; Ac. de 15 de Setembro de 1998, Processo T-109/97, *Molkerei Grossbraunshain and Bene Nahrungsmittel* c. Comissão, Col. 1998, p. II-3533; Ac. de 27 de Junho de 2000, Procs. apensos T172/98 e 175-177/98, *Salamander e outros* c. *Parlamento e Conselho*, Col. 2000, p. II-2487. No Ac. de 1 de Fevereiro de 2001 (Proc. C-300/99, *Area Cova e outros* c. *Conselho*, Col. 2001, p. I-983), as partes alegaram que o direito à tutela judicial efectiva não estava verdadeiramente assegurado enquanto se exigisse que os particulares deviam preferir uma acção no tribunal nacional, requerendo que fosse suscitada a questão prejudicial de validade.

[48] V. Ac. de 13 de Julho de 1989, no Proc. 5/88, *Wachauf*, Col. 1989, p. 2609; Ac. de 27 de Maio de 1993, no Proc. C-290/91, *Johannes Petr c. Hauptzollamt Regnesburg*, Col. 1993, p. I-2981.

[49] No mesmo sentido, JEAN-FRANÇOIS RENUCCI, *Droit européen...*, cit., p. 660.

[50] MIGUEL SÁNCHEZ, *El Tribunal Constitucional...*, cit., p. 113.

[51] MARTA ORTEGA, *El acceso de los particulares a la justicia comunitaria*, Barcelona, Ed. Ariel, 1999, p. 124).

[52] JOSÉ MANUEL RIBEIRO DE ALMEIDA, *A cooperação...*, cit., p. 57.

substituem[53]. Assim, é verdade que pode ser difícil para o particular suscitar a invalidade da norma, sobretudo quando não haja medidas de execução que possa contestar[54]. Na verdade, quando estas existam, o particular pode delas recorrer nos termos previstos em cada Estado para a impugnação de normas nacionais ou de actos administrativos. Mas se as normas comunitárias forem de aplicação imediata, tal não será possível, já que os tribunais nacionais não são competentes para receber, a título principal, pedidos de declaração de invalidade das normas comunitárias. Assim, restaria a hipótese (caricata) de o particular infringir a norma comunitária para poder depois contestá-la através das sanções que lhe forem impostas pela Administração dos Estados.

Por outro lado, é verdade que, mesmo havendo medidas nacionais de execução, para o particular é mais gravoso (em termos de tempo e de custo[55]) o acesso ao Tribunal de Justiça *através* dos tribunais nacionais do que se o pudesse fazer directamente. É algo que decorre da própria natureza do reenvio enquanto *incidente processual*, levando a sua dependência em relação à questão principal a fazer somar o seu próprio *preço* (monetário e temporal) ao *preço* daquela questão principal.

Por fim, caberia ainda a hipótese – que já vimos não ser meramente académica – de o juiz nacional desconhecer a obrigação que sobre ele faz impender o art.º 234.º [56], fundando-se erradamente na teoria do acto claro ou numa *concepção desviada* sobre o grau de discricionariedade que detém na decisão de reenvio.

Em todo o caso, se é verdade que para o particular não deixa de ser lesiva a restrita legitimidade em sede de recurso de anulação, certo parece,

---

[53] MARTA ORTEGA, *El acceso...*, cit., p. 106.

[54] Assim, FRANCIS JACOBS, que participou nos trabalhos do II Grupo de Trabalho da Convenção que preparou o Tratado Constitucional (*Le système des voies de recours judiciaires,* in "Working Group II – Incorporation of the Charter / accession to the ECHR", La Convention Européenne, 27 de Setembro de 2002, *in* http://european-convention.eu.int/docs/wd2/3222.pdf, p. 7). No mesmo sentido, DOMINIK HANF (*Facilitating...,* cit., p. 2; DENIS WAELBROECK e A.M. VERHEYDEN (*Les conditions...,* cit., p. 433 e segs.), e EWA BIERNAT (*The* Locus Standi..., cit., p. 28), considerando, em consequência, que o reenvio prejudicial de validade não constitui uma boa alternativa ao recurso de anulação. Esta última Autora baseia-se no Ac. de 1 de Abril de 1965, no proc. 40/64, *Sgarlata c. Comissão,* Rec. 1965, p. 279.

[55] Os custos do reenvio prejudicial foram apontados por Lord DENNING, em 1974, como sendo um elemento a ter em conta pelo juiz nacional para decidir do reenvio (*Court of Appeal,* 22 de Abril de 1974). V. PAUL CASSIA, *L'accès...,* cit., p. 830.

[56] DOMINIK HANF, *Facilitating...,* cit.

no entanto, que a possibilidade aberta pelo reenvio prejudicial pode diminuir os efeitos nocivos dessa falta de legitimidade[57]. Por essa razão, o reenvio prejudicial é muitas vezes apontado como um dos *remédios comunitários*[58], mesmo por aqueles que defendem a sua natureza objectiva. Veja-se, a título de exemplo, o despacho de 25 de Abril de 2001[59], no qual o Tribunal de Justiça recusou o pedido de declaração de invalidade de um regulamento feito por um particular, por considerar que aquele não lhe dizia directa e individualmente respeito, afirmando de seguida que "a protecção dos operadores económicos contra decisões individuais de organismos nacionais pode ser assegurada de maneira eficaz pelas vias de recurso abertas perante as jurisdições nacionais, as quais podem, se for caso disso, colocar ao Tribunal, de acordo com o art.º 234.º, uma questão prejudicial, em caso de dúvida sobre a validade ou interpretação das normas comunitárias invocadas como fundamento dessas decisões individuais".

Por fim, resta notar que, sempre que uma das partes no processo principal invoque a invalidade de uma norma, ressalta a analogia com a excepção de ilegalidade prevista no art.º 241.º do Tratado CE. Na verdade, agindo o juiz nacional como juiz comunitário, ele deverá, nos termos da obrigação que acima descrevemos, converter esse meio de defesa numa questão prejudicial de validade ao Tribunal de Justiça[60]. Desse modo, estendemos a aplicação daquele art.º 241.º de modo a qualificar como *excepção de ilegalidade* a **defesa por excepção** do particular que invoca a invalidade de uma norma comunitária[61].

---

[57] É por isso que FRÉDÉRIQUE BERROD afirma que o reenvio prejudicial é **complementar** do recurso de anulação (*La systématique...*, cit., p. 257). Em sentido semelhante, V. RENÉ JOLIET, *L'article 177...*, cit., p. 599 e segs., GEORGES VANDERSANDEN, *La protection juridictionnelle effective: une justice ouverte et rapide?*, in MARIANNE DONY / EMMANUELLE BRIBOSIA, *L'avenir du système juridictionnel de l'Union Européenne*, Bruxelles, Éditions de l'Université de Bruxelles, 2002, p. 126; OLIVIER DUBOS, *Les juridictons...*, cit., p. 108.

[58] GEORGES VANDERSANDEN, *La protection...*, cit., p. 149.

[59] Proc. T-244/00, *Coillte Teoranta*, Rec. 2001, p. II-1275

[60] Eventualmente até levando em conta as questões de direito enunciadas pelas partes, como já foi defendido pelo Advogado-Geral ROEMER, nas suas conclusões no Proc. 17/67, Ac. de 13 de Dezembro de 1967, *Neumann*, Rec. 1967, p. 571.

[61] No mesmo sentido, V. JOÃO MOTA DE CAMPOS, ao afirmar: "(...) embora em termos processuais distintos – a *excepção de ilegalidade* deduzida directamente no Tribunal de Justiça ao abrigo do art.º 241.º e a *questão prejudicial de apreciação de validade* suscitada nos tribunais nacionais na conformidade com o art.º 234.º – é possível alcançar um resultado equiparável, isto é, a apreciação a todo o tempo, pelo Tribunal de

2.4.3. O reenvio de interpretação e a uniformidade

No reenvio de interpretação, por outro lado, parece estar presente com mais vigor a função objectiva da garantia da uniformidade do Direito Comunitário. Não devemos, no entanto, descurá-lo enquanto meio de tutela dos particulares, por várias razões.

Por um lado, a sua omissão também viola a exigência fundamental de segurança jurídica, uma vez que o particular, podendo conhecer a jurisprudência do Tribunal de Justiça, não compreenderá uma decisão fundada no Direito Comunitário que seja distinta ou mesmo contrária da posição assumida por aquele Tribunal. Na realidade, mesmo entendendo-se que o reenvio prejudicial serve apenas como instrumento da uniformidade do Direito Comunitário, ter-se-á que admitir que o principal beneficiário desta uniformidade é o particular.

Por outro lado, o reenvio de interpretação tem muitas vezes como finalidade, como vimos, embora à margem da função específica para ele pensada no Tratado CE, conceder ao juiz nacional critérios de apreciação da conformidade das normas nacionais com as normas comunitárias, tendo, por isso, já sido considerado como constituindo a *acção por incumprimento dos particulares*[62]. Foi por isso que o Advogado-Geral WARNER afirmou, nas conclusões que precederam o já mencionado Acórdão *Foglia*[63], que "existem duas vias de levantar, perante o Tribunal, a questão da conformidade, com o Direito Comunitário, de uma regra de direito ou uma prática administrativa existente num Estado membro. Uma é o procedimento iniciado pela Comissão nos termos do art.º [226.º] do Tratado. O outro é o reenvio previsto no art.º [234.º], efectuado por

---

Luxemburgo, da legalidade de um acto comunitário que os interessados não tenham podido impugnar directamente ou cujo prazo de impugnação em recurso de anulação haja expirado" (*Contencioso comunitário,* cit., p. 423). Em sentido oposto, V. DIMITRIOS SINANIOTIS, afirmando que, uma vez que o sentido do art.º 241.º é a protecção das partes e o sentido do art.º 234.º é a "aplicação uniforme e o controlo objectivo da legislação comunitária", não será admissível invocar a excepção de ilegalidade junto dos tribunais nacionais (*The plea...,* cit., p. 112). As razões da nossa não concordância com esta afirmação resultam de ela ser uma manifestação da concepção puramente objectiva do reenvio prejudicial.

[62] PIERRE PESCATORE, *Le recours...,* cit., p. 27. No mesmo sentido, RENÉ JOLIET, considerando que o reenvio prejudicial supre a falha da legitimidade dos particulares no âmbito do recurso por omissão, acção de anulação e acção por incumprimento (*L'article 177...,* cit., p. 596).

[63] V. *supra,* p. 44.

uma jurisdição deste Estado no procedimento no qual a autoridade competente do Estado é parte". O próprio Tribunal de Justiça acabaria por confirmar essa orientação no Acórdão que proferiu naquele processo. Nestes termos, o recurso intentado pelo particular perante o juiz nacional combina-se com a acção intentada pela Comissão perante o juiz comunitário, para instaurar um controlo reforçado do respeito pelo Estado membro das disposições directamente aplicáveis[64].

Dir-se-á, em abono da verdade, que a aplicação do Direito Comunitário pode não ser favorável aos particulares. De facto, da perspectiva do interesse do particular, nem sempre se afigura conveniente a aplicação do Direito Comunitário: ela será vantajosa para uma das partes e desvantajosa para a outra. Será, então, que esta vertente subjectiva da obrigação de reenvio só existe no caso em que o particular beneficia do conteúdo de uma norma comunitária? Parece-nos que não. É que a função subjectiva do reenvio não pode servir para tutelar direitos quando eles não merecem tutela.

2.5. O direito à tutela judicial efectiva no quadro comunitário

A necessidade de revalorizar o particular no âmbito do reenvio prejudicial vem de encontro à própria evolução do Direito Comunitário no que respeita à protecção daquele no âmbito das garantias jurisdicionais[65]. Aliás, a própria jurisprudência do Tribunal de Justiça tem conduzido à recolocação do particular no centro do reenvio prejudicial[66]. Na verdade, embora durante muito tempo não houvesse um catálogo de direitos fundamentais na União Europeia[67], a sua protecção foi, desde

---

[64] Nesse sentido, MAURICE BERGERÈS, *Contentieux communautaire,* cit., p. 231 e segs.; ALONSO GARCÍA, *El juez español...,* cit., p. 259.

[65] GEORGES VANDERSANDEN, *La protection...,* cit., p. 121-122.

[66] Para uma evolução da jurisprudência do Tribunal de Justiça no que respeita à atenção ao particular no reenvio prejudicial, V. AMI BARAV, *Le droit au juge devant le Tribunal de Premiere Instance et la Cour de Justice des Communautés Européennes,* in JOËL RIDEAU (org.), *Le droit au juge dans l'Union Européenne,* Paris, L.G.D.J., 1998, p. 210 e segs..

[67] Mesmo depois da aprovação da Carta dos Direitos Fundamentais da União Europeia, dado, por ora, o seu carácter eminentemente político (enquanto não vincula os destinatários), era notória esta falta. A aprovação do Tratado que institui uma Constituição para a Europa, que integrou este instrumento de direitos fundamentais, pode vir a supri-la definitivamente, assim que aquele Tratado entrar em vigor, com a ratificação

cedo, como se sabe, levada a cabo de forma pretoriana pelo Tribunal de Justiça, que se guiava pelas *tradições constitucionais comuns dos Estados membros* e pela Convenção Europeia dos Direitos do Homem[68].

Desse modo, o Tribunal de Justiça tem recordado frequentemente o papel do reenvio prejudicial no quadro do sistema de meios de salvaguarda dos direitos dos particulares. No Ac. *Os verdes c. Parlamento Europeu*[69], por exemplo, o Tribunal de Justiça afirmou que "nos art.ºs [230.º] e [241.º], por um lado, e no art.º [234.º], por outro, o Tratado estabelece um sistema completo de vias de recurso e de procedimentos, destinados a confiar ao Tribunal o controlo da legalidade dos actos e Instituições. As pessoas físicas e jurídicas encontram-se, deste modo, protegidas contra a aplicação dos actos de alcance geral, que não podem impugnar directamente perante o Tribunal de Justiça devido às condições especiais de admissibilidade especificadas no parágrafo 2 do art.º [230.º] do Tratado".

Por outro lado, essa preocupação resulta clara quando o Tribunal de Justiça determinou quais as características que deve assumir o órgão de reenvio: a qualificação que o Tribunal de Justiça faz do *órgão jurisdicional de reenvio* aponta para uma necessidade de protecção dos particulares, ao se exigir que ele seja de natureza contraditória[70], e a própria decisão de reenvio precedida da audiência contraditória[71] das partes. Por outro lado, é essencial que a questão se enxerte num litígio real, não fictício[72]

---

pelos 25 Estados membros. Para uma evolução da protecção dos direitos fundamentais nas Comunidades, v. entre vários, JOSÉ CARLOS MOITINHO DE ALMEIDA, *La protección de los derechos fundamentales en la jurisprudencia del Tribunal de Justicia de las Comunidades Europeas*, in *El derecho comunitario...* cit., p. 97 e segs..

[68] Antes ainda de tais instrumentos de protecção virem a estar previstos no art.º 6.º do Tratado UE – v. MANFRED DAUSES, *La protection des droits fondamentaux dans l'ordre juridique des Communautés européennes*, Documentação e Direito Comparado, n.º 41/ /42, 1990, p. 12 e segs.

[69] Ac. de 23 de Abril de 1986, Proc. 294/83, Rec. 1986, p. 1339. V., no mesmo sentido, o Ac. *Johnston,* de 15 de Maio de 1986, (Proc. 222/84, Col. 1986, p. 1651) no qual o Tribunal de Justiça incluiu o reenvio prejudicial dentro dos meios contenciosos que atribuem ao particular a protecção jurisdicional efectiva, e o Ac. *Weber c. Parlamento*, de 23 de Março de 1993, Proc. C-314/91, Rec. 1993, p. I-1093. V., mais recentemente, os casos *Upjohn* (21 de Janeiro de 1999, no Proc. C-120/97, Col. 1999, p. I-223), e *Hospital Ingenieure Krankenhaustechnik* (Ac. de 4 de Março de 1999, no Proc. C-258/ /97, Col. 1999, p. I-1405).

[70] V. o já mencionado Ac. *Vaassen-Göbbels* (*supra*, p. 30).

[71] V. Ac. *Simmenthal* (*supra*, p. 27).

[72] V. Ac. *Foglia e Novello* (*supra*, p. 44). V. GEORGES VANDERSANDEN, *La protection...*, cit., p. 145.

– daí a diferença de regime entre o reenvio prejudicial previsto no art.º 234.º do Tratado CE e outros casos de competência consultiva do Tribunal a pedido dos Estados e que referimos acima. Assim, o Tribunal não se pronuncia sobre questões meramente hipotéticas, sendo fundamental o conhecimento mínimo dos factos[73]. Todas estas questões denotam a ligação que o reenvio prejudicial tem a um caso concreto, não lhe sendo indiferente a posição das partes.

Mas mesmo extravasando do domínio do reenvio prejudicial, não é difícil encontrar outros casos nos quais Tribunal de Justiça reconhece a necessidade de assegurar às partes o direito à tutela efectiva dos direitos conferidos por aquele ordenamento.

Disso foi exemplo a formulação do princípio da equivalência no que respeita às acções fundadas no direito nacional e no Direito Comunitário, que impõe que as acções nacionais destinadas a proteger interesses conferidos por este ordenamento não sejam menos favoráveis do que as que se fundamentam apenas no direito nacional[74]. Além disso, o Tribunal reconheceu a obrigação de o Estado reparar os prejuízos causados pela violação do Direito Comunitário, inclusivamente assegurando o reembolso das quantias recebidas em sua violação[75].

As próprias normas comunitárias consagram o direito à tutela judicial efectiva, como disso é exemplo o art.º 6.º da Directiva 76/207, de 9 de Fevereiro de 1976 (relativa à concretização do princípio da igualdade de tratamento entre homens e mulheres no que se refere ao acesso ao emprego, à formação e promoção profissionais e às condições de trabalho), que prevê a protecção judicial efectiva contra actos lesivos do direito à igualdade entre homens e mulheres.

Resta ainda enunciar duas questões importantes, antes de passarmos à definição da natureza jurídica do papel do particular no reenvio. Elas

---

[73] De resto, a ausência de informação sobre os factos no pedido prejudicial suscitado pelos tribunais nacionais tem levado o Tribunal de Justiça a pedir informações adicionais ou mesmo a rejeitá-los. Muito criticado foi o caso *Banco de Fomento e Exterior* (Despacho de 30 de Junho de 1997, C-66/97, Col. p. I-3757), no qual o Tribunal de Justiça considerou por duas vezes que o Tribunal Cível da Comarca de Lisboa não tinha concedido dados de facto suficientes. V. José Luís VILAÇA, *Rapport portugais,* in *Le citoyen, l'administration et le droit européen,* XVIII Congrès FIDE, Estocolmo, 1998, p. 294. Criticando a atitude do Tribunal de Justiça no que respeita à sanção de inadmissibilidade, por considerar que põe em causa o princípio da cooperação, V. DAVID O'KEEFE, *Is the spirit...,* cit., p. 516 e segs..

[74] Ac. *Peterbroeck,* referido *supra,* p. 59.

[75] Ac. *Alcan* , de 20 de Março de 1997, no Proc. C-24/95, Col. 1997, p. 1591.

prendem-se, por um lado, com a querela, já enunciada, entre a teoria do litígio concreto e a teoria orgânica e, por outro, com os termos, os efeitos e os limites da jurisprudência *Foto-frost*.

2.5.1. A querela entre a teoria orgânica e a teoria do litígio concreto

Quando acima abordámos a questão de saber como identificar, nos termos do art.º 234.º, um *órgão jurisdicional cujas decisões são insusceptíveis de recurso judicial previsto no direito interno*, deixámos em aberto a análise das razões que apontavam no sentido da preferência por uma ou outra das duas concepções.

Os defensores da teoria orgânica[76] sustentam que o risco da aplicação desigual do Direito Comunitário (que, como vimos, na perspectiva tradicional deu causa à criação desta competência prejudicial) não se verifica em todos os tribunais, nem em todos os casos nos quais se apresente como potencialmente aplicável uma norma comunitária, uma vez que a errónea interpretação daquela por um tribunal inferior não compromete a unidade do Direito Comunitário. Em relação aos tribunais de instância inferior o reenvio serviria apenas como auxílio do juiz nacional na aplicação do Direito, o que fica plenamente assegurado através da **faculdade** atribuída a qualquer juiz nacional de colocar questões ao Tribunal de Justiça. Nos tribunais superiores, por sua vez, àquela função de auxílio acresce a necessidade de garantir uma jurisprudência constante, e sedimentada na jurisprudência do Tribunal de Justiça[77]. Aliás, consideram os que propugnam esta teoria orgânica, a jurisprudência destes tribunais acaba mesmo por representar a orientação comum do Estado naquela matéria. "Não existindo uma pirâmide judiciária que parta dos juízes nacionais até um vértice comunitário (só podendo este existir em presença de uma forma estadual com características federais), a máxima uniformidade que se poderá realizar na aplicação do Direito Comunitário estará ao nível dos vértices jurisdicionais, ordinários ou administrativos, **nacionais**"[78]. Por fim, a teoria orgânica beneficia de uma importante vantagem de ordem prática: ela evita a sobrecarga do Tribunal de Justiça, ao limitar os tribunais que estão obrigados a efectuar o reenvio.

---

[76] V.g. RENÉ JOLIET, *L'article 177...*, cit., p. 602; PIERRE PESCATORE, *Las cuestiones...*, p. 551. Entre nós, v. JOÃO MOTA DE CAMPOS, *Contencioso* Comunitário, cit., p. 144 e segs..

[77] Assim PIERRE PESCATORE, *Las cuestiones...*, cit., p. 552.

[78] GIANDOMENICO FALCON, *La tutela...*, cit., p. 381 (sublinhado nosso).

Para a *teoria do litígio concreto*[79], por outro lado, o que tem de ser verdadeiramente uniforme é a própria **aplicação** do Direito Comunitário, e não a orientação jurisprudencial dos Estados membros, pelo que só se alcançará uma verdadeira uniformidade do Direito Comunitário se as suas normas forem aplicadas da mesma forma aos casos concretos, ou seja, sempre que se decida definitivamente um litígio. Dito de outra forma, a uniformidade é exigida sempre que o Direito consolide situações jurídicas, e, portanto, sempre que sobre elas se forme caso julgado.

É manifesto que o argumento literal do art.º 234.º não procede, uma vez que ele é invocado por ambas as teorias em seu favor: os defensores da teoria orgânica referem que, quando o art.º 234.º utiliza o plural (*órgãos jurisdicionais cujas decisões*), ele indicia que apenas se refere aos tribunais que decidem sempre em última instância[80]; parece evidente, no entanto, que a expressão *recurso judicial* **previsto no direito interno** poderia conduzir a resultado contrário, ao fazer apelo às regras processuais existentes em cada Estado.

Sendo assim, qual a teoria que nos parece preferível?

Para o objectivo de uniformidade que o reenvio procura assegurar, seria suficiente que os tribunais superiores fossem os únicos obrigados a reenviar a questão ao Tribunal de Justiça. De facto, a orientação dos Estados membros define-se, regra geral, pela jurisprudência daqueles, que, é, aliás, a mais facilmente conhecida pelos restantes Estados membros[81]. Eventuais discordâncias de tribunais inferiores, dizendo normalmente respeito a causas de menor importância, não afectam a uniformidade do Direito Comunitário. Além disso, assegurar a uniformidade das decisões dos tribunais superiores conduzirá, num prazo razoável, a asseverar a mesma uniformidade nas decisões dos tribunais inferiores, dada a autoridade de que gozam as primeiras, mesmo nos Estados nos quais não vigora o sistema do precedente judicial.

Pensamos, no entanto, que a teoria do litígio concreto também não desmerece o princípio da unidade do Direito Comunitário – antes o reforça –, uma vez que esta unidade estará melhor salvaguardada se todos os tribunais, **quando decidam definitivamente o caso**, estiverem obrigados a submeter a questão ao Tribunal de Justiça. Mas esta opção

---

[79] V., por exemplo, ALONSO GARCÍA, *El juez español...*, p. 227.
[80] Assim, TREVOR HARTLEY, *The foundations...*, cit., p. 283.
[81] Assim, por exemplo, quando nos referimos à jurisprudência alemã, espanhola, ou francesa, estamos frequentemente a pensar na jurisprudência dos Supremos Tribunais ou dos órgãos com funções jurisdicionais em matéria constitucional.

também nos parece preferível uma vez que, segundo pensamos, ela é a que melhor preenche também a **função subjectiva do reenvio**. Admitir apenas aquela obrigação quanto às jurisdições superiores era subtrair às partes a possibilidade de a sua situação jurídica ser definida – constituir caso julgado – sem intervenção do Tribunal de Justiça.

Desde logo, parece-nos que fica dessa forma melhor garantida a posição de igualdade das partes no litígio. De facto, pode acontecer que, na aplicação do Direito Comunitário, dois tribunais nacionais estejam perante duas situações idênticas, regidas pelas mesmas normas de Direito Comunitário. Num caso, porém, o menor valor da causa determina que esse tribunal se encontre a julgar a causa sem hipótese de recurso; no outro caso, o maior valor da causa levou a que, por efeito das vias de recurso, se encontre a julgá-la um tribunal supremo. Segundo a teoria do litígio abstracto, só este último estaria obrigado a reenviar a questão ao Tribunal de Justiça. No entanto, o princípio da igualdade exige, parece--nos, uma solução diferente, sendo a razão de decidir análoga nos dois casos. É que a semelhança dos dois contém-se no próprio objecto do litígio, que, sendo idêntico, merece idêntica solução: uma vez formado caso julgado, não há uma diferença essencial entre a decisão de última instância e de instância inferior, ambas gozando de igual força executiva.

A diferença entre os dois casos não é, porém, de menosprezar: é evidente que lhes falta identidade absoluta por terem valor diverso. Verdade é, também, que a própria lei processual criou aquela diferença (abrindo a uma delas a via do recurso), considerando que num caso estamos perante interesses que merecem maior protecção. Ainda assim, parece-nos que a diferença deverá ficar por aí. É que abrir a porta ao reenvio não significa menosprezar essa diferença de tratamento, uma vez que ela não alterará as vias de recurso abertas às partes (ou a sua inexistência). Tal apenas determinará a garantia da aplicação idêntica das mesmas normas comunitárias, o que resulta, de resto, do próprio princípio da não discriminação, que constitui um regra essencial do ordenamento jurídico comunitário.

Por outro lado, as partes de um litígio sabem que, através do funcionamento do sistema de recursos jurisdicionais, têm direito a uma reapreciação por um tribunal superior. Assim, ainda que o resultado desfavorável da causa para uma das partes se tenha devido ao afastamento, pelo tribunal nacional, da possibilidade de reenviar (porque o reenvio é, neste caso, facultativo), está na disposição dessa parte vencida recorrer de tal decisão e conseguir uma resposta diferente do tribunal *ad quem*. A protecção dos particulares é, assim, alcançada pelo sistema de recursos previsto no direito interno. É isso que justifica a obrigatoriedade de reenvio, quando as partes não tenham, à luz do sistema de recursos previsto no direito interno, nova oportunidade de obter a interpretação do Direito Comunitário pelo Tribunal de Justiça.

Acrescem, ainda, duas razões sistemáticas.

A primeira prende-se com o facto de não se encontrar, na análise da jurisprudência comunitária, uma protecção conferida diferenciadamente em razão do valor. A possibilidade de recurso das decisões proferidas pelo Tribunal de Primeira Instância para o Tribunal de Justiça não está dependente do valor da causa. Aliás, mesmo nas questões prejudiciais suscitadas ao Tribunal, não é exigida a menção do valor da causa, o que permitiu que alguns dos acórdãos mais famosos do Tribunal de Justiça, elaborados no âmbito de um reenvio prejudicial, tenham tido como base valores muito baixos[82].

A segunda razão sistemática encontra-se com referência ao art.º 68.º do Tratado CE, que se refere ao reenvio prejudicial em matéria de vistos, asilo e imigração (e que desenvolveremos com pormenor adiante). Neste artigo estabelece-se que o Tribunal de Justiça dispõe de competência prejudicial naquelas matérias sempre que se coloque uma questão de validade ou interpretação do Direito Comunitário *perante um órgão jurisdicional cujas decisões não sejam susceptíveis de recurso previsto no direito interno*. Ora, como observa RICARDO ALONSO GARCÍA[83], este artigo aponta para a teoria do litígio concreto, uma vez que não se concebe que um tribunal inferior **que decida em última instância** fique dispensado de reenviar uma questão de validade ao Tribunal de Justiça, podendo assim deixar de aplicar a norma comunitária, por sua exclusiva iniciativa, com fundamento na sua invalidade. Assim, e considerando que o Tratado de Roma deve ser interpretado de forma sistemática, conclui aquele Autor, e, a nosso ver, bem, que houve uma clara opção dos redactores do Tratado pela teoria do litígio concreto.

Qual a posição do Tribunal de Justiça?

No Ac. *Costa c. E.N.E.L.*[84] um juiz italiano suscitou uma questão por considerá-la obrigatória, uma vez que da sua decisão não cabia recurso, e o Tribunal de Justiça, ter-lhe-á dado razão. Vários Autores extraíram daí a consagração jurisprudencial da teoria do litígio concreto.

---

[82] V.g., no famosíssimo caso *Costa c. E.N.E.L.* estava em causa o pagamento da quantia de € 3.

[83] *El juez español...*, p. 227 e segs.

[84] Referido *supra*, p. 14.

Mas a verdade é que não é evidente essa referência, até porque ela não foi afirmada de modo expresso: o Tribunal limitou-se a afirmar que a obrigação de reenvio se impõe às jurisdições nacionais "cujas decisões são, *como no caso concreto,* insusceptíveis de recurso".

Mais tarde, no caso *Hoffman-La Roche*[85] o Tribunal afirmou que o reenvio prejudicial tem por objectivo evitar a criação de jurisprudência não uniforme nos vários Estados membros. Desta vez, houve quem daí retirasse a consagração da teoria orgânica, considerando que para efeitos de fixação de jurisprudência só interessa a orientação dos tribunais situados no topo da hierarquia judiciária. É essa, de resto, a posição de PIERRE PESCATORE, para quem é apenas nos órgãos jurisdicionais de topo que o reenvio prejudicial melhor preenche a sua *função preventiva*[86].

A discussão encontrava-se, como se vê, inteiramente aberta.

Recentemente, o Tribunal de Justiça pronunciou-se claramente no sentido da teoria do litígio concreto, num Acórdão de 4 de Junho de 2002[87]. Estava em causa uma questão suscitada pelo *Hovrätt för Västra Sverige* (Tribunal de Apelação da Suécia Ocidental), jurisdição de cujas decisões apenas se pode recorrer (para o *Högsta Domstol* – Supremo Tribunal sueco) se for concedida uma autorização específica e apenas para uniformização de jurisprudência, de acordo com o direito sueco. O *Hovrätt för Västra Sverige* pretendia, portanto, saber se, dada a exigência dessa autorização específica, ele poderia ser considerado um tribunal que julga *sem hipótese de recurso*. O Tribunal de Justiça afirmou que "as partes conservam, em todas as situações, o direito de interporem recurso para o *Högsta Domstol* do acórdão do *Hovrätt,* que não pode, assim, ser qualificado de órgão jurisdicional que profere uma decisão não susceptível de recurso".

Por outro lado, num despacho de 10 de Junho de 2004[88], o Tribunal de Justiça considerou-se incompetente para decidir sobre a interpretação de um regulamento sobre competência judiciária em matéria civil e comercial, uma vez que o art.º 68.º do Tratado apenas prevê, quanto a estas matérias, o reenvio para os tribunais cujas decisões não sejam susceptíveis de recurso previsto no direito interno. Para tanto, o Tribunal escreveu: "torna-se claro que as decisões tomadas pelo tribunal de trabalho de Charleroi no quadro de um **litígio com o objecto semelhante**

---

[85] 24 de Maio de 1977, no Proc. 107/66, Rec. 1977, p. 957.
[86] *Le recours...,* cit., p. 16.
[87] *Lyckeskog,* Proc. C-99/2000, Col. 2002, p. I-4839.
[88] C-555/03, *Warbecq.*

ao do litígio principal podem ser objecto de um recurso de direito interno"[89].

Desta forma pode concluir-se que o que é relevante para o Tribunal é que a decisão se afigure como recorrível no caso concreto. É evidente que também terá presidido a esta escolha um interesse puramente objectivo: a vontade de garantir a uniformidade sempre que o Direito Comunitário seja aplicado em termos definitivos, definindo situações jurídicas. O objectivo essencial foi, no entanto, segundo nos parece, garantir ao particular que, independentemente do valor dos interesses em presença, a sua situação será decidida da mesma forma que outro particular, colocado num litígio com um objecto semelhante, e que comporte a aplicação das mesmas regras. Por conseguinte, pode dizer-se que, através da consagração da teoria do litígio concreto, o Tribunal de Justiça quis mostrar que a finalidade do reenvio não é apenas a da unificação da jurisprudência dos tribunais supremos dos vários Estados Membros, mas também a de conceder às partes no conflito a possibilidade de submeter ao Tribunal de Justiça a questão de Direito Comunitário que as afecta.

Esta solução, reconhece-se, sobrecarrega o Tribunal de Justiça, por oposição à teoria do litígio abstracto, já que é maior o número de tribunais que terão, obrigatoriamente, de submeter questões prejudiciais ao Tribunal de Justiça. Mas tal não pode servir como argumento para recusar às partes a participação do Tribunal de Justiça na decisão do tribunal nacional, sobretudo quando essa decisão seja definitiva.

2.5.2. A jurisprudência Foto-frost

a) No regime geral do reenvio

Também do Ac. *Foto-frost*, do qual vimos resultar a competência exclusiva do Tribunal de Justiça para a declaração de invalidade das normas comunitárias, resulta a acrescida protecção dos particulares que se faz sentir nas últimas décadas de funcionamento do Tribunal de Justiça[90]. Na realidade, neste Acórdão o Tribunal acabou por, embora de forma indirecta, reconhecer a função subjectiva do reenvio, na medida em que ele evita que o particular tenha que aguardar até à última instância para ver a norma inválida desaplicada.

---

[89] Sublinhado nosso.
[90] MARTA CARRO MARINA, *El alcance...*, cit., p. 304 e segs..

O que terá conduzido o Tribunal de Justiça a proclamar a sua exclusividade para declarar a invalidade das normas comunitárias, aparentemente à revelia da própria letra do art.º 234.º? Da análise do Acórdão se extraem várias razões. Por um lado, terá sido a constatação de que a redacção deste artigo tem vários inconvenientes, uma vez que não está em consonância com o controlo exclusivo do Tribunal para declaração de invalidade das normas comunitárias, instituído pelo art.º 230.º do Tratado CE que, de resto, prevê (art.º 231.º) a possibilidade de o juiz comunitário poder limitar no tempo os efeitos da declaração de invalidade das normas[91], faculdade que nunca poderia caber ao juiz nacional (ainda que este apenas o limitasse *inter partes*). Além disso, considerou o Tribunal que seria paradoxal que os juízes que não julguem em última instância pudessem mais que os juízes superiores, sobre os quais impende a obrigação de reenvio. Por fim, considerou ainda o Tribunal que a primazia do Direito Comunitário ficaria gravemente comprometida se um Estado Membro pudesse anular uma norma comunitária.[92] É certo, pois, que a jurisprudência *Foto-frost* preenche igualmente uma importante função objectiva, a que acima aludimos, que é a de concentrar o controlo de legalidade das normas comunitárias num único órgão. De resto, de entre as razões apontadas pelo Tribunal de Justiça no acórdão, incluem-se precisamente a necessidade de garantir a uniformidade e segurança jurídicas, de respeitar a coerência do regime do reenvio com o sistema de controlo da legalidade do recurso de anulação e da excepção de ilegalidade, e a consideração de que o Tribunal de Justiça está melhor habilitado a resolver as questões de validade das normas, já que pode conhecer o ponto de vista das Instituições, autoras do acto. Nesta linha, há quem interprete a posição do Tribunal de Justiça no acórdão em estudo como tendo constituído uma *revisão judiciária do Tratado*[93], pelo facto de este não ter estabelecido uma adequada complementaridade entre o recurso de anulação e o reenvio para apreciação de validade.

Em todo o caso, certo é que esses mesmos objectivos servem como meio de evitar a incerteza que se podia gerar nos destinatários das normas,

---

[91] De facto, a assimilação, pelo Tribunal de Justiça, do reenvio prejudicial para apreciação de validade ao recurso de anulação previsto no art.º 230.º levou a que, também no âmbito do primeiro, fosse possível a limitação de efeitos a que se refere o art.º 231.º. V. Ac. de 27 de Fevereiro de 1985, *Societé des produits de maïs*, Proc. 112/83, Rec. 1985, p. 719.

[92] V. as conclusões do Advogado-Geral MANCINI no mesmo processo.

[93] FRÉDERIQUE BERROD, *La systématique...*, cit., p. 267 e segs..

ao saberem que o ordenamento comunitário admitiria, nos vários tribunais dos Estados membros, diferentes resultados quanto à sua validade. A competência exclusiva do Tribunal de Justiça para declarar inválidas as normas garante, pois, o princípio da igualdade, na medida em que impede que, em litígios análogos, uma norma comunitária seja aplicada, ou deixe de o ser. Assim, quanto a nós a jurisprudência *Foto-frost* vem reforçar a concepção subjectiva do reenvio prejudicial[94], ao permitir que o Tribunal de Justiça aprecie, a pretexto do seu caso concreto, a validade das normas – apreciação de que, de outra maneira, os particulares não poderiam beneficiar, uma vez que o Tratado CE não facilita o seu acesso ao recurso de anulação.

É certo, admita-se, que o Tribunal fica muito sobrecarregado com esta solução, até porque pelas vias de recurso se chegaria a uma jurisdição para a qual a mera dúvida geraria obrigação de reenviar. Tal sendo verdade, parece-nos, no entanto, que também quanto a este ponto o Tribunal de Justiça andou bem no acórdão em análise, uma vez que ele evita que decorram vários anos até que uma questão seja suscitada perante o Tribunal de Justiça, constrangendo as partes a aguardar até à última instância para que a validade da norma seja por ele apreciada. Tal poderia trazer consequências graves se a sentença fosse imediatamente exequível e obrigaria as partes, em todo o caso, a suportar os custos de um processo mais longo; por fim, a solução seria também atentatória da segurança jurídica, ao deixar as partes na incerteza de ter de se aguardar até à última instância para que a solução fosse definitivamente resolvida pelo Tribunal de Justiça.

b) Nas matérias respeitantes ao Título IV do Tratado CE

Com o Tratado de Amesterdão as políticas de vistos, asilo e imigração deixaram de fazer parte do chamado *terceiro pilar* da União Europeia e passaram a integrar o *primeiro pilar*, embora com algumas especificidades quanto aos procedimentos que lhes são aplicáveis. A competência prejudicial do Tribunal de Justiça foi-lhes, portanto, também estendida, mediante a instituição de um regime especial[95].

---

[94] No mesmo sentido, FRÉDERIQUE BERROD, *La systématique...*, cit., p. 838 e segs..
[95] HENRI LABAYLE, *Les nouveaux domaines d'intervention de la Cour de justice: l'espace de liberté, de sécurité et de justice*, in *L'avenir...*, p. 73 e segs..

Assim, o art.º 68.º do Tratado da CE (inserido no Título IV relativo a *vistos, asilo, imigração e outras políticas relativas à livre circulação de pessoas*) dispõe:

> *O artigo 234.º é aplicável ao presente título, nas circunstâncias e condições a seguir enunciadas: sempre que uma questão sobre a interpretação do presente título ou sobre a validade ou interpretação dos actos adoptados pelas instituições da Comunidade com base no presente título seja suscitada em processo pendente perante um órgão jurisdicional nacional cujas decisões não sejam susceptíveis de recurso judicial previsto no direito interno, esse órgão, se considerar que uma decisão sobre essa questão é necessária ao julgamento da causa, deve pedir ao Tribunal de Justiça que sobre ela se pronuncie.*

A interpretação deste artigo tem conduzido a algumas dúvidas, sobretudo no que respeita à sua coordenação com o regime geral do reenvio prejudicial que atrás expusemos. Desde logo, decorre da letra do art.º 68.º que se quis instituir a **obrigatoriedade dos tribunais superiores reenviarem questões de interpretação** ao Tribunal de Justiça, nos mesmos termos em que essa obrigatoriedade já existia pela via do art.º 234.º. A dúvida, porém, verifica-se quanto à existência, ou não, da **faculdade de os tribunais inferiores** poderem também suscitar essa competência. É que o art.º 68.º não se refere a essa questão, deixando aberta quer a hipótese de estes tribunais estarem impedidos de reenviar, quer a de eles o poderem fazer.

É certo, no entanto, que a possibilidade de os tribunais de instância inferior reenviarem tornaria inútil o art.º 68.º, porque o regime nele consagrado seria em tudo idêntico ao do art.º 234.º. Assim, mais consentânea será a hipótese segundo a qual, no âmbito daquelas matérias, só os tribunais superiores estão autorizados (faculdade que se confundirá com uma verdadeira obrigação) a proceder ao reenvio para o Tribunal de Justiça[96].

Mas se assim é, subsiste a interrogação sobre os termos em que se aplicará a jurisprudência *Foto-frost* no âmbito desta matéria. Na verdade, afirmar a impossibilidade de os tribunais inferiores reenviarem pode significar um desvio no regime do reenvio de validade criado por este Acórdão. Neste plano, três hipóteses se abrem quanto ao poder de que

---

[96] No mesmo sentido, NUNO PIÇARRA, *O papel...*, cit., p. 88. No mesmo sentido se pronunciou o Tribunal de Justiça no despacho de 10 de Junho de 2004, referido *supra*, p. 114.

os juízes de instância dispõem quando considerem inválida uma norma comunitária em matéria de *vistos, asilo e imigração:*

a) A primeira consiste na obrigatoriedade de os tribunais inferiores aplicarem a norma, ainda que a tenham por inválida, cabendo a hipótese de recurso até à última instância, que será obrigada a reenviar a questão ao Tribunal de Justiça. Esta solução corresponde a uma aplicação simultânea da letra do art.º 68.º, e do princípio, contido na jurisprudência *Foto-frost*, segundo o qual as autoridades nacionais (incluindo as jurisdições) **não têm competência** para declarar a invalidade de uma norma comunitária, pertencendo essa competência em exclusivo ao Tribunal de Justiça;

b) A segunda hipótese determina a necessidade de os tribunais inferiores reenviarem a questão de validade apenas se considerarem que determinada norma comunitária é inválida – correspondendo esta solução a uma aplicação pura da jurisprudência *Foto-frost* e admitindo-se, então, quanto ao art.º 68.º, a mesma correcção que antes se admitiu para o art.º 234.º, ao se criar uma obrigação nele inicialmente não prevista;

c) A última hipótese seria a possibilidade de os tribunais inferiores, uma vez que não estão autorizados a submeter questões prejudiciais ao Tribunal de Justiça, poderem pura e simplesmente deixar de aplicar as normas comunitárias com fundamento na sua invalidade – o que significa que a jurisprudência *Foto-frost* não teria aplicação no âmbito destas matérias.

A segunda solução é a que melhor se enquadra no espírito sistemático do Tratado e da jurisprudência do Tribunal de Justiça. Na verdade, valem, quanto a ela, os mesmos argumentos que atrás foram apontados a favor da jurisprudência *Foto-frost*: ela é a única que garante que a norma inválida não será aplicada, sem deixar de salvaguardar a exclusividade do Tribunal de Justiça para declarar a invalidade das normas, assegurando o controlo concentrado da fiscalização das normas comunitárias; por outro lado, ela apresenta-se como a única que poderia garantir a aplicação eficaz do Direito Comunitário; teria ainda a vantagem de manter a possibilidade de os tribunais nacionais decretarem providência cautelares com fundamento no Direito Comunitário, já que estas só serão admitidas, permitindo-se a desaplicação da norma, se o tribunal puder acorrer de imediato ao Tribunal de Justiça formulando a questão de validade da mesma; por fim, ela evita que o particular seja obrigado a esperar até à última instância, o que constituiria uma violação do direito à tutela efectiva.

No entanto, forçoso se torna reconhecer que esta solução tornaria inútil o art.º 68.º, uma vez que estenderia a obrigação de reenvio a todos os tribunais, o que seria claramente ignorar o intuito que presidiu ao facto de o art.º 68.º apenas se referir aos tribunais de cujas decisões não caiba recurso. É que, apesar da *comunitarização* daquelas matérias levada a cabo pelo Tratado de Amesterdão, a natureza ainda parcialmente intergovernamental destas políticas supõe uma menor intervenção dos órgãos comunitários, sobretudo aqueles cuja feição supranacional é mais visível, como é o caso do Tribunal de Justiça. Assim, a impossibilidade de os tribunais inferiores suscitarem a questão prejudicial no âmbito do art.º 68.º deve ser entendida como não comportando qualquer excepção.

Nesta sequência, PIET EECKHOUT propõe uma solução de compromisso: a doutrina *Foto-frost* não seria de aplicar nas matérias de *visto, asilo e imigração*, antes estando o tribunal inferior autorizado a deixar de aplicar a norma comunitária se considerar que ela é inválida[97]. A solução mais conveniente seria, pois, admitir-se que nos casos do art.º 68.º o juiz nacional de instância poderá deixar de aplicar a norma comunitária com fundamento em invalidade. Ou seja, o Acórdão *Foto-frost* não será aplicável ao título IV do Tratado CE, nos termos do art.º 68.º, que apenas permite o reenvio aos tribunais que julguem sem possibilidade de recurso. Pelo que, "ficando impossibilitados de submeter ao Tribunal de Justiça questões prejudiciais de validade, os juízes que não decidem em última instância poderão, em nome da protecção jurisdicional efectiva dos particulares, ser levados a desaplicar as normas adoptadas ao abrigo do título IV que reputem contrárias ao TCE ou aos princípios nele consignados"[98]. Dito de outra forma, o art.º 68.º torna proibição aquilo que para o art.º 234.º (na interpretação jurisprudencial do acórdão *Foto-frost*) é obrigação[99].

Temos consciência de que a solução não é a melhor, uma vez que o art.º 68.º se refere a casos em que a protecção dos particulares se afigura materialmente mais urgente, fazendo fronteira com o núcleo de direitos fundamentais. No entanto, note-se, fica ressalvada a hipótese de

---

[97] *The European Court of Justice and the 'Area of Freedom, security and Justice': challenges and problems,* in *Judicial Review in European Union Law,* DAVID O'KEEFFE (ed.), Holanda, Kluwer, 2000, p. 158.

[98] NUNO PIÇARRA, *O papel...,* cit., p. 89.

[99] Nesse sentido, GIORGIO GAJA, *The growing variety of procedures concerning preliminary rulings,* in *Judicial Review...,* cit., p. 148; NUNO PIÇARRA, *O papel...,* cit., p. 88. No mesmo sentido, FAUSTO DE QUADROS / ANA GUERRA MARTINS, *Contencioso comunitário,* cit., p. 98.

o particular recorrer daquela decisão até à última instância: como vimos atrás, exceptuados os custos acrescidos que sobre os particulares impendem, não se revelam de protecção tão urgente os casos em que caiba recurso da decisão.

Esta hipótese exclui também, por conseguinte, que nestas matérias o juiz nacional possa decretar providências cautelares com fundamento no Direito Comunitário[100]. Na verdade, como vimos, essa competência pressupõe que a questão prejudicial de apreciação da validade da norma cujos efeitos se pretende suspender foi, ou vai ser de imediato, suscitada perante o Tribunal de Justiça. Em todo o caso, não nos parece que tal impossibilidade redunde numa perda de garantias para as partes, já que o que com as providências cautelares se pretendia evitar era precisamente a produção de efeitos por uma norma inválida. Assim, as providências cautelares constituem um meio de compensar o tempo que demora a submissão da questão da validade ao Tribunal de Justiça, o que não se revelaria aqui necessário dada a possibilidade de o juiz nacional afastar, sozinho, a norma inválida.

c) Nas matérias relativas ao Título VI do Tratado da União Europeia

Além de procederem à transferência de parte das políticas do antigo *terceiro pilar* das Comunidades para o Tratado CE, os Estados Membros aproveitaram o Tratado de Amesterdão para reformular inteiramente aquele pilar, dando-lhe um novo nome (*Cooperação policial e judiciária em matéria penal*) e, tal como tinham feito com as políticas de vistos, *asilo e imigração* acima referidas, estenderam àquelas matérias a aplicação de alguns procedimentos comunitários, como é o caso do reenvio prejudicial, prevendo um ligeiro desvio no seu regime, no art.º 35.º do Tratado da União Europeia.

Nestas matérias a autonomia dos Estados é mais intensa, pelo que se prevê que a competência prejudicial do Tribunal de Justiça só seja exercida quanto às decisões-quadro, decisões e convenções, se os Estados tiverem formulado a declaração ali prevista, tendente a aceitar a competência do Tribunal de Justiça para decidir a título prejudicial nas matérias em causa. Aos Estados cabe ainda especificar se pretendem que todos os tribunais possam suscitar essa competência ou apenas os tribunais que julguem em última instância.

---

[100] Assim, NUNO PIÇARRA, *O papel...*, p. 89.

Note-se, portanto, que, quer para a generalidade das jurisdições, quer para as que julguem sem hipótese de recurso, o reenvio para o Tribunal de Justiça será sempre facultativo o que, em nosso entender, nem assegura a uniformidade na aplicação do Direito Comunitário (uniformidade essa que não deixaria de ser desejada pelo Tratado mesmo num pilar não comunitarizado), nem se revela como adequada garantia dos particulares. Talvez por essa razão, alguns Estados, à revelia da previsão do art.º 35.º, afirmaram, nas respectivas declarações, a obrigatoriedade de os tribunais supremos procederem ao reenvio[101].

Na verdade, mesmo que se entenda que a posição expressa pelo Tribunal de Justiça no âmbito de uma questão prejudicial ao abrigo deste art.º 35.º se deve impor aos tribunais de todos os Estados membros, independentemente de estes terem ou não formulado aquela declaração[102], ainda assim ter-se-á de reconhecer que não é crível que tal orientação vá ser levada em conta pelos tribunais cujos Estados não tenham feito a declaração prevista no art.º 35.º, n.º 2. Por outro lado, como afirma HENRI LABAYLE, não se compreende a diferença de regime relativamente à regra geral estabelecida pelo art.º 234.º do Tratado CE e até mesmo à regra especial instituída pelo art.º 68.º daquele mesmo Tratado, uma vez que se tratam de matérias nas quais seria mais necessária a afirmação do direito ao juiz[103].

O facto de o Tratado permitir que os Estados optem pela atribuição de competência a **todos os tribunais nacionais** no âmbito deste *segundo pilar* conduz, no fundo, a que os juízes tenham nestas matérias o poder de reenvio **que não lhe é atribuído pelo Tratado CE quanto às políticas de vistos, asilo, e imigração**, relativamente às quais, como vimos, os tribunais inferiores estão **impedidos** de suscitar a competência prejudicial do Tribunal de Justiça. Em contrapartida, o art.º 35.º não prevê, em caso algum, a obrigação de reenvio, pelo que se nos afigura que o único objectivo aqui prosseguido é o de garantir ao juiz nacional o auxílio do juiz comunitário, não se pretendendo aqui prosseguir qualquer objectivo de uniformidade ou protecção das partes. Esta inexistência da obrigação de reenvio leva-nos a concluir que, também nestas matérias, os tribunais nacionais estarão autorizados a deixar de aplicar uma *decisão-quadro,* ou

---

[101] Foi o caso da Áustria, Bélgica, Alemanha, Itália, Luxemburgo, Holanda e Espanha – v. PIET EECKHOUT, *The European Court...,* cit., p. 159.

[102] É a posição de FAUSTO DE QUADROS / ANA GUERRA MARTINS, *Contencioso comunitário,* cit., p. 101.

[103] *Les nouveaux...,* cit., p. 99.

uma *decisão,* se as julgarem inválidas, sem que tenham de pedir ao Tribunal de Justiça que se pronuncie sobre a sua validade, não comportando aqui aplicação o acórdão *Foto-frost.*

É certo que aqueles actos comunitários não podem produzir efeito directo (nos termos do art.º 34.º, n.º 2, als. b) e c)), pelo que a exclusão daquela obrigatoriedade de reenvio se terá devido também[104] ao facto de ser reduzida a afectação que esses actos terão na esfera jurídica dos particulares. Refira-se, no entanto, que o Tribunal de Justiça estendeu, recentemente, o princípio da interpretação conforme ao domínio da COPOJUP[105], pelo que as normas aprovadas no âmbito deste pilar poderão servir como critério interpretativo do direito nacional, e, em consequência, encontrar aplicação aos casos concretos que afectem particulares.

Em todo o caso, o Estado português formulou aquela declaração, aquando da aprovação e ratificação do Tratado de Amesterdão[106], tendo optado pela hipótese prevista na al. b) do n.º 3 do art.º 35.º, ou seja, a possibilidade de todos os tribunais nacionais submeterem ao Tribunal de Justiça as questões prejudiciais de "validade e interpretação das decisões-quadro e decisões, interpretação das convenções e validade ou interpretação das respectivas medidas de aplicação".

c) Os limites da jurisprudência Foto-frost

– A RELAÇÃO COM RECURSO DE ANULAÇÃO

Após intensa discussão na doutrina[107], o Tribunal de Justiça decidiu, nos acórdãos *TWD Textilwerke*[108] e *Nachi*[109] que, se os destinatários de uma norma inválida, podendo interpor recurso de anulação desta, nos

---

[104] Sem menosprezar, evidentemente, a natureza claramente intergovernamental deste pilar.
[105] Proc. C-105/03, *Pupino,* Ac. de 16 de Junho de 2005.
[106] Decreto do Presidente da República n.º 65/99, de 19 de Fevereiro.
[107] Para um resumo desta discussão, v. DAVID ANDERSON, *The admissibility...,* cit., p. 198 e segs.. Por exemplo, num estudo de 1990, A. ARNULL admitia a possibilidade de um particular invocar a validade da norma perante um tribunal nacional mesmo se também o pudesse ter feito no Tribunal de Justiça: "uma pessoa afectada por um acto da Comunidade pode contestar a validade do acto independentemente da acção directa que pode ser proposta no Tribunal de Justiça através do art.º [230.º]" (*References to the European Court,* in *E.L.Rev.,* (15), 1990), p. 378. V. PETER OLIVER, *La recevabilité...,* cit., p. 30 e segs.
[108] Proc. C-188/92, Ac. de 9 de Março de 1994, Col. p. I-833.
[109] Proc. C-239/99, Ac. de 15 de Fevereiro de 2001, Col. 2001, p. I-1197.

termos do art.º 230.º do Tratado CE, não o hajam feito, deixarão de poder contestar aquela norma também a título incidental, através do mecanismo previsto no art.º 234.º[110]. No primeiro caso, tratava-se de uma questão prejudicial na qual se contestava a validade de uma decisão individual, da qual era destinatária uma das partes no processo principal; no segundo caso, contestava-se a validade de um regulamento que o dizia *directa e individualmente* a uma das partes.

Esta solução, no fundo, limitou o alcance da jurisprudência *Foto-frost*. Na verdade, ter-se-á que entender que o juiz nacional não deverá neste caso atender ao meio de defesa invocado pela parte (excepção de ilegalidade) se considerar que ela podia ter intentado o recurso de anulação da norma para o Tribunal de Justiça. Note-se que o facto de um particular, que não requereu a declaração de invalidade das normas directamente ao Tribunal de Justiça, não poder impugná-la por via incidental, podia não excluir a possibilidade de o juiz nacional, na ausência de qualquer invocação por parte do particular, poder suscitar a questão de validade (ou até ficar obrigado a ela por virtude do Acórdão *Foto-frost*). No entanto, **para o Tribunal de Justiça, a exigência de segurança jurídica impõe que o juiz interno, ainda que convencido da invalidade de uma medida comunitária, deva aplicá-la**, sem poder pedir ao Tribunal de Justiça que se pronuncie, a título prejudicial, sobre a questão.

Reconhecemos que a solução não é a melhor: desde logo, coloca o particular em situação de desvantagem, porque se traduz numa impossibilidade de contestar a legalidade da norma inválida. Essa desvantagem é ainda mais manifesta quando, como no Acórdão *Nachi*, a norma em causa é um regulamento, dada a incerteza sobre a admissibilidade da sua impugnação directa no Tribunal de Justiça. No entanto, a posição do Tribunal plasmada nestes acórdãos constitui ainda uma manifestação da supremacia da segurança jurídica em relação à legalidade comunitária: o Direito Comunitário sacrifica o controlo de validade das normas à relação que o particular assume com o normativo comunitário. É porque a declaração da invalidade da norma, a título incidental, determinaria a sua não aplicação no caso concreto, que se justifica sancionar o particular por não ter, atempadamente, recorrido do acto.

---

[110] A solução foi criticada, entre outras razões, por se considerar que cria uma desigualdade absurda entre os particulares directa e individualmente afectados pela norma (que apenas disporão de um prazo curto de dois meses para impugnar a norma no Tribunal de Justiça) e aqueles a quem a norma não afecta directamente e que poderão, a todo o tempo, através de uma acção num tribunal nacional, contestar a sua validade provocando um reenvio de validade para o Tribunal de Justiça.

– AS PROVIDÊNCIAS CAUTELARES

Por último, o Tribunal de Justiça acabou por *temperar* a doutrina *Foto-frost*, nos acórdãos *Factortame*[111] e *Zuckerfabrik*[112], ao admitir a possibilidade de o juiz nacional deixar de aplicar uma norma comunitária (ou um acto nacional que execute uma norma comunitária) que julgue inválida, decretando uma providência cautelar com fundamento no Direito Comunitário, **desde que haja um interesse urgente de um particular** (designadamente para prevenir que este sofra um prejuízo grave e irreparável causado pela produção de efeitos dessa norma), e haja sérias dúvidas quanto à validade da norma. Nesse caso, o tribunal nacional deverá, de imediato, submeter a questão de validade da norma ao Tribunal de Justiça[113]. No acórdão *Zuckerfabrik* o Tribunal de Justiça afirmou que "o **direito dos particulares a invocar a validade dos regulamentos perante os tribunais nacionais** à luz do art.º 234.º estaria comprometido se, encontrando-se pendente uma decisão do Tribunal de Justiça num procedimento prejudicial, as partes não tivessem o direito de requerer a suspensão de efeitos da norma comunitária"[114].

Vemos aqui como o Tribunal, pesando, por um lado, o interesse da Comunidade (ao assegurar a sua competência exclusiva para decidir sobre a validade das normas comunitárias), e, por outro, o interesse do particular lesado pelos efeitos da norma inválida, deu prevalência a este último, remetendo aquele para um segundo momento.

A possibilidade de o juiz nacional decretar uma providência cautelar existe ainda, mesmo quando o que se pretende do Tribunal de

---

[111] C-213/89, Ac. de 19 de Junho de 1990, Col.1990, p. I-2433. Neste Acórdão, o Tribunal afirmou a competência dos Tribunais nacionais para suspenderem a aplicação de uma norma interna cuja compatibilidade com uma norma comunitária se contesta.

[112] Ac. de 21 de Fevereiro de 1991, nos procs. apensos C-143/88 e C-92/89, Col. I-415. O Tribunal de Justiça proclamou a possibilidade de ser os tribunais nacionais decretarem uma providência cautelar de suspensão de execução de um acto administrativo nacional baseado num regulamento comunitário cuja invalidade se discute.

[113] Sobre as providências cautelares, V. FAUSTO DE QUADROS, *A nova dimensão do Direito Administrativo*, Coimbra, Almedina, 1999, p. 28 e segs. ; GIL CARLOS RODRIGUEZ IGLESIAS, *La tutela judicial cautelar en el derecho comunitario*, in G.C. RODRIGUEZ IGLESIAS / D.J., LIÑAN NOGUERAS (dir.), *El derecho comunitario...*, cit., p. 633 e segs.; ARACELÍ MARTÍN e DIEGO NOGUERAS, ..., cit., p. 228 e segs.; HENRI LABAYLE, *L'effectivité...* cit., R.F.D.A., p. 625 e segs.; FRÉDERIQUE BERROD, *La systématique...*, cit., p. 275; TAKIS TRIDIMAS, The *General Principles...*, cit., p. 303.

[114] Sublinhado nosso.

Justiça é a interpretação da norma comunitária, e não a declaração da sua invalidade – por exemplo, para aferir da validade de uma medida nacional de execução daquela norma. Aqui o que se suspende são os efeitos da medida nacional, mas o fundamento é, ainda assim, de Direito Comunitário[115].

3. A natureza jurídica da posição do particular

Mas se a concepção objectiva se encontra ultrapassada, e assente que está o facto de as partes não serem irrelevantes no processo prejudicial, resta ainda determinar os termos em que o particular merece relevância no âmbito do reenvio prejudicial. Qual a natureza da posição da parte relativamente ao reenvio prejudicial?

3.1. *Direito ao reenvio?*

Vimos atrás que o processo de reenvio prejudicial não tem um verdadeiro carácter contencioso. Na verdade, se bem que enxertado num litígio nacional, o processo junto do Tribunal de Justiça não se destina a definir situações jurídicas, mas apenas a atribuir critérios de decisão, embora estes sejam determinantes, como vimos, na definição das situações jurídicas que cabe ao juiz nacional realizar. Prova disso é o facto de o Tribunal de Justiça não conhecer dos factos. Nas suas conclusões no Acórdão *Fixtures Marketing*, a Advogada-Geral STIX-HACKL, afirmou: "O Tribunal de Justiça não é competente para se pronunciar sobre a matéria de facto da causa ou para aplicar as disposições comunitárias por ele interpretadas às medidas ou factos nacionais, uma vez que, nesta matéria, o órgão jurisdicional nacional tem competência exclusiva"[116].

Mas afirmámos, por outro lado, que o juiz deve reenviar a questão sempre que ela seja controvertida para as partes, uma vez que a posição do Tribunal de Justiça **faz parte do conjunto de elementos que o juiz deve levar em conta na determinação do resultado final do caso.** Assim, teremos que admitir que **o mecanismo criado pelo art.º 234.º coloca o particular numa situação jurídica de vantagem que o tribu-**

---

[115] V. MARIA JOSÉ RANGEL DE MESQUITA, *Efeitos...*, cit., p. 95.
[116] Conclusões de 8 de Junho de 2004, no Proc. C-338/02.

nal nacional deve tutelar. Conscientes da querela, vigente no contencioso administrativo, e na qual não temos, neste trabalho, que tomar posição, entre a necessidade ou desnecessidade de distinção das várias figuras que podem constituir *posições jurídicas de vantagem*[117], faremos apenas uma breve referência a duas dessas figuras que poderão relevar para o problema de que nos ocupamos: o direito subjectivo e o interesse legítimo.

Optar pela ideia de que o art.º 234.º atribui um direito subjectivo a um particular é demasiado ousado e de efeitos desmedidos, porque poderá levar-nos a concluir que esse artigo produz efeito directo, nos termos expostos pelo Acórdão *Van Gend en Loos*[118], de modo a poder ser invocado pelo particular no tribunal. Na verdade, naquele acórdão o Tribunal de Justiça indicou quais os requisitos que as normas dos Tratados das Comunidades tinham que preencher para produzirem efeito directo, incluindo nestes (ao lado da necessidade de clareza, precisão e incondicionalidade) o facto de deverem ser normas atributivas de direitos. Normas com estas características poderão ser invocadas pelos particulares perante jurisdições nacionais: se o art.º 234.º fosse uma norma produtora de efeito directo, os tribunais seriam claramente obrigados a suscitar questões prejudiciais a requerimento das partes – o que não exclui, entenda-se, a necessidade de estarem preenchidos os restantes pressupostos do art.º 234.º.

Não obstante, em nosso entender o reenvio prejudicial dificilmente se poderá traduzir num direito. Na verdade, como vimos, para além dos casos em que as partes o requeiram, também o juiz pode por sua iniciativa suscitar a questão ao Tribunal de Justiça. Nesse caso não se vislumbra um interesse das partes, mas apenas do juiz, que procura auxílio para a interpretação das normas. Por outro lado, mesmo sendo as partes a requerer a submissão da questão junto do Tribunal de Justiça, o resultado final do reenvio pode não ser favorável ao particular. De facto, sucederá naturalmente que a posição do Tribunal de Justiça que o tribunal nacional deve respeitar levará uma das partes a declinar na sua pretensão: como atrás afirmámos, a questão de Direito Comunitário deve ser controvertida para as partes, não havendo lugar ao reenvio se sobre ela estão de acordo.

---

[117] V., por todos, VASCO PEREIRA DA SILVA, *Para um contencioso administrativo dos particulares*, Coimbra, Almedina, 1989, p. 123 e segs..

[118] Referido *supra*, p. 27.

Mas entre o **direito** e a **irrelevância** podemos chamar à colação a figura do interesse legítimo, tal como definida por Diogo Freitas do Amaral: "um direito à legalidade das decisões que versem sobre um interesse próprio", cabendo ao particular a pretensão de que "uma eventual decisão desfavorável ao seu interesse não seja tomada ilegalmente"[119].
É uma definição que se ajusta, em nosso entender, à figura do reenvio prejudicial, já que, embora o seu resultado possa não ser favorável ao particular, este pode ter a pretensão legítima de que essa decisão final seja resultado da contribuição do Tribunal de Justiça.

De resto, a figura do interesse legítimo, ou da expectativa legítima, tem tido consagração no Direito Comunitário – veja-se, por exemplo, a faculdade de os Estados membros poderem derrogar as normas relativas à proibição de concentração de empresas para protecção de interesses legítimos[120], ou o recente Ac. de 22 de Junho de 2004[121], no qual se fez referência a essa mesma faculdade.

Mesmo para quem não veja relevo na distinção entre direito subjectivo e interesse legítimo, sempre se terá de reconhecer que está em causa uma posição jurídica de vantagem, correspondendo a um *interesse privado reconhecido e protegido pela lei*[122].

De resto, nem nos consideramos isolados nesta perspectiva. Na verdade, embora reconhecendo a dificuldade de encontrar no art.º 234.º uma verdadeira consagração do direito ao reenvio, diversas concessões têm sido feitas nesse sentido. Assim, por exemplo, Marco Cébrian[123] considera que as partes intervenientes gozam de um **direito** ou uma **pretensão processual** de solicitar ao órgão jurisdicional que suscite a questão prejudicial, sendo que esse direito não tem o valor de mera sugestão, sem efeitos jurídicos, assumindo-se antes como uma verdadeira **pretensão processual** com o consequente efeito de obrigar o juiz a motivar se o reenvio é ou não pertinente. Olivier Jacot-Guillarmod, por

---

[119] *Curso de Direito Administrativo*, vol. II, Coimbra, Almedina, 2001, p. 65.

[120] Art.º 21.º n.º 3 do Regulamento (CEE) n.º 4064/89 do Conselho, de 21 de Dezembro de 1989, com a redacção que lhe foi dada pelo Regulamento (CE) n.º 1310//97, do Conselho, de 30 de Junho de 1997.

[121] No processo C-42/01, *República portuguesa c. Comissão*.

[122] Diogo Freitas do Amaral, *Curso...*, cit., p. 65. Este Autor distingue ainda um outro tipo de situação de vantagem a que chama, invocando José Carlos Vieira de Andrade, *interesse simples*, a que correspondem os casos em que não existe nenhuma intenção normativa de protecção, embora os seus titulares beneficiem do cumprimento das normas. V. *Curso...*, cit., pp. 68-69.

[123] *La cuestión...*, cit., p. 65.

seu lado, fala num "direito [do particular] a contestar, perante o juiz nacional, de forma incidental, a validade de um regulamento comunitário (...) e de conduzir o juiz nacional a suscitar ao Tribunal de Justiça questões prejudiciais se o juiz não afasta ele próprio a causa de invalidade"[124].

Assim, ao interesse do particular no reenvio contrapor-se-á um verdadeiro *poder-dever*, ou um poder funcional, do juiz nacional, no qual, no sentido que lhe é atribuído por LUÍS CARVALHO FERNANDES, se verifica a "dissociação entre a titularidade do poder, que cabe a certa pessoa, e a titularidade do interesse, de outrem, através dele prossegue"[125], que pertence às partes. Assim, o poder de reenvio do juiz deve ser exercido levando em conta o efeito que esse exercício terá, para as partes, no resultado final. Também MARCO CÉBRIAN[126] refere a existência de um poder-dever do juiz, embora considere que esse dever existe no interesse do Direito: trata-se, no fundo, de uma obrigação de contribuir para a legalidade comunitária. Parece-nos, igualmente, ser no sentido de atribuir ao juiz um *poder-dever* que ANTÓNIO BARBOSA DE MELO[127] afirma que sobre o juiz nacional impende um *dever prudencial de reenvio*, cujo cumprimento passa pelo "discernimento e sentido de rectidão do próprio juiz nacional".

3.2. *Enquadramento no sistema de protecção nacional dos direitos fundamentais: a protecção jurisdicional efectiva*

Temos, no entanto, de dar outro passo.

Se é verdade que do ponto de vista comunitário é possível configurar o reenvio como um *interesse legítimo* do particular, correlativo de um *poder-dever* do juiz nacional, a verdade é que **nada impede que o direito nacional requalifique a obrigação de reenvio** fazendo apelo à necessidade, por si definida, de protecção do particular. Assim, aquele *interesse legítimo* poderá merecer esta protecção nacional sempre que, designadamente, no Direito dos Estados membros ele se integrar no âmbito do **direito à protecção jurisdicional efectiva, tutelável pelo ordenamento nacional e, portanto, merecendo o mesmo tratamento dos direitos fundamentais.**

---

[124] *Le juge national face au droit européen*, Bruxelas, Bruylant, 1983, p. 304.
[125] *Teoria Geral do Direito Civil*, vol. 1, 2ª ed., Lisboa, Lex, 1995, p. 227.
[126] *La cuestión...*, cit., p. 64.
[127] *Notas..*, cit., p. 131.

Qual a vantagem desta solução? Ela permite, desde logo, a utilização dos meios nacionais de reacção contra violações de direitos fundamentais – assim, o recurso de amparo, a queixa constitucional e até, eventualmente, a queixa ao Tribunal Europeu dos Direitos do Homem.

3.2.1. *O direito à tutela jurisdicional efectiva reconhecido pelos Estados membros*

Por esta razão, o reenvio prejudicial tem sido várias vezes chamado à colação a propósito do direito de tutela judicial efectiva e, portanto, associado à protecção dos direitos fundamentais pelos Estados membros, reconduzindo-se a questão ao problema da tutela, pelo direito nacional, dos direitos conferidos pelo Direito Comunitário.

Neste campo é elucidativa a afirmação do juiz PIERRE PESCATORE, segundo a qual através do reenvio prejudicial os particulares obtêm um meio de "protecção efectiva dos direitos e interesses que lhes reconhece o ordenamento jurídico das Comunidades, dando-lhes a **possibilidade de submeter os seus litígios ao exame do Tribunal de Justiça, através do juiz nacional**"[128].

Na verdade, uma vez que as Comunidades não dispõem de meios para tutela dos direitos fundamentais, os Estados membros *emprestam* os seus mecanismos para esse efeito. É isso que justifica, como veremos adiante, que os instrumentos mais eficazes para a garantia do exercício do reenvio por parte das jurisdições dos Estados sejam os próprios meios nacionais. Aliás, o *Tratado que estabelece uma Constituição para a Europa* parece admitir essa eficácia, ao prever, no art.º 29.º, que "os Estados membros estabelecem as vias de recurso necessárias para assegurar uma protecção jurisdicional efectiva no domínio do direito da União", o que a nosso ver, decorre do nível avançado de integração europeia em que nos encontramos e que permite que os direitos reconhecidos pelo ordenamento comunitário beneficiem da mesma dignidade e do mesmo tratamento que os direitos conferidos pelas normas nacionais. É a possibilidade de as normas comunitárias produzirem efeitos na esfera jurídica dos cidadãos que exige que os tribunais nacionais os reconheçam com o sentido que aquelas normas lhes atribuem no ordenamento de onde provêm.

---

[128] *Las cuestiones...*, cit., p. 533.

A consequência desta extensão dos meios de tutela nacionais aos direitos conferidos pelo Direito Comunitário é a de que se pode fazer incluir a garantia desses direitos no conjunto de direitos fundamentais que são reconhecidos pelos Estados. Assim, o reenvio prejudicial passará a ser um direito se for enquadrado na protecção judicial efectiva[129], ou seja, **sempre que do seu cumprimento dependa o reconhecimento de um direito fundamental, como seja o direito ao juiz legal**.

Na realidade, o direito à protecção jurisdicional efectiva – e o controlo jurisdicional da validade das normas ou a sua correcta aplicação não constitui senão uma expressão desse princípio geral de direito – está presente de diversas formas nas várias Constituições dos Estados europeus. Através do art.º 6.º do Tratado UE, e depois do art.º 47.º da Carta de Direitos Fundamentais da União Europeia, aquele direito fundamental é também exigível às Instituições e aos Estados membros. Por fim, é preciso não esquecer que este princípio tem também tutela internacional, já que está consagrado no art.º 6.º da Convenção Europeia dos Direitos do Homem, de que todos os Estados membros da União são parte.

3.2.2. O direito ao juiz legal

O princípio da tutela jurisdicional efectiva pode ainda ser concretizado fazendo apelo ao **princípio do juiz legal** – que atribui um conteúdo material às regras de competência e atribuição das causas aos juízes[130] e radica no princípio da igualdade –, consagrado por várias Constituições dos Estados membros[131]. Como transportá-lo para a questão da repartição de competências entre as ordens jurisdicionais nacional e comunitária?

O Tribunal de Justiça e o Tribunal de Primeira Instância são tribunais com competência de atribuição, ou seja, com competências e poderes especificados nos Tratados, que os Estados membros se comprometeram a cumprir. Essa competência resulta, por vezes, de uma subtracção à competência do juiz nacional, quando estejam em causa litígios resultantes da aplicação do Direito Comunitário. Nesses casos, em que a

---

[129] FABRICE PICOD, *Le droit au juge en droit communautaire*, in JOËL RIDEAU (dir.), *Le droit au juge dans l'Union Européenne*, Paris, L.G.D.J., 1998, p. 160 e segs..

[130] Sobre a evolução do conceito de juiz legal, V. IGNACIO GIMENEZ, *El derecho fundamental al juez ordinario predeterminado por la ley*, in *R.E.D.C.*, ano 11, n.º 31, 1991, pp. 75-123.

[131] V.g. Art. 32.º n.º 9 da Constituição portuguesa, art.º 101.º da Constituição alemã, art.º 24.º n.º 2 da Constituição espanhola, art.º 25.º da Constituição italiana.

competência do Tribunal de Justiça é exclusiva, o facto de o tribunal nacional não suscitar a questão prejudicial, resolvendo sozinho uma questão comunitária, **corresponde ao julgamento de uma causa pelo tribunal incompetente**. Tal acontecerá sempre que o juiz nacional, tendo dúvidas, tenha interpretado a norma comunitária sozinho; ou quando a tenha deixado de aplicar, por julgá-la inválida, aplicando outra em vez dela. Nestes casos, a preterição da competência do juiz comunitário pode ser atentatória do direito fundamental à protecção jurisdicional efectiva.

Note-se que é o próprio Tribunal de Justiça que, frequentemente, faz apelo a este princípio – por vezes indirectamente, quando recusa um recurso de anulação interposto por um particular –, afirmando que os direitos do particular podem ser protegidos perante o juiz nacional, ao qual cabe a protecção dos direitos reconhecidos pelo Direito Comunitário. Ao fazê-lo, "as jurisdições europeias postulam a existência de vias de direito nacionais"[132], remetendo para estas a protecção jurisdicional que não existe no plano comunitário. Caberá às vias nacionais, portanto, a aplicação das normas comunitárias, incluindo das obrigações de que ficam incumbidos, como a de devolver ao Tribunal de Justiça as questões para as quais só ele seja competente. É esta, quanto a nós, a configuração do *juiz legal* no que respeita à aplicação do Direito Comunitário pelos tribunais nacionais. Assim, "a efectividade do recurso supõe que o juiz nacional possa suscitar questões ao Tribunal de Justiça, de acordo com o art.º [234.º] do Tratado CE, desde que experimente dificuldades na interpretação do direito comunitário ou na apreciação de validade dos actos das instituições"[133].

Note-se que o direito ao juiz legal não é mais, no fundo, do que uma manifestação do princípio da igualdade, na medida em que assegura que todos os destinatários das normas podem beneficiar do mesmo nível de protecção. Convertido em princípio de Direito Comunitário, leva à "europeização do direito ao juiz"[134]. Na verdade, através da inclusão do Tribunal de Justiça no conceito de juiz legal, todos os particulares passam a ser titulares do mesmo direito a que os tribunais reenviem as questões para o Tribunal de Justiça (decorrente do direito a que a causa seja decidida pelo tribunal competente). A extensão, à obrigação de reenvio, das regras de garantia da competência judicial existentes no direito dos

---

[132] FRÉDERIQUE BERROD, *La systématique...*, cit., p. 779.
[133] FABRICE PICOD, *Le droit...*, cit., p. 153.
[134] JEAN-FRANÇOIS RENUCCI, *Droit Européen...*, cit., p. 421 e segs..

Estados faz com que os interessados passem a ter o mesmo nível de protecção que lhes é conferido pelo normativo nacional que garante o julgamento pelo tribunal competente.

4. Conclusão: a natureza do reenvio prejudicial

O reenvio prejudicial cria uma **ligação especial, não orgânica** entre as jurisdições nacionais e as jurisdições comunitárias, ligação que é **multifuncional**, ao permitir a prossecução de objectivos diversos, no interesse do juiz da causa (enquanto auxílio para a resolução das questões comunitárias), no interesse do Direito Comunitário (por ser garantia da uniformidade na aplicação descentralizada do Direito Comunitário) e, também, em benefício do particular (já que garante a colaboração do Tribunal de Justiça, como órgão comunitário, na apreciação das normas aplicáveis ao seu caso concreto).

Por um lado, é **especial**, uma vez que não se encontra inserida nas vias processuais ordinárias previstas no direito interno, antes se configurando como uma obrigação que para os juízes nacionais deriva directamente do Direito Comunitário. Mas é **especial** também porque, se não encontra fundamento no direito nacional, ele beneficia das garantias de direitos próprias deste ordenamento.

Mas trata-se, também, de uma ligação **não orgânica**[135], porque o Tri-bunal de Justiça não passa, através do reenvio, a estar inserido na hierar-quia dos tribunais dos Estados Membros como um tribunal supremo, nem altera a lógica do sistema judiciário daqueles. Para o *Bundesverfassungsgericht*, o art.º 234.º opera uma "integração funcional parcial [do Tribunal de Justiça no processo nacional] dentro do âmbito de competência que (...) lhe é atribuída com carácter exclusivo"[136]. O Tribunal do Luxemburgo, portanto, apenas **participa** na aplicação do Direito Comunitário ao caso concreto, dentro da competência prevista nos Tratados das Comunidades. É também uma ligação não orgânica, na medida em que um eventual incumprimento da obrigação do reenvio não

---

[135] O Tribunal de Justiça já se pronunciou sobre o assunto no Ac. *Simmenthal*, referido *supra*, p. 27, considerando que as jurisdições nacionais agem na qualidade de *órgão dos Estados Membros*. Também o Tribunal Supremo de Espanha, numa sentença de 29 de Junho de 1999 (Ac. 6456/99) qualificou os tribunais dos Estados Membros como *órgãos periféricos comunitários*.

[136] Ac. *Solange* II, cujos termos analisaremos adiante.

se afigura sancionável através dos tradicionais meios característicos de uma organização judiciária vertical, como seria o caso de um recurso para o Tribunal de Justiça.

Assim, àquelas funções (meramente objectivas) do reenvio a que fizemos referência no início desta dissertação, acrescentaremos outra, que é a da **protecção dos particulares**[137], constituindo uma via que os particulares têm para obter a salvaguarda dos direitos que retiram dos Tratados. Assim, é evidente que, na perspectiva do resultado final, não é indiferente para o particular que a sentença seja fundamentada numa decisão do Tribunal de Justiça ou exclusivamente baseada na convicção do juiz nacional. Esta ideia também foi expressa pelo Tribunal de Justiça, no Ac. *Koninklijke*[138], no qual o Tribunal afirmou que o reenvio assegura a protecção dos particulares interessados: "se um particular se considera lesado por um acto normativo comunitário que tem por ilegal, ele dispõe da possibilidade, desde que a execução desse acto tenha sido confiada às autoridades nacionais, de contestar, através desta execução, a validade do acto perante uma jurisdição nacional no quadro de um litígio que o oponha à autoridade interna. Esta jurisdição pode, ou mesmo deve, nas condições do art.º [234.º] do Tratado, suscitar ao Tribunal de Justiça uma questão relativa à validade do acto comunitário em causa. A existência deste recurso tende, por si só, a assegurar de uma maneira eficiente a protecção dos particulares interessados".

O reenvio representa, portanto, o *acesso indirecto*[139] dos particulares à jurisdição comunitária, configurando o Tribunal de Justiça como um tribunal onde os particulares beneficiarão da adequada aplicação do Direito Comunitário.

Note-se que estas duas dimensões do reenvio prejudicial, objectiva e subjectiva, não se referem a realidades autónomas. Assim, "existe, com efeito, uma ligação forte entre as ideias de unidade do direito comunitário e de protecção jurisdicional dos particulares. Afirmar e defender a unidade do Direito Comunitário permite assegurar a protecção dos direitos comunitários dos particulares, e a protecção jurisdicional oferecida pelo Tribunal de Justiça em colaboração com o juiz nacional é garante

---

[137] No mesmo sentido, PIERRE PESCATORE, *Las cuestiones...*, cit., p. 533, e ANA MARIA GUERRA MARTINS, *Curso de Direito Constitucional da União Europeia*, Coimbra, Almedina, 2004, p. 506.

[138] De 5 de Dezembro de 1979, no processo 143/77, Rec. 1979, p. 3583.

[139] Assim FRÉDERIQUE BERROD, *La systématique...*, cit., p. 853 e segs..

da unidade do direito comunitário"[140]. Uma vez que esta unidade serve o princípio da não discriminação, ela representa, portanto, em última análise, a protecção dos particulares. No mesmo sentido, afirma FRÉDÉRIQUE BERROD que "o art.º 234.º não serve unicamente para garantir a uniformidade de aplicação do Direito Comunitário. A jurisprudência do Tribunal de Justiça e a estrutura do sistema jurisdicional da Comunidade evoluíram para que ele seja também um instrumento ao serviço da protecção do particular"[141].

Esta dupla dimensão do reenvio prejudicial tem importantes consequências ao nível da sua tutela: através da vertente objectiva o reenvio beneficiará (embora dificilmente em termos práticos, como vimos) de uma tutela comunitária, mediante o processo por incumprimento; por ter também uma faceta subjectiva, ele assume a dimensão da protecção dos particulares e dos respectivos meios de tutela conferidos pelo direito nacional, já que cabe aos Estados a aplicação do Direito Comunitário. Desse modo, abre-se o leque das garantias, como é o caso dos meios constitucionais como forma de eventual restauração natural, e o con-tencioso da responsabilidade para o caso da reparação por equivalente.

Dessa forma, parece-nos que só uma visão integral do reenvio poderá exprimir a sua natureza, permitindo a aplicação uniforme do Direito Comunitário sem esquecer os seus principais destinatários. Assim, se é verdade que o reenvio *excede o interesse das partes*[142], não menos verdade é que ele também o inclui. A principal vantagem do reconhecimento de uma função subjectiva do reenvio prejudicial é que ele possibilita ao particular obter a colaboração do juiz nacional no reconhecimento dos direitos que o particular retira do Direito Comunitário. Tal colaboração será, de resto, assim que entrar em vigor o *Tratado que institui uma Constituição Europeia*, uma exigência do seu art. 29.º, que dispõe que "Os Estados membros devem estabelecer as vias de recurso necessárias para assegurar uma protecção jurisdicional efectiva nos domínios abrangidos pelo Direito da União".

De resto, as duas funções, subjectiva e objectiva, que a competência prejudicial do Tribunal de Justiça preenche, acabam por se encontrar. Assim, por exemplo, o verdadeiro beneficiário da uniformidade das normas comunitárias é o próprio particular, já que é através dessa uni-

---

[140] OLIVIER DUBOS, *Les juridictions nationales...*,cit., p. 119.
[141] *La systèmatique...*, cit., p. 835.
[142] PAZ SANTA MARÍA / JAVIER VEGA / BERNARDO PÉREZ, *Introducción...*, cit., p. 536.

formidade que se concretiza o princípio da não discriminação. De facto, o efeito *erga omnes* dos acórdãos proferidos pelo Tribunal de Justiça, em sede de reenvio prejudicial, garante às partes uma protecção equivalente, independentemente do juiz que julga o litígio em que se insere[143]. Por outro lado, também o princípio da cooperação leal pode dirigir-se à protecção dos direitos e das liberdades dos particulares, através da criação de uma nova divisão vertical de poderes. "Os particulares não compreenderiam e, por conseguinte, não estaria legitimada uma estrutura vertical na qual se produzissem actuações contraditórias ou imponderadas"[144].

---

[143] No mesmo sentido, FRÉDERIQUE BERROD, *La systematique...*, cit., p. 849.

[144] JAVIER PÉREZ, *La cooperación...*, cit., p. 105. Este Autor acrescenta, citando ZULEEG (*Les répartitions de compétences entre la Communauté et ses États membres*, in *La Communauté et ses États membres*, Nijhoff, Haia, p. 55): "nem a integração nem o direito nacional representam um fim em si mesmos. Ambos são destinados ao bem-estar dos homens".

TERCEIRA PARTE

O incumprimento da obrigação de reenvio: meios de tutela subjectiva do particular

1. Razão de ordem

Uma vez que deixámos estabelecido e demonstrado o interesse das partes no reenvio prejudicial, resta-nos apenas determinar que garantias têm elas ao dispor para a tutela da sua posição processual. Vimos atrás que a solução que o Direito Comunitário aponta para o incumprimento desta obrigação, o processo por incumprimento, não é eficaz, porque os verdadeiros prejudicados com a omissão de reenvio, os particulares, não relevam no âmbito daquele processo nem beneficiam do seu resultado.

Como, no entanto, "a violação do art.º [234.º] deixa sem defesa as partes cujos direitos sejam violados pela recusa de um órgão jurisdicional de nível superior em cumprir a obrigação que lhe impõe o art.º [234.º], tendo em conta o carácter definitivo que se atribui às decisões dos órgãos jurisdicionais de última instância"[1], torna-se premente encontrar meios de sancionar a obrigação de reenvio. Já atrás fizemos referência ao contributo que os sistemas nacionais de protecção dos direitos fundamentais podem dar quanto ao cumprimento do Direito Comunitário nesta matéria. Concretizaremos, agora, em que termos podem ser aplicados.

Começaremos pelos meios de tutela previstos no direito nacional, por se encontrarem mais facilmente na disposição dos particulares. É certo que as soluções diferem de Estado para Estado, em função das respectivas tradições constitucionais: assim, uma solução satisfatória num Estado poderá ser impossível noutro Estado, dada a inexistência de mecanismo semelhante, ou devido à diversa utilização e natureza atribuída

---

[1] PIERRE PESCATORE, *Las cuestiones...*, cit., p. 557.

aos mesmos mecanismos. Existem, ainda, garantias previstas pelo próprio Direito Comunitário, cuja efectivação depende das autoridades nacionais e estando sujeitas, por conseguinte, à colaboração dos Estados. Estamos seguros, portanto, de que a verdadeira igualdade dos cidadãos comunitários só seria alcançada se eles pudessem beneficiar de idêntica protecção à luz de uma uniformização dos meios de tutela comunitários.

Depois, passaremos a analisar a possibilidade de os particulares beneficiarem, para a tutela dos direitos reconhecidos pelo Direito Comunitário, de outros mecanismos decorrentes do Direito Europeu de protecção de direitos fundamentais[2]. Embora a questão envolva a problemática complexa do relacionamento entre a tutela de direitos fundamentais levada a cabo pelo ordenamento comunitário e o sistema criado pela Convenção Europeia dos Direitos do Homem, certo é que ela pode suprir a mencionada desigualdade entre os particulares.

Por fim, indagaremos se, *de iure condendo*, não será de prevenir a criação de vias de Direito Comunitário abertas a todos os particulares.

2. Soluções de Direito Constitucional

2.1. *Razão de ordem*

Constatada a lacuna no que respeita a sanções próprias de Direito Comunitário, os Estados membros procuraram integrá-la com recurso a técnicas previstas, desde logo, no seu Direito Constitucional. Desde logo, a preferência pelo recurso a técnicas constitucionais (*maxime* pela aplicação do sistema de protecção de direitos fundamentais) surge associada à consideração de que o reenvio prejudicial assegura a protecção de direitos dos particulares na aplicação do Direito Comunitário e, portanto, o Tribunal de Justiça é *juiz legal* ou *natural*. A preferência pelos mecanismos constitucionais é, de resto, um claro exemplo da necessidade de tutela jurisdicional efectiva que a omissão de reenvio põe em causa.

Alguns Estados da União Europeia conhecem a figura da queixa constitucional como meio de reagir perante violações de direitos fundamentais levados a cabo por entidades públicas. É o caso da Espanha, da Alemanha e da Áustria. Este meio foi já utilizado, ou é, pelo menos,

---

[2] Sobre esse Direito Europeu dos Direitos do Homem, v., por todos, JEAN-FRANÇOIS RENUCCI, *Droit Européen*..., cit..

invocado pela doutrina, como meio de reagir perante a recusa de reenvio por parte de tribunais daqueles Estados, precisamente com o fundamento de que tal conduziu a uma violação do direito à *tutela jurisdicional efectiva* ou do direito ao *juiz legal*.

Noutros Estados, cujos ordenamentos jurídicos não prevêem um recurso directo ao Tribunal Constitucional para defesa dos direitos fundamentais, têm sido propostas alternativas através dos meios constitucionais existentes, como é o caso do controlo da constitucionalidade das normas.

2.2. *O recurso de amparo*

Em Espanha, a queixa constitucional efectiva-se através do recurso de amparo, previsto no art.º 53.º, n.º 2, da Constituição Espanhola. Não se trata de um instrumento de protecção directa dos direitos fundamentais, mas sim de um recurso excepcional e extraordinário de "correcção dos erros que se possam cometer no sistema de protecção de direitos fundamentais desenhado pelo legislador constituinte"[3], cujo regime se encontra desenvolvido no art.º 44.º da Lei Orgânica do Tribunal Constitucional. Aí se refere a possibilidade de interposição de recurso de amparo contra actos ou omissões de órgãos jurisdicionais, desde que "(a) se tenham esgotado todos os recursos judiciais; (b) a violação do direito ou liberdade seja imputável imediata e directamente a uma acção ou omissão do órgão judicial com independência dos factos que deram lugar ao processo no qual aquelas se produziram, e acerca dos quais o Tribunal Constitucional nunca se pronunciará; (c) se tenha invocado formalmente no processo o direito constitucional infringido (....)"[4]. A consequência da concessão de amparo é a nulidade das actuações processuais levadas a cabo pelo *juiz ilegal* (por oposição a *juiz legal*).

Um importante sector da doutrina espanhola[5] tem defendido a possibilidade da utilização do recurso de amparo como meio de defesa do

---

[3] Na expressão de JAVIER ROYO, *Curso de Derecho Constitucional*, 8ª ed., Madrid, Marcial Pons, 2002, p. 601.

[4] Sobre o recurso de amparo espanhol veja-se, por exemplo, R. VARELA / J.E. FERNÁNDEZ, *El recurso de amparo constitucional en el area civil*, Barcelona, Bosch, 1999, e JAVIER ROYO, *Curso...*, cit., Madrid, 2002, pp. 600 e segs..

[5] É o caso de RICARDO ALONSO GARCÍA / J. M. BAÑO LEÓN, *El recurso...*, cit., p. 209 e segs.; RUIZ-JARABO COLOMER, *El juez nacional...*, in *El derecho comunitario europeo...*, cit., p. 665.

particular quando um tribunal tenha ignorado a obrigação de suscitar a competência prejudicial do Tribunal de Justiça, por considerar que houve uma violação do direito ao juiz legal (consagrado no art.º 24.º, n.º 2, da Constituição espanhola), ou porque, por essa via, se violou o *sistema de fontes* (por exemplo, quando o juiz decide contra a orientação do Tribunal de Justiça), caso em que, segundo essa Doutrina, haverá violação do direito à tutela jurisdicional efectiva, consagrado no art.º 24.º, n.º 1, da Constituição.

O Tribunal Constitucional espanhol fixou por diversas vezes o conteúdo essencial do direito ao juiz legal, determinando que é necessário que o órgão tenha sido criado previamente por norma jurídica, que esta lhe tenha atribuído jurisdição e competência antes da ocorrência do facto motivador da actuação ou processo judicial e que o seu regime orgânico e processual não o permita qualificar como órgão excepcional[6]. Ora, na medida em que o Estado espanhol se vinculou aos Tratados comunitários, que prevêem que a jurisdição do Tribunal de Justiça abranja a resolução das questões prejudiciais que surjam nos feitos submetidos a julgamento nos tribunais nacionais, parece poder admitir-se que o Tribunal de Justiça foi "criado por norma jurídica que lhe conferiu jurisdição e competência" naquele sentido atribuído pelo Tribunal Constitucional. Acresce que essa competência é, nos termos do próprio Tratado de Roma, e verificadas determinadas circunstâncias, verdadeiramente **exclusiva**. O juiz comunitário seria considerado, assim, *juiz legal* para efeitos do art.º 24.º da Constituição espanhola[7]. Não suscitar a questão prejudicial, quando exista obrigação de o fazer, constituiria, dessa forma, uma violação deste direito fundamental, sancionável através do recurso de amparo, com a consequência da nulidade das actuações processuais levadas a cabo pelo juiz ilegal, que deveria, então, extrair do acórdão do Tribunal Constitucional todas as consequências para a administração da justiça no caso concreto[8].

No entanto, apesar de ser esta, maioritariamente, a posição da doutrina espanhola, o Tribunal Constitucional ainda não a acolheu. Assim,

---

[6] V., por exemplo, a Sentença n.º 101/84, de 8 de Novembro de 1984, proc. 769/19883, B.O.E. de 28 de Novembro de 1984.

[7] MIGUEL PASTOR LOPEZ inclui o Tribunal de Justiça no quadro dos Tribunais que exercem o poder judicial dimanado da Constituição (*El principio de unidad jurisdiccional y el poder judicial de las Comunidades Europeas*, in *El poder judicial*, Madrid, Instituto de Estudios Fiscales, 1983, p. 2253).

[8] Nesse sentido, RUIZ-JARABO COLOMER, *El juez nacional...*, cit., p. 93.

num primeiro acórdão, de 25 de Março de 1993[9] estava em causa um recurso interposto contra uma decisão de um tribunal de Alicante que tinha condenado o recorrente a pena de prisão pelo exercício não autorizado da actividade de agente imobiliário. Em sua defesa aquele invocava a incompatibilidade da norma espanhola que atribuía a exclusividade na prestação de actividades imobiliárias a quem tivesse um título oficial concedido por uma Associação com uma directiva comunitária relativa à liberdade de estabelecimento e prestação de serviços para determinadas actividades não assalariadas incluídas em negócios imobiliários. O tribunal não reenviou a questão de interpretação daquela norma comunitária para o Tribunal de Justiça, o que constituía, segundo o recorrente, uma violação do direito à tutela jurisdicional efectiva. Desta decisão interpôs ele recurso de amparo para o Tribunal Constitucional, tendo este decidido que "a decisão de reenvio prejudicial pertence, de forma exclusiva e irreversível, ao órgão judicial, não impedindo a defesa do direito das partes perante o Tribunal Constitucional, já que estas dispõem, para esse fim, do recurso de amparo". Não obstante, "não existe violação do direito à tutela jurisdicional efectiva prevista no art.º 24.º, n.º1, da Constituição Espanhola quando o juiz julga, **razoavelmente**, não ter dúvidas sobre a interpretação que se deveria dar à Directiva (...) nem sobre a sua falta de aplicação em relação com os factos discutidos no litígio"[10]. Por outras palavras, não existe violação do art.º 24.º, n.º 1, da Constituição se o juiz tiver considerado que não houve dúvida.

Dir-se-ia, portanto, que no caso concreto não foi concedido amparo apenas porque se considerou que a recusa do juiz tinha sido razoável. O Tribunal Constitucional parecia, portanto, querer afirmar que, faltando essa razoabilidade, o amparo seria concedido.

No entanto, numa outra sentença do mesmo Tribunal, de 31 de Maio de 1993[11], o Tribunal Constitucional deu um passo atrás[12].

Estava novamente em causa um recurso de amparo interposto contra uma decisão de um juiz que, confrontado com a compatibilidade de uma norma nacional com uma directiva comunitária relativa à protecção dos trabalhadores em caso de insolvência da entidade empregadora, não

---

[9] Sentença n.º 111/1993, de 25 de Março de 1993 (B.O.E. de 27 de Abril de 1993).
[10] Sublinhado nosso.
[11] Sentença n.º 180/1993 (B.O.E. de 5 de Julho de 1993).
[12] LAURENCE BURGORGUE-LARSEN, *La constitutionnalisation du droit au juge en Espagne*, in JOËL RIDEAU (dir.), *Le droit au juge dans l'Union Européenne*, Paris, L.G.D.J., 1998, p. 75.

tinha procedido ao reenvio para o Tribunal de Justiça para obter deste a interpretação daquela norma comunitária[13]. O Tribunal Constitucional afirmou que "a falta, pelo órgão jurisdicional, cujas decisões não são susceptíveis de ulterior recurso judicial ordinário, em suscitar uma questão prejudicial (...) ao abrigo do art.º 177 CEE não é susceptível de gerar, por si mesmo, uma violação do art.º 24.º da Constituição Espanhola"[14].

Por fim, numa sentença de 9 de Dezembro de 1996[15] (na qual estava em causa uma questão idêntica à primeira, atrás descrita, neste caso, a condenação de um particular pelo exercício abusivo da profissão de medicina, por a sua especialidade não ter sido reconhecida), o recorrente argumentava que o tribunal de Córdova, que tinha decidido o litígio, tinha violado o seu direito à tutela jurisdicional efectiva ao deixar de aplicar as normas do Tratado da Comunidade Europeia que regulavam o caso e, de qualquer maneira, ao deixar de reenviar a questão ao Tribunal de Justiça das Comunidades. De novo o Tribunal Constitucional recusou o amparo constitucional, afirmando que "não compete ao Tribunal Constitucional controlar a adequação da actividade dos poderes públicos nacionais com o Direito Comunitário. Este controlo compete aos órgãos da jurisdição enquanto aplicadores que são do ordenamento comunitário e, se for caso disso, ao Tribunal de Justiça das Comunidades Europeias".

À luz do Acórdão em análise, para o Tribunal Constitucional a omissão de reenvio não é susceptível de ser, por si, censurada (ou seja, o Tribunal Constitucional não concede, na matéria, amparo ao recorrente), desde logo, porque as normas comunitárias (incluindo o art.º 234.º) não constituem *cânon de constitucionalidade* (em concordância com o que tinha sido decidido numa sentença de 16 de Dezembro de 1991[16]) das normas nacionais, pelo que o seu incumprimento não pode ser reconduzido à violação de um direito conferido pela Constituição Espanhola. Assim, só poderá haver protecção constitucional quando se demonstre ter havido arbitrariedade quanto à recusa de reenvio, ou quanto à aplicação da norma ao caso concreto, sendo que a existência ou não de

---

[13] Esta sentença foi alvo de duras críticas por parte da doutrina espanhola, designadamente RUIZ-JARABO COLOMER (*El juez nacional...*, in *El derecho comunitario europeo...* cit., p. 663), e RICARDO ALONSO GARCÍA (*El juez español...*, cit., p. 247) pela utilização abusiva da teoria do *acto claro*. V., *supra*, p. 70 e segs..

[14] Cit. in MANUEL CIENFUEGOS MATEO, *Las sentencias...*, cit., p. 566.

[15] Sentença n.º 201/1996, de 9 de Dezembro (B.O.E. de 3 de Janeiro de 1997).

[16] Sentença n.º 28/1991, de 14 de Fevereiro (B.O.E. de 15 de Março de 1991); Sentença n.º 64/1991, de 22 de Março (B.O.E. de 24 de Abril de 1991).

uma dúvida pertence, de forma exclusiva, ao órgão judicial: "quando o ordenamento jurídico impõe a necessidade de atribuir ao conhecimento de outra ordem jurisdicional uma questão prejudicial (...), o afastamento arbitrário desta previsão legal de que resulte uma contradição entre duas resoluções judiciais, de forma que os mesmo factos existam e deixem de existir respectivamente em cada uma delas, gera uma violação do direito à tutela judicial efectiva, porquanto a decisão judicial assim alcançada não se pode considerar uma decisão razoável, fundada no Direito e não arbitrária"[17]. A arbitrariedade dessa decisão afere-se pela motivação da sentença, que constitui uma exigência constitucional. Só que esta motivação "não autoriza a exigir um raciocínio judicial pormenorizado de todos os aspectos invocados por uma e outra parte, considerando-se suficientemente motivadas (...) aquelas resoluções judiciais apoiadas em razões que permitam conhecer quais foram os critérios judiciais essenciais que fundamentaram a decisão".

A exigência da arbitrariedade na recusa de reenvio como requisito para concessão de amparo, levou a que, na prática, este nunca fosse concedido. Sentenças posteriores, e semelhantes à analisada, viriam a confirmar a posição do Tribunal Constitucional[18]. Na verdade, à luz da jurisprudência deste Tribunal parece que seria susceptível de amparo apenas o caso, meramente académico, no qual o tribunal de reenvio, na fundamentação da sentença, reconhecesse a existência de uma dúvida razoável e, ao mesmo tempo, determinasse que, ainda assim, não reenviara a questão ao Tribunal de Justiça.

A orientação do Tribunal Constitucional foi duramente criticada pela doutrina espanhola. ARACELÍ MARTÍN / DIEGO NOGUERAS, por exemplo, consideram que a recusa de amparo pelo Tribunal Constitucional tem como consequência que o direito a um juiz legal não está garantido em Espanha[19]. Mais ainda, avançam, o Tribunal Constitucional espanhol

---

[17] Sentença 30/1996, de 26 de Fevereiro (B.O.E. de 2 de Abril de 1996); Sentença n.º 201/96, já citada.

[18] Sentença n.º 203/1996, de 9 de Dezembro (B.O.E. de 3 de Janeiro de 1997); Sentença n.º 35/2002, de 11 de Fevereiro (B.O.E. de 14 de Março).

[19] *Instituciones...*, cit., p. 271 e segs. Também LUIS DIEZ-PICAZO considera que, se é verdade que, nalguns casos em que foi pedido amparo ao Tribunal Constitucional, a aplicação do Direito Comunitário não era pertinente ou a questão estava já resolvida pelo Tribunal de Justiça, no caso da sentença 180/93 tal não sucedia, sendo que a solução do tribunal nacional não era evidente, podendo portanto conduzir ao amparo constitucional (*El Derecho comunitario...*, cit., p. 262).

recusa-se a fazer respeitar as obrigações comunitárias dos poderes públicos espanhóis, acabando por não ser coerente, já que noutros casos aplica, ele mesmo, normas comunitárias.

Também RICARDO ALONSO GARCÍA / J. M. BAÑO LEÓN[20] tecem fortes críticas a esta jurisprudência do Tribunal Constitucional. Para estes Autores, a violação do art.º 234.º pode originar, por um lado, **violação do direito à tutela jurisdicional efectiva** (consagrado no art.º 24.º, n.º 1, da Constituição espanhola), quando o juiz nacional altera o sistema de fontes, deixando de aplicar uma norma comunitária, resolvendo sozinho uma dúvida de validade de uma norma (se se encontra a julgar em última instância), ou quando o juiz nacional se afasta da orientação seguida pelo Tribunal de Justiça, já que "a correcta utilização do sistema de fontes não se esgota na eleição da norma efectivamente aplicável ao litígio em causa, exige também a sua aplicação à luz dos critérios, quando existam, marcados pelo seu intérprete supremo, neste caso, tratando-se de normas comunitárias, pelo Tribunal do Luxemburgo"). Por outro lado, a violação daquele preceito poderá gerar **violação do direito ao juiz legal** (consagrado no n.º 2 do mesmo artigo 24.º da Constituição), quando o juiz de última instância tem dúvidas sobre a norma comunitária e não recorre ao Tribunal de Justiça para resolvê-las, sem fundamentar devidamente essa opção. Os Autores, no entanto, apontam alguns casos em que se essa dúvida se apresenta como provável, como é o exemplo da existência jurisprudência contraditória sobre a interpretação daquela norma[21].

Por fim, também LUIS DIEZ-PICAZO[22] critica a posição do Tribunal Constitucional, estabelecendo um paralelismo com a questão da constitucionalidade. É que aquele Tribunal, em ampla jurisprudência, afirma que "existe uma indevida denegação da tutela judicial no caso em que o órgão judicial, desconhecendo as disposições constitucionais e legais sobre o controlo de normas, viole o direito do particular a que a sua pretensão seja resolvida segundo aquele sistema, não aplicando a regra na qual a pretensão se baseia, sem levar em conta as disposições sobre o controlo de normas (art.ᵒˢ 106.º n.º1, e 163.º da Constituição) e, entre elas, a questão de inconstitucionalidade, através da qual se consegue

---

[20] *El recurso...*, cit., p. 215.

[21] O Autor dá como exemplo a própria interpretação do art.º 234.º, no que se refere à possibilidade de os tribunais nacionais poderem deixar de aplicar uma norma comunitária por considerá-la inválida. Até a questão ser resolvida pelo Ac. *Foto-frost*, surgindo a dúvida, o juiz devia reenviar a questão para o Tribunal de Justiça.

[22] *El Derecho Comunitario...*, cit., p. 267.

garantir, ao mesmo tempo, a sujeição dos órgãos judiciais à lei e à Constituição"[23]. Para os Autores referidos, a questão prejudicial comunitária é, em tudo, semelhante à questão da constitucionalidade, pelo que se justificaria o mesmo tratamento por parte do Tribunal Constitucional, devendo este conceder amparo quando o juiz nacional, *motu proprio*, tenha deixado de aplicar a norma comunitária por considerá-la inválida face ao Direito Comunitário.

Em todo o caso, o Tribunal Constitucional espanhol tem mostrado, mais recentemente, alguma abertura quanto à possibilidade de conceder amparo pela violação do direito à tutela jurisdicional efectiva: num acórdão de 2002[24] estava em causa um pedido de amparo baseado no facto de um tribunal de Córdova não ter suscitado ao Tribunal Constitucional a questão de constitucionalidade sem fundamentar o sentido dessa recusa. Embora reafirmando que a decisão de não suscitar a questão da constitucionalidade cabe unicamente ao tribunal da causa, não constituindo, a sua recusa, uma violação do direito à tutela jurisdicional efectiva, o Tribunal Constitucional vem agora afirmar que a fundamentação suficiente das sentenças é um princípio fundamental, sendo "uma garantia essencial do particular, já que a exteriorização dos traços essenciais das razões que levaram os órgãos judiciais a adoptar a sua posição permite apreciar a sua racionalidade, para além de facilitar o controlo da actividade jurisdicional pelos Tribunais superiores e, consequentemente, melhorar as possibilidades de defesa dos direitos, por parte dos cidadãos, mediante o emprego dos recursos que em cada litígio são admissíveis" Assim, contrariamente ao que tinha decidido em anteriores acórdãos, o Tribunal Constitucional considera agora que os tribunais nacionais devem fundamentar adequadamente os motivos que levaram a não proceder ao reenvio para o Tribunal Constitucional, quando ele tenha sido requerido pelas partes.

É de esperar, assim, algum desenvolvimento jurisprudencial do Tribunal Constitucional no que respeita à possibilidade de concessão de amparo também quando o tribunal nacional não tenha reenviado questões prejudiciais para o Tribunal de Justiça sem motivar essa opção, dada a

---

[23] Sentença n.º 23/88, de 22 de Fevereiro, publicada no B.O.E. de 18 de Março de 1988. RICARDO ALONSO GARCIA e J. M. BAÑO LEÓN citam como exemplo semelhante a sentença 90/90, de 23 de Maio, publicada no B.O.E. de 20 de Junho. V. *El recurso...*, cit., p. 217.

[24] Sentença 35/2002, de 11 de Fevereiro, publicada no B.O.E. de 14 de Março de 2002.

analogia existente entre o poder do juiz nacional de reenviar a questão de constitucionalidade para o Tribunal Constitucional e o poder de reenviar questões prejudiciais comunitárias para o Tribunal do Luxemburgo.

2.3. *A queixa constitucional (Verfassungsbeschwerde)*

Não foi sempre fácil o relacionamento entre os tribunais nacionais alemães, *maxime* o *Bundesverfassungsgericht*, e o Tribunal de Justiça das Comunidades. Aliás, como atrás se mencionou, a única vez que a Comissão Europeia iniciou o procedimento previsto no art.º 226.º com fundamento em incumprimento do art.º 234.º do Tratado CE foi precisamente pela recusa sistemática de os tribunais alemães reenviarem questões ao Tribunal de Justiça. Esta *rebeldia* dos órgãos jurisdicionais do Estado alemão deveu-se, inicialmente, a uma certa desconfiança quanto ao nível de protecção de direitos fundamentais existente no ordenamento jurídico comunitário[25].

Sintomático desta fase inicial foi o famoso acórdão *Solange*, de 29 de Maio de 1974[26], no qual o Tribunal Constitucional alemão proclamou a sua competência para controlar a conformidade das normas comunitárias com os direitos fundamentais reconhecidos pela Constituição alemã, afirmando que "enquanto o processo de integração europeia não tiver evoluído no sentido de dotar o ordenamento jurídico comunitário de um catálogo de direitos fundamentais válido e aprovado por um parlamento, comparável ao catálogo de direitos fundamentais reconhecidos pela Lei Fundamental, o pedido de apreciação de constitucionalidade [de uma norma comunitária], feito por um tribunal da República Federal Alemã, ao Tribunal Constitucional Federal, precedido de um pedido prejudicial ao Tribunal de Justiça, ao abrigo do art.º [234.º] do Tratado, será admissível

---

[25] Sobre esta desconfiança, e o que a Carta dos Direitos Fundamentais pode trazer como contributo, v. HILMAR FENGE, *Fundamental rights in the European Union – pleading for certainty in a fragile structure,* in Revista Direito e Justiça, Vol. XV 2001, Tomo 2, pp. 55-57.

[26] Versão inglesa publicada em *C.M.L.Rep.* vol. 14, 1974:2 pp. 540-569. Esta decisão do Tribunal de Karlsruhe viria a dar origem a uma troca de correspondência entre a Comissão e o Governo alemão, no qual aquela fez ver a este a necessidade de ser alterada a orientação dos tribunais alemães. Embora instigada pelo Parlamento, a Comissão não chegou, no entanto, a dar origem ao processo por incumprimento. V. Resposta de 29 de Janeiro de 1975 à questão escrita n.º 414/74 do Deputado COUSTÉ.

e necessário, se esse tribunal alemão considerar que a norma comunitária relevante para a sua decisão não deve ser aplicada na interpretação dada pelo Tribunal de Justiça, porquanto viola um dos direitos fundamentais reconhecidos pela Constituição". Os tribunais alemães, portanto, não reconheciam o princípio do primado tal como elaborado pelo Tribunal de Justiça, sempre que uma norma comunitária colidisse com um direito fundamental[27].

Mas esta relação tensa entre os tribunais alemães e o Tribunal de Justiça viria a atenuar-se a partir de 1986, altura em que o *Bundesverfassungsgericht* reformulou a sua posição, no âmbito de uma queixa constitucional, num acórdão que ficou conhecido como *Solange* II[28]. Sumariamente, os factos eram os seguintes: uma sociedade que se dedicava à importação de cogumelos em conserva requereu a respectiva licença de comercialização, que foi recusada pelas autoridades alemãs à luz de um regulamento comunitário. Durante a pendência do recurso de anulação desse acto interposto pela sociedade, o regulamento comunitário foi anulado pelo Tribunal de Justiça. Ainda assim, a sociedade quis manter o recurso de anulação do acto, pedindo, desta vez, a anulação das medidas comunitárias de execução daquele regulamento. O caso subiu até ao *Bundesverwaltungsgericht*, que submeteu ao Tribunal de Justiça a questão prejudicial de validade dessas medidas de execução, aprovadas pela Comissão. Como o Tribunal de Justiça não se tivesse pronunciado pela invalidade dessas medidas, o tribunal alemão negou provimento ao recurso da sociedade. Tal levou a que esta, baseada no anterior Ac. *Solange I*, formulasse uma queixa constitucional (*Verfassungsbeschwerde*).

A queixa apresentada tinha como fundamento o facto de o *Bundesverwaltungsgericht* ter seguido a orientação expressa pelo Tribunal de Justiça no seu acórdão prejudicial quando, segundo a Sociedade requerente, a posição deste Tribunal era pouco clara e até incorrecta, já

---

[27] Para uma síntese da evolução das relações entre o Tribunal Constitucional alemão e o Direito Comunitário, v., entre outros, A. LOPEZ CASTILLO, *La cuestión del control de constitucionalidad de las normas comunitarias de derecho derivado en la Republica Federal Alemana,* in *R.E.D.C.,* 23, 1988, pp. 207 e segs..; INGOLF PERNICE, *Les bananes et les droits fondamentales: la Cour Constitutionelle allemande fait le point,* in *C.D.E.,* 2001, n.º 3 e 4, p. 427 e segs; CONSTANCE GREWE, *Le "traité de paix" avec la Cour de luxembourg: l'arrêt de la Cour constitutionnelle allemande du 7 Juin 2000 relatif au règlement du marché de la banane,* in R.T.D.E., 2001, 37e. Année, pp. 1 e segs..

[28] Acórdão de 22 de Outubro de 1986, BVerfGE 73, 339, 2BvR 197/83. A tradução inglesa encontra-se publicada em *C.M.L.Rep.,* vol. 50, 1987:3, pp. 225-265.

que, ao não concluir pela invalidade da norma comunitária, contrariava princípios fundamentais da Constituição alemã. Assim, segundo a requerente, o *Bundesverwaltungsgericht* estava obrigado a não seguir o Acórdão do Tribunal das Comunidades, devendo formular nova questão prejudicial a este Tribunal para que ele tivesse oportunidade de repensar e corrigir a sua posição. Não o tendo feito, o tribunal alemão violou de forma arbitrária, segundo a requerente, o direito ao juiz legal, estabelecido no art.º 101.º, n.º 1, da Constituição alemã.

O *Bundesverfassungsgericht* considerou, no acórdão que ficou conhecido como *Solange II,* que o facto de "os Tratados serem parte do ordenamento jurídico que se aplica na República Federal, e deverem ser cumpridos, interpretados e aplicados pelos seus tribunais, confere ao Tribunal de Justiça o carácter de juiz legal no sentido do art.º 101 (1), 2.ª parte, da Constituição, na medida em que a ratificação dos Tratados das Comunidades atribuiu ao Tribunal funções judiciais aí contidas. Essas funções incluem, em particular, a competência do Tribunal para resolver questões prejudiciais, à luz do art.º [234.º] do Tratado CE". Caberia, então, aos tribunais nacionais cooperarem com o Tribunal de Justiça no cumprimento desta obrigação comunitária.

O Tribunal de Justiça reconheceu, depois, que o nível de protecção de direitos fundamentais se encontrava consolidado nas Comunidades, em grande medida devido à acção do Tribunal de Justiça, concluindo que "enquanto as Comunidades Europeias, em particular a jurisprudência do Tribunal de Justiça, assegurarem uma protecção efectiva dos direitos fundamentais (...) análoga à protecção conferida pela Constituição, e enquanto for salvaguardado o conteúdo essencial desses direitos, o Tribunal Constitucional Federal não decidirá sobre a aplicabilidade das normas de Direito Comunitário derivado que servem de base aos actos das autoridades e tribunais alemães (...), e não controlará essas normas segundo o nível de protecção dos direitos fundamentais contidos na Constituição". Em consequência, o Tribunal Constitucional negou provimento ao recurso, por considerar que é ao Tribunal de Justiça que cabe controlar a legalidade das instituições comunitárias (e, em consequência, dos actos destas emanados) e o seu respeito pelos direitos fundamentais. Considerou, igualmente, que o *Bundesverwaltungsgericht* não tinha agido de forma arbitrária ao não reenviar de novo a questão para o Tribunal de Justiça.

O art.º 234.º confere, pois, ao Tribunal de Justiça competência exclusiva para interpretar e aferir da validade das normas comunitárias, pelo que a recusa arbitrária de reenvio é susceptível de constituir uma violação do direito ao juiz legal – *gesetzlicher Richter* –, consagrado no art.º 101.º, n.º1, 2ª parte, da *Grundgesetz*[29].

O acórdão *Solange II* determinou, desde logo, uma viragem na relação entre o *Bundesverfassungsgericht* e o Tribunal de Justiça[30]. Teve, nomeadamente, implicações fortíssimas no que respeita à consagração do princípio do primado. De facto, as reservas feitas pelo Tribunal Constitucional a este princípio, no Acórdão *Solange I*, sempre que as normas comunitárias colidissem com direitos fundamentais reconhecidos pela Constituição alemã, cedem perante a constatação de que **a protecção dos mesmos direitos é levada a cabo de forma pretoriana pelo Tribunal de Justiça**, compensando, no plano comunitário, a falta de um catálogo de direitos fundamentais. Para além disso, o Acórdão *Solange II* constituiu um precedente necessário para a concessão de amparo nos casos em que os tribunais nacionais não suscitassem as questões prejudiciais ao Tribunal de Justiça (violando o direito ao juiz legal), para que este pudesse tornar efectiva aquela protecção.

Dir-se-ia, pois, que o Tribunal Constitucional alemão inverte totalmente a jurisprudência firmada no Acórdão *Solange I*: neste, aquele Tribunal tinha-se declarado competente, quer para decidir da conformidade do Direito Comunitário com as normas constitucionais que protegem direitos fundamentais, através da fiscalização da constitucionalidade, quer para outorgar protecção constitucional sempre que os tribunais nacionais, não tendo submetido a fiscalização da constitucionalidade das normas ou as decisões jurisprudenciais do Tribunal de Justiça, tenham assim formulado decisões que ferissem o sistema de direitos fundamentais consagrado na Constituição alemã. Agora, no Acórdão de 1986, o Tribunal Constitucional recusa qualquer daquelas duas competências, substituindo-as, ao invés, pela capacidade de receber queixas constitucionais quando os tribunais nacionais tenham, de forma arbitrária, deixado de seguir a orientação do Tribunal de Justiça ou ignorado a obrigação de lhe submeter questões prejudiciais.

---

[29] JOSÉ CARLOS MONTEJANO define as características que apontam o Tribunal de Justiça como órgão jurisdicional no sentido do art.º 101 n.º1 da *Grundgesetz*: as suas decisões são definitivas, os seus membros apresentam todas as garantias de independência e imparcialidade, o procedimento a que estão sujeitos é de base normativa. (*La integración europea desde el Tribunal Constitucional alemán*, Madrid, Centro de Estudios Políticos y constitucionales, 2001, p. 135).

[30] Refira-se, além do mais, que o acórdão *Solange* foi tirado por unanimidade.

Assim, a possibilidade da interposição de uma queixa constitucional é consequência da separação de competências proclamada pelo Tribunal Constitucional: se este se declara incompetente para decidir sobre a validade do Direito Comunitário, e se essa competência pertence apenas ao Tribunal de Justiça, o ideal será "aproximar o mais possível este Tribunal dos cidadãos que possam ver os seus direitos fundamentais afectados pela actuação dos órgãos comunitários. E isto foi o que fez o *Bundesverfassungsgericht* ao incluir o Tribunal de Justiça na categoria constitucional interna de 'juiz legal' para efeitos do art.º 101, n.º 1, 2ª parte, da Lei Fundamental"[31]. Note-se, no entanto, o paradoxo: ao mesmo tempo que é assegurada a separação de competências, o acórdão *Solange* cruza a jurisdição comunitária com as jurisdições nacionais, o ordenamento comunitário com os ordenamentos nacionais[32].

A jurisprudência estabelecida no Ac. *Solange II* foi reafirmada em vários acórdãos posteriores nos quais o amparo constitucional foi efectivamente concedido. Desde logo, poucos meses depois, num Acórdão de 8 de Abril de 1987[33], o *Bundesverfassungsgericht* teria oportunidade de a pôr em prática. Estava em causa uma decisão do *Bundesfinanzhof*, que tinha exigido o pagamento do IVA a uma agência de mediação de créditos, contrariando a respectiva directiva comunitária e afastando-se até da orientação do Tribunal de Justiça proferida no âmbito do mesmo processo na primeira instância[34], sem ter procedido a novo reenvio. Requerido o amparo pela parte lesada, o Tribunal Constitucional considerou que a omissão de reenvio tinha sido arbitrária, uma vez que negara o efeito vinculativo da decisão prejudicial do Tribunal de Justiça, o que significava uma violação do princípio do juiz legal. Em consequência, anulou o acórdão.

Foi, no entanto, no Acórdão de 9 de Novembro de 1987[35] que o Tribunal Constitucional desenvolveu a sua posição, definindo os casos

---

[31] A. LOPEZ CASTILLO, *La cuestión del control...*, cit., p. 222.

[32] GIL CARLOS RODRIGUEZ IGLESIAS / ULRICH WÖLKER, *Derecho comunitario, derechos fundamentales y control de constitucionalidad*, in R.I.E., 14, 1987, p. 672.

[33] 2 BvR 687/85, NJW, 23. 1988, pp. 1459-1462. V. sobre o caso, JULIANE KOKOTT, *Report on Germany*, in *The European Courts...*, cit., p. 91.

[34] Saliente-se, a título de curiosidade, que foi esta decisão, do *Bundesfinanzhof*, de 25 de Abril de 1985, que levaria a Comissão a abrir formalmente, contra o Estado alemão, o processo de incumprimento, previsto no art.º 226.º do Tratado de Roma, a que fizemos referência *supra*, p. 65.

[35] NJW, 23, 1988, p. 1457.

em que considera ocorrer uma omissão arbitrária de reenvio (chegando a afirmar que os tribunais só ficam dispensados de reenviar quando a interpretação seja notória para qualquer jurista experimentado). São eles:

a) o caso em que o tribunal de última instância não suscita em absoluto a questão prejudicial, embora reconheça a importância do problema do Direito Comunitário para a sentença e tenha dúvidas sobre a sua aplicação;
b) o caso em que o tribunal de última instância se separa conscientemente da jurisprudência do Tribunal de Justiça, firmada sobre a questão que releva para a decisão, sem suscitar a questão prejudicial;
c) o caso em que não há jurisprudência pertinente de Direito Comunitário sobre a questão, ou, havendo, ela tenha sido exaustivamente contestada e se vislumbram posteriores desenvolvimentos da jurisprudência do Tribunal de Justiça, sem que, novamente, tenha sido suscitada uma questão prejudicial – neste caso só haverá violação do direito ao juiz legal quando eventuais posições contrárias são claramente preferíveis à opinião sustentada pelo juiz nacional[36].

No caso concreto, o *Bundesverfassungsgericht* considerou não haver arbitrariedade, uma vez que, enquadrando-se o caso na hipótese prevista nesta última alínea, não se demonstrou haver nenhuma posição *claramente preferível* à opinião do juiz[37].

Mais recentemente[38], o Tribunal Constitucional alemão recebeu a queixa constitucional interposta por uma médica à qual tinha sido negado o reconhecimento como médica de clínica geral. A recusa teve como fundamento o facto de as directivas comunitárias relevantes exigirem um período de 6 meses de estágio a tempo integral, sendo que a queixosa, por estar de licença de maternidade, tinha completado um estágio de um ano a tempo parcial. Apesar de a dúvida se ter colocado, o *Bundesverwaltungsgericht* não suscitou a questão de interpretação junto

---

[36] RICARDO ALONSO GARCÍA, *El juez español...*, cit., p. 282.
[37] Para uma análise do acórdão, V. NUNO PIÇARRA, *O Tribunal de Justiça...*, cit., p. 61 e segs..
[38] Decisão de 9 de Janeiro de 2001, BverfG EuZw, 2001, 255. e segs. –*TeilZeit Arbeit*. A decisão encontra-se no *site* do *Bundesverfassungsgericht*: www.bverfg.de. V. FELIX ARNDT, *The german federal constitutional court at the intersection of national and European law: two recent decisions*, in *G.L.J.*, 2001, n.º 11.

do Tribunal de Justiça, embora reconhecesse que estava em causa uma colisão de directivas: por um lado as directivas 86/45 e 93/16 (relativas ao exercício da medicina por médicos de outras nacionalidades), e, por outro lado, a directiva 76/207 (relativa à igualdade entre homens e mulheres). O *Bundesverfassungsgericht* concedeu o amparo com o fundamento de que o *Bundesverwaltungsgericht* não levara em conta a doutrina do Tribunal de Justiça, quer no que respeita à colisão de directivas, quer no que concerne ao princípio da igualdade de tratamento entre homens e mulheres[39].

Neste caso, o Tribunal Constitucional alemão considerou que, não havendo jurisprudência anterior do Tribunal de Justiça sobre a questão em litígio ou não se prevendo uma alteração daquela, o direito ao juiz legal só era violado se o juiz de última instância actuasse de maneira irrazoável – ou seja, se houvesse opiniões manifestamente melhor fundamentadas que a do juiz[40]. No caso concreto, o Supremo Tribunal Administrativo não levara em conta que o princípio da igualdade entre sexos, desenvolvido pelo Tribunal de Justiça, é equivalente ao princípio da proibição da discriminação consagrado na Constituição alemã. Ao invés, o Tribunal alemão tinha decidido o caso à luz da norma comunitária que não previa a situação especial das mulheres. Assim, considerou o *Bundesverfassungsgericht* que o direito fundamental da queixosa ficou *esvaziado*, uma vez que, por um lado, o Tribunal Constitucional Federal, por falta de competência, não pode exercer esse controlo material do respeito pelos direitos fundamentais e, por outro, o Tribunal de Justiça não foi chamado a fazê-lo pela via do reenvio prejudicial. Ocorreu, portanto, uma violação do direito fundamental consagrado no art.º 101.º, n.º 1, 2.ª parte, da *Grundgesetz*.

O Tribunal Constitucional aproveitou ainda para reafirmar a obrigação de os tribunais nacionais submeterem ao Tribunal de Justiça, através do mecanismo das questões prejudiciais, todos os casos nos quais um

---

[39] Sobre o princípio da igualdade entre sexos, enquanto princípio de Direito Comunitário, na jurisprudência do Tribunal Constitucional alemão, v., recentemente, o comentário de KAREN RAIBLE ao Acórdão do Tribunal de Justiça de 11 de Março de 2003 (Alexander Dory c. Alemanha, Proc. C-186/01, Col. 2003, p. I-7823), em *Compulsory Military Service and Equal Treatment of Men and Women – recent decisions of the Federal Constitutional Court and the European Court of Justice (Alexander Dory v. Germany)*, in G.L.J., vol. 04, n.º 04, 2003, pp. 299-308.

[40] Em concordância com a posição adoptada no Ac. de 9 de Novembro de 1987. V. RICARDO ALONSO GARCÍA, *El juez español...*, cit., p. 292.

acto comunitário possa ser incompatível com um direito fundamental. Se essa obrigação não for cumprida por um tribunal de última instância, surge uma violação do direito ao juiz legal, consagrado na Constituição alemã. As consequências desta afirmação são grandes, do ponto de vista da protecção dos particulares: "a qualidade de juiz legal reconhecida ao Tribunal de Justiça confere à parte vencida a possibilidade de anular o julgamento pela via do recurso constitucional por efeito da violação do direito ao juiz legal, resultante da não observação da obrigação de suscitar uma questão prejudicial ao Tribunal"[41,42].

2.4. *Apreciação*

A consideração, feita pelos Tribunais Constitucionais alemão e austríaco, do Tribunal de Justiça como juiz legal, no sentido definido pelo art.º 101.º, n.º 1, da *Grundgesetz* e 83.º, n.º 2, da Lei constitucional austríaca **transporta para o plano interno a obrigação de reenviar as questões àquele Tribunal**, merecendo a protecção conferida pelo Estado aos direitos fundamentais.

Por essa razão, o reconhecimento do Tribunal de Justiça como juiz legal não tem como efeito que todos os casos nos quais tenha havido recusa de reenvio, sendo este obrigatório, possam merecer protecção constitucional, mesmo quando constituam violação do Direito Comunitário. Na verdade, a função do Tribunal Constitucional não é a de con-

---

[41] MATTHIAS PECHSTEIN, *La constitutionnalisation du droit au juge en Allemagne,* in JOËL RIDEAU (dir.), *Le droit au juge dans l'Union Européenne,* Paris, L.G.D.J., 1998, p. 62.

[42] Também a Constituição austríaca prevê a possibilidade de interposição de recurso de amparo contra lesões de direitos fundamentais pelas entidades públicas. Assim, tal como o Tribunal Constitucional alemão, também o *Verfassungsgerichtshof* austríaco considerou, num acórdão de 11 de Dezembro de 1995, que o incumprimento da obrigação de reenvio ao Tribunal de Justiça constitui uma violação do direito ao juiz natural, previsto no art.º 83.º n.º 2 da Constituição austríaca. (B-2300/95. V. MANUEL CIENFUEGOS MATEO, *Las sentencias...,* cit., p. 550). No mesmo sentido, v. o Ac. de 26 de Junho de 1997 (B3486/96), no qual o mesmo Tribunal Constitucional considerou violada a Constituição austríaca pelo facto de o *Bundesvergabeamt* (autoridade federal competente para conhecer de recursos interpostos em matéria de adjudicação de contratos públicos que tinha já sido considerada como *órgão jurisdicional* para efeitos do art.º 234.º TCE, pela decisão do Tribunal Constitucional austríaco de 11 de Dezembro de 1995, de acordo com os critérios fixados pelo Tribunal de Justiça no acórdão *Vaassen-Göbbels* referido *supra,* p. 25) não ter submetido determinada questão prejudicial ao Tribunal de Justiça.

trolar o incumprimento do Direito Comunitário pelas instituições nacionais, mas apenas a de evitar que desse incumprimento resulte a lesão dos direitos fundamentais consagrados na Constituição. Por isso é que o Tribunal Constitucional alemão exige, para que a lesão do particular seja amparável, que a omissão de reenvio tenha sido arbitrária, requisito que **não consta do Direito Comunitário**[43].

De facto, como refere RICARDO ALONSO GARCÍA, os critérios de que o *Bundesverfassungsgericht* se serve para descortinar se houve violação do princípio do juiz legal **são os mesmos para as acções fundadas exclusivamente no direito nacional**. A violação do direito ao juiz legal está associada à violação do princípio da igualdade, pelo que só ocorrerá violação daquele princípio quando o tribunal nacional, **de forma arbitrária** (ou por manifesta irrazoabilidade), **violando o princípio da igualdade, não reenvie** a questão para o Tribunal de Justiça. Por essa razão, nem todas as questões de competência conduzem a uma violação do direito ao juiz legal; de contrário, todos os casos de incompetência teriam relevo constitucional, o que equivaleria a considerar o Tribunal Constitucional como um tribunal de recurso das decisões[44]. Esta posição do Tribunal Constitucional alemão compreende-se à luz do sistema de protecção dos cidadãos face ao Estado que aí vigora.

Em suma, os Tribunais Constitucionais alemão e austríaco aceitam a competência para fiscalizar o incumprimento do Direito Comunitário pelos tribunais nacionais, sempre que desse incumprimento tenha resultado uma lesão dos direitos fundamentais. Quando tal aconteça, a violação do art.º 234.º constitui também uma violação das suas Constituições, possibilitando à parte que tenha ficado prejudicada pela omissão de reenvio a faculdade de, mediante a queixa constitucional, obter a declaração de nulidade dos actos processuais praticados depois daquela recusa.

Na prática, não há verdadeira discordância entre a jurisprudência do Tribunal Constitucional alemão e o Tribunal de Justiça: aliás, os casos que aquele tribunal tem considerado arbitrários "estão em perfeita sintonia com a jurisprudência comunitária"[45], dado que o *teste de razoabilidade é similar*[46]. Assim, por exemplo, o Tribunal Constitucional

---

[43] O art.º 234.º refere os casos em que o reenvio é sempre obrigatório, constituindo a sua recusa uma violação daquela obrigação, quer tenha sido arbitrária ou não.

[44] Neste sentido, de modo expresso, RICARDO ALONSO GARCÍA e J. M. BAÑO LEÓN, *El recurso...*, cit., p.202.

[45] RICARDO ALONSO GARCÍA / J. M. BAÑO LEÓN, *El recurso...*, cit., p. 203-205.

[46] MANUEL CIENFUEGOS MATEO, *Las sentencias...*, cit., p. 548.

considera que não há arbitrariedade na recusa de reenvio sempre que ocorra qualquer das causas previstas no Ac. *Cilfit*[47,48].

Em todo o caso, tem havido quem defenda que os critérios para a aferição, pelo Tribunal Constitucional, da omissão de reenvio, devem ser os mesmos que o Tribunal de Justiça utiliza para verificar se houve violação do art.º 234.º, uma vez que os tribunais devem contribuir para a não responsabilização do Estado por violação do Direito Comunitário, no âmbito de uma acção por incumprimento, já que os casos de omissão de reenvio amparáveis pelo Tribunal Constitucional não esgotam todos os casos de violação daquele artigo[49]. A questão parece-nos revestir-se, por enquanto, de escasso interesse prático, dado o facto de a Comissão, pese embora nunca o tenha feito, ter afirmado que a acção por incumprimento se deveria limitar aos casos mais graves de omissão de reenvio, que parecem ser aqueles a que se refere o *Bundesverfassungsgericht*.

Por outro lado, a posição do *Bundesverfassungsgericht* reconfigurou a relação entre a jurisdição nacional e a jurisdição comunitária, entendida agora como uma única ordem jurisdicional. O Tribunal de Justiça é integrado no sistema de protecção dos direitos fundamentais, já que controla a adequação das normas comunitárias vigentes nos Estados Membros com os direitos fundamentais (daí a sua consideração como *juiz legal*, para efeitos do art.º 101.º, n.º 1, 2ª parte); o Tribunal Constitucional Federal, por sua vez, fiscaliza a actuação dos tribunais nacionais no respeito por esta qualificação do Tribunal de Justiça. Este inter-relacionamento entre as ordens jurisdicionais nacional e comunitária revela-se um importante instrumento de protecção para os particulares: assim, se bem que a protecção substantiva dos direitos fundamentais tenha como parâmetro a Constituição, a sua protecção jurisdicional, adjectiva, é repartida entre o Tribunal de Justiça e o Tribunal Constitucional. Por essa razão, CONSTANCE GREWE afirma sugestivamente que "da cooperação de jurisdições se passou para um entrelaçar de jurisprudência"[50]. O Tribunal Constitucional espanhol, pelo contrário, ao afirmar que o Direito Comunitário não constitui um critério de constituciona-

---

[47] V. MAR JIMENO BULNES, *La cuestión...*, cit., p. 317 e segs..

[48] Vejam-se as críticas atrás feitas acerca deste acórdão, designadamente o facto de, nele, o Tribunal de Justiça prever como casos de dispensa de reenvio situações que, em bom rigor, inibem a criação de uma verdadeira questão prejudicial.

[49] Assim, com exemplos, NUNO PIÇARRA, *O Tribunal de Justiça...*, cit., p. 67 e segs..

[50] *Le "traité de paix"...*, cit., p. 14.

lidade, acabou por, em consequência, retirar àquele também *relevância constitucional*[51].

A possibilidade aberta pelos Tribunais Constitucionais alemão e austríaco vem ainda reforçar a compreensão integral do reenvio prejudicial. De facto, **a exigência do requisito da *arbitrariedade* para amparar a recusa de reenvio contrasta com a consagração do reenvio como mero instrumento de uniformidade do Direito Comunitário**, uma vez que qualquer incumprimento desta obrigação, ainda que não arbitrário, constituiria um risco para aquela uniformidade. Assim, a essencialidade da arbitrariedade para a concessão de protecção constitucional só se entende se estiver em causa um direito do particular: o amparo é concedido porque o tribunal nacional, deixando de reenviar, não assegurou que a questão comunitária fosse resolvida pelo órgão competente. Por essa via consolida-se o direito à tutela jurisdicional efectiva, que exige que a decisão judicial corresponda ao final de um procedimento no qual participem todas as entidades competentes. Assim, o reenvio não existe no interesse do juiz nacional quando decide a causa. De facto, só com a consideração de que o reenvio representa um interesse do particular é que se compreende que a sua recusa gere uma violação do direito ao juiz legal. É isso que o Tribunal Constitucional alemão conclui quando afirma que "o processo prejudicial é um elemento de um litígio unitário, para cuja solução é determinante a resposta à questão prejudicial na medida em que esta seja relevante"[52].

A consideração do reenvio prejudicial como um dos elementos a levar em conta para a afirmação do direito ao juiz legal faz com que o particular passe a ter um direito de "**solicitar ao tribunal interno a submissão de uma questão prejudicial ao Tribunal de Justiça**, que aquele deverá suscitar a menos que essa questão tenha sido já objecto de interpretação por parte do Tribunal de Justiça, que não seja relevante para o caso ou que a interpretação correcta do Direito Comunitário seja tão evidente que não haja uma dúvida razoável sobre o seu alcance ou significado"[53]. Confirma-se, portanto, aquilo que atrás se afirmou: se a omissão de reenvio lesa o direito à tutela jurisdicional efectiva, então o particular adquire um verdadeiro *direito ao reenvio*. A queixa constitucional, como garantia nacional, vem, desse modo, suprir em parte a

---

[51] Assim, LUIS DIEZ-PICAZO, *El Derecho Comunitario...*, cit., p. 267.
[52] *Solange II*. V. GIL CARLOS RODRIGUEZ IGLESIAS / ULRICH WÖLKER, *Derecho comunitario, derechos fundamentales...*, cit., p. 673.
[53] A. LOPEZ CASTILLO, *La cuestión del control...*, cit., p. 223.

lacuna deixada pelo ordenamento jurídico comunitário, no que respeita ao modo de controlo da obrigação de reenvio. Ou seja, e em síntese, o reenvio prejudicial é concebido pela jurisprudência constitucional alemã como tendo uma função também subjectiva.

2.5. *A fiscalização concreta da constitucionalidade em Portugal*

O Direito português é um dos que não conhece a figura da queixa constitucional[54]. Não é possível ao Tribunal Constitucional, portanto, controlar a actividade dos poderes públicos portugueses através de uma acção interposta perante si directamente por um particular – gerando-se, aparentemente, uma maior desprotecção deste, relativamente aos nacionais de Estados onde aquele meio contencioso esteja consagrado. Para suprir esta falta, há quem defenda que a fiscalização sucessiva da constitucionalidade pode conduzir a um resultado semelhante. É o que vamos ver de seguida.

Em Portugal o direito à tutela jurisdicional efectiva encontra-se previsto genericamente, como um direito fundamental, no art.º 20.º da Constituição. Além disso, também decorre das garantias do processo penal previstas no art.º 32.º (incluindo, no seu n.º 9, o direito ao juiz legal), e, no que respeita aos direitos dos administrados perante a Administração Pública, da garantia da recorribilidade dos actos lesivos, consagrada no art.º 268.º n.º 4, ambos da Constituição.

Tal como atrás vimos, quanto ao processo por incumprimento[55], também a fiscalização da constitucionalidade pode ter dois objectos distintos.

Na realidade, há que indagar em que termos é possível requerer a apreciação da constitucionalidade das normas ordinárias nacionais (por exemplo, normas processuais) que dificultem ou impeçam os tribunais nacionais de efectuarem o reenvio, em violação do art.º 234.º do Tratado CE[56]. Vale aqui tudo o que foi referido a propósito da acção por incum-

---

[54] Embora a sua introdução tenha já sido proposta por várias vezes e por vários Autores. V., com indicações, JORGE REIS NOVAIS, *Em defesa do recurso de amparo constitucional (ou uma avaliação crítica do sistema português de fiscalização concreta da constitucionalidade)* in *Themis,* Ano VI, n.º 10, 2005.
[55] Supra, p. 58, quanto ao processo por incumprimento.
[56] Seria o caso, por exemplo, de uma norma que apenas permitisse o reenvio de questões ao Tribunal de Justiça a uma determinada categoria de tribunais.

primento, quanto à autonomia dos Estados membros no que respeita a regras processuais, mesmo quando esteja em causa, pelos tribunais nacionais, a aplicação do Direito Comunitário: esta autonomia encontra o seu limite, não só no princípio, já atrás referido, da efectividade do Direito Comunitário, como também no princípio da lealdade comunitária, consagrado no art.º 10.º do Tratado CE. Um e outro impedem que sejam aprovadas normas que tornem materialmente impossível ou gravosa a tutela comunitária.

Assim, se tiver sido aprovada uma lei que contrarie o art.º 234.º do Tratado CE, os tribunais nacionais devem recusar a aplicação dessa lei por violação directa daquele artigo. Por isso, apesar daquela lei nacional, devem utilizar o mecanismo de reenvio, dentro das possibilidades abertas pelo art.º 234.º. Dessa decisão de recusa da aplicação da lei nacional caberá recurso para o Tribunal Constitucional, nos termos do art.º art.º 70.º, n.º 1, al. i) da sua Lei Orgânica, que dispõe:

> 1. *Cabe recurso para o Tribunal constitucional, em secção, das decisões dos tribunais: (...)*
> *i) que recusem a aplicação de normas constante de acto legislativo com fundamento na sua contrariedade com uma convenção internacional, ou a apliquem em desconformidade com o anteriormente decidido sobre a questão pelo Tribunal Constitucional.*

Na sequência desse recurso, o Tribunal Constitucional deverá julgar inaplicável a norma nacional contrária à norma comunitária[57]. O fundamento do regime assim estabelecido radica, no nosso entender, no facto de ser consensual o primado das normas internacionais (*maxime,* das normas comunitárias) relativamente às normas ordinárias.

Pelo contrário, se o juiz decidir aplicar a norma nacional, não caberá recurso para o Tribunal Constitucional. Na verdade, a Constituição e a Lei Orgânica do Tribunal Constitucional apenas prevêem recurso das decisões que apliquem normas, com fundamento na sua **inconstitucionalidade**, e não na sua desconformidade com uma norma internacional. De um ponto de vista teórico poder-se-ia, é certo, conceber que a aplicação da norma nacional violava o art. 8.º, n.ºs 2 e 4, e o art. 7.º, n.º 6, da Constituição, que integram no ordenamento nacional as convenções concluídas por Portugal, incluindo, portanto, também o Tratado de Roma e o seu art.º 234.º. Qualquer acto legislativo que contrariasse o Direito

---

[57] Nesse sentido, J. J. GOMES CANOTILHO, *Direito Constitucional,* cit., p. 828.

Comunitário violaria também a Constituição, podendo a sua aplicação ser recusada pelo juiz, e declarada inconstitucional pelo Tribunal Constitucional (art.º 70.º, n.º 1, al. b) da LOTC). O problema, no entanto, configura-se como uma inconstitucionalidade indirecta, de que o nosso Tribunal Constitucional já afirmou várias vezes não conhecer[58].

Mas a fiscalização sucessiva da constitucionalidade poderia ter um segundo objecto. Na realidade, tem-se defendido que, na impossibilidade de o Tribunal Constitucional sindicar da conformidade constitucional das decisões judiciais, o procedimento de controlo das normas pode suprir a lacuna resultante da inexistência de um recurso de amparo em Portugal[59].

Segundo NUNO PIÇARRA[60], uma vez que o Tribunal Constitucional não deve fiscalizar a constitucionalidade das normas comunitárias, devido ao princípio do primado, todas as questões de desconformidade daquelas com a Constituição, que surjam no âmbito de um processo nacional, deverão ser **requalificadas como questões de invalidade das normas**. Tal conduzirá o juiz nacional à sua análise, levando-o a concluir pela sua validade, aplicando-a (possibilidade aberta, como atrás se viu,

---

[58] V., por exemplo, o Ac. do Tribunal Constitucional n.º 277/92, de 14 de Julho, ou o Ac. 326/98 de 5 de Maio, Proc. 25/97. Num outro Acórdão de 1998 (Acórdão n.º 570/98, de 7 de Outubro, Proc. 233/96), discutia-se a violação, por um decreto-lei, de um regulamento comunitário, sendo pelo requerente arguida, por essa via, a violação do art.º 8.º da Constituição. Aquele Tribunal decidiu, citando larga jurisprudência anterior: "as questões de constitucionalidade que ao Tribunal 'cumpre conhecer ao abrigo da alínea b) do n.º 1 do art.º 70.º da Lei 28/82, de 15 de Novembro, são apenas aquelas em que a norma arguida de inconstitucional viola, directa ou imediatamente, uma norma ou princípio constitucional, e não também os casos de inconstitucionalidade indirecta (ou seja, aqueles casos em que a violação da lei fundamental ocorre porque, em primeira linha, existe uma violação de um preceito de lei infraconstitucional)". No mesmo sentido, v. JORGE MIRANDA, Manual..., cit., p. 26, afirmando que "Não havendo regulamentação directa das matérias pela Constituição, não se justifica falar em inconstitucionalidade. Somente haverá inconstitucionalidade se ocorrer ofensa de outra norma constitucional (...)". Pelo contrário, a *Corte Costituzionale* italiana parece admitir que as normas nacionais que violem normas comunitárias não podem considerar-se nulas ou ineficazes mas sim constitucionalmente ilegítimas por violação do art.º 11.º da Constituição italiana (que se refere à participação do Estado italiano em organizações internacionais e, portanto, à repartição de competências que daí resulta, pelo que as normas nacionais se devem abster de contrariar aquelas). – v. Sentença n.º 170, de 18 de Junho de 1984. A este respeito v., ainda, ANTÓNIO DE ARAÚJO / MIGUEL NOGUEIRA DE BRITO / JOAQUIM PEDRO CARDOSO DA COSTA, As relações..., cit., p. 268). P. LADERCHI, *Report on Italy,* in *The European Courts...,* cit., p. 165 e segs..

[59] V., por exemplo, RUI MEDEIROS, A decisão..., cit., p. 352.

[60] *O Tribunal de Justiça...,* cit., p. 90 e segs..

pela jurisprudência *Foto-frost)*, ou a concluir pela sua invalidade, submetendo então a questão prejudicial ao Tribunal de Justiça (em obediência àquele mesmo acórdão).

Se o caso, em sede de recurso, chegar até à última instância sem que também esta promovido o reenvio, abre-se, segundo NUNO PIÇARRA, a hipótese de utilizar a fiscalização concreta da constitucionalidade como meio de garantir às partes que a questão seja resolvida pelo *juiz legal*.

Assim, o Tribunal Constitucional deverá, em sede de recurso nos termos do art.º 280.º n.º 1 al. a), sem se pronunciar sobre a constitucionalidade, revogar a decisão do tribunal nacional que deixou de aplicar uma norma, obrigando o juiz *a quo* ao reenvio. Se, pelo contrário, o juiz aplicou a norma sem reenviar ao Tribunal de Justiça, caberá a hipótese de "o interessado recorrer para o Tribunal Constitucional daquela decisão com fundamento na *interpretação inconstitucional da norma* nela aplicada, por violação, justamente, do princípio do juiz legal"[61], uma vez que o Tribunal Constitucional pode fiscalizar da constitucionalidade das normas numa certa interpretação[62], e dado o dever, que impende sobre os tribunais, de interpretar as normas do modo mais concordante possível com a Constituição. Assim, permite-se a fiscalização concreta da norma comunitária aplicada, com o fundamento de que ela foi interpretada num sentido contrário ao princípio do *juiz legal*.

A hipótese de a fiscalização concreta da constitucionalidade poder substituir o recurso de amparo através da consideração de que o não reenvio para o Tribunal de Justiça consiste numa interpretação inconstitucional da norma aplicada, porque essa interpretação viola o princípio do juiz legal, parece-nos atraente. Aliás, o próprio Tribunal Constitucional parece ter já admitido que o Tribunal de Justiça é juiz legal, quando, num Acórdão de 3 de Novembro de 1998, afirmou: "o confronto entre normas de direito interno e normas comunitárias dispõe de um mecanismo jurisdicional específico – o processo de questões prejudiciais, habitual-

---

[61] NUNO PIÇARRA, *O Tribunal de Justiça...*, cit., p. 97. Itálico no original.

[62] Por exemplo, no Ac. 353/04 de 19 de Maio de 2004 (no proc. 567/2003), o Tribunal Constitucional decidiu julgar "**inconstitucionais**, por violação do artigo 62.º, n.º 2, da Constituição da República Portuguesa, **as normas dos artigos** 3.º, n.º 2, e 5.º do Decreto-Lei n.º 468/71, de 5 de Novembro, **quando interpretados no sentido de que** a mera classificação de certos bens como do domínio público implica a sua automática transferência para tal domínio, independentemente de justa indemnização" (sublinhados nossos). V. FERNANDO ALVES CORREIA, *Os direitos fundamentais e a sua protecção jurisdicional efectiva*, in *Boletim da Faculdade de Direito* n.º 79 (2003), p. 79.

mente designado 'reenvio prejudicial' (cf. art.º [234.º] do Tratado da Comunidade Europeia) – da competência do Tribunal de Justiça das Comunidades Europeias. A necessidade de interpretação e aplicação uniforme do direito comunitário levou à construção desse importante instrumento de colaboração entre a ordem jurisdicional interna e as instâncias jurisdicionais comunitárias e **reservou ao Tribunal de Justiça das Comunidades o papel do intérprete último da vontade das instituições comunitárias, vertida nas normas de direito derivado**"[63]. Mais à frente, acrescenta: "compreendendo a ordem jurídica comunitária (...) uma instância jurisdicional precipuamente vocacionada para a sua mesma tutela (...), e concentrando ela, nessa instância a competência para velar pela aplicação uniforme e pela prevalência das suas normas, seria algo incongruente que se fizesse intervir para o mesmo efeito, e no plano interno, uma outra instância do mesmo ou semelhante tipo (como seria o Tribunal Constitucional)". **O Tribunal Constitucional, portanto, parece querer afirmar que o Tribunal das Comunidades é o único competente para decidir sobre a validade das normas comunitárias, devendo os juízes nacionais respeitar essa jurisdição. Não o fazendo, incorrem na violação do princípio do juiz legal**[64].

No entanto, admitir que em caso de recusa de reenvio ocorreu uma interpretação inconstitucional da norma aplicada, por violação do princípio do juiz legal já nos parece discutível, por várias razões.

Em primeiro lugar, nem todas as questões de validade comunitária podem ser convertidas em questões de constitucionalidade, ou vice-versa[65]. Na verdade, o fundamento de validade das normas comunitárias é diverso, encontrando-se nos próprios Tratados constitutivos, e a generalidade dos vícios de que padeçam (pense-se, por exemplo, em vícios formais) não será reconduzível a inconstitucionalidade. Assim, quando o juiz nacional deixe de aplicar a norma comunitária com fundamento na sua invalidade, não será necessariamente possível recorrer para o Tribunal Constitucional, já que o art.º 280.º n.º 1, al. a) apenas se refere à recusa de aplicação com fundamento na inconstitucionalidade: ora, os motivos de invalidade das normas comunitárias apenas por coincidência serão também motivos de inconstitucionalidade. Aliás, mesmo depois da

---

[63] Acórdão 621/98, Proc. 320/97. Sublinhado nosso.
[64] V. a análise do Acórdão em MARIA HELENA BRITO, *Relações...*, cit., p. 311.
[65] Para JORGE MIRANDA tal seria inadmissível por se traduzir numa "absorção do Direito Constitucional pelo Direito Comunitário" – *Manual...*, cit., p. 170.

introdução do art. 8.º n.º 4, a Constituição não exclui radicalmente a fiscalização da constitucionalidade das normas comunitárias[66], pelo que dificilmente se poderia conceber que o Tribunal Constitucional declinasse expressamente essa sua competência, atribuindo-a ao Tribunal de Justiça.

Por outro lado, a própria jurisprudência do nosso Tribunal Constitucional parece não permitir aquele entendimento. Na realidade, tem sido afirmado[67] que é necessário estabelecer uma fronteira entre a fiscalização da constitucionalidade da interpretação das normas e a fiscalização da constitucionalidade dos próprios actos jurisdicionais. Isto é, **sempre que a interpretação que o juiz tiver feito da norma se possa subsumir na própria norma, caberá recurso para o Tribunal Constitucional**, nos termos previstos na Constituição para a fiscalização concreta da constitucionalidade. Mas **essa interpretação pode, pura e simplesmente, consistir numa interpretação errónea da norma**, interpretação que os seus próprios termos não permitem. **Nesse caso, a norma não é, em si, inconstitucional**, e a bondade da decisão será apenas sindicável pelas normais vias de recurso, se as houver ainda.

Ora, no caso exposto acima, a norma comunitária aplicável ao litígio pode não ter qualquer conexão com o princípio do juiz legal. O Direito Comunitário foi mal aplicado porque a norma deveria ter sido interpretada pelo juiz comunitário e não pelo juiz nacional, mas não se coloca aí uma questão de inconstitucionalidade da própria norma – uma vez que **do seu conteúdo não se extrai a possibilidade de da recusa de reenvio** – mas antes de mérito da própria decisão judicial. E esta não é sindicável pelo Tribunal Constitucional, uma vez que não existe em Portugal a fiscalização da constitucionalidade de decisões judiciais, ao contrário da Espanha e da Alemanha, precisamente através da queixa constitucional. Reconhecemos, no entanto, que a distinção entre fiscalização da interpretação de normas e fiscalização dos actos jurisdicionais não é sempre evidente, mesmo para o próprio Tribunal Constitucional[68].

---

[66] Embora a questão ainda não tenha sido expressamente referida pelo Tribunal Constitucional.

[67] V. RUI MEDEIROS, A decisão..., cit., p. 334 e segs..

[68] RUI MEDEIROS, A decisão..., cit., p. 341. No sentido da difícil distinção, v. OLIVIER DUBOS, Les juridictions nationales..., cit., p. 761, afirmando que "a possibilidade oferecida aos particulares de se dirigirem directamente ao Tribunal Constitucional pode constituir um temível rival para o controlo concreto".

Aliás, o Tribunal Constitucional já teve oportunidade de se pronunciar sobre esta possibilidade, no Acórdão 476/2002[69]. Estava em causa uma recusa, pelo Supremo Tribunal Administrativo, de reenvio de uma questão prejudicial para o Tribunal de Justiça, suscitada pela parte no processo. A justificação apresentada por este Tribunal para recusar o reenvio prendia-se com o facto de se considerar plenamente esclarecido sobre o sentido da norma comunitária, pela existência de anterior jurisprudência do Tribunal de Justiça, julgando-se, por consequência, dispensado de o efectuar. A parte vencida recorreu ao Tribunal Constitucional alegando que a recusa de reenvio significava uma interpretação inconstitucional do art.º 234.º, por violação do direito ao juiz legal. O recurso não foi admitido pelo Supremo Tribunal Administrativo, uma vez que este considerou que "a norma do art.º 234.º do Tratado de Roma não tem como padrão de validade a CRP (...). apontando-se como único meio legal de reagir (...) uma queixa à Comissão Europeia para efeitos de acção por incumprimento decorrente de responsabilidade internacional do Estado Português"[70]. O Supremo Tribunal Administrativo considerava, no fundo, que o recurso interposto pela parte tinha apenas como fundamento a recusa de reenvio por parte daquele Tribunal. Não obstante, a parte reclamou deste despacho para o Tribunal Constitucional.

No âmbito da reclamação, foi ouvido o Ministério Público, cuja posição viria a ser acolhida pelos juízes do Tribunal Constitucional. Nela se afirmava que "ao contrário do que se sustenta na reclamação deduzida, o que o reclamante verdadeiramente pretende questionar não é obviamente a **constitucionalidade** de uma **norma de direito internacional convencional** mas o invocado **não acatamento** de tal **norma** do Tratado de Roma pelo Tribunal 'a quo': toda a linha argumentativa expendida pelo reclamante visa, afinal, demonstrar que a **interpretação** que o Supremo Tribunal Administrativo fez do preceito contido no art.º 234.º do Tratado de Roma não é a que corresponde ao **verdadeiro e correcto sentido** de tal norma, já que deveria ter sido determinado o pretendido **reenvio prejudicial** que a decisão impugnada rejeitou. Ora, como é evidente, não cabe no âmbito da competência do Tribunal Constitucional, no quadro do recurso tipificado na **alínea b)** [do n.º 1 do art.º 70.º da Lei do Tribunal Constitucional], sindicar da correcção com que

---

[69] Acórdão de 20 de Novembro, no Proc. 449/02. Mais recentemente, e no mesmo sentido, V. o Ac. 510/04, de 13 de Julho de 2004, no Proc. 564/04.
[70] Ponto 5 do Ac. de 20 de Novembro de 2002.

os tribunais situados em cada ordem jurisdicional **interpretam** e **aplicam** as **normas do direito internacional convencional**. [71]".

O Tribunal Constitucional acabou, pois, por dar razão ao Supremo Tribunal Administrativo, indeferindo a reclamação, uma vez que entendeu que os Juízes daquele Tribunal tinham justificado fundadamente os motivos que levavam a não reenviar a questão para o Tribunal de Justiça, sobretudo o facto de existir jurisprudência anterior do Tribunal de Justiça naquela matéria, o que dispensava o reenvio. Ora, o Tribunal Constitucional decidiu que **o que era contestado pela requerente era a própria decisão judicial de não reenvio e não a interpretação da norma**. Tal como afirmámos atrás, a recusa de reenvio corresponde, quando muito, a uma interpretação errónea do art.º 234.º e não a uma sua interpretação inconstitucional, já que da previsão da norma não resulta a interpretação que lhe foi atribuída. Assim, lê-se no Acórdão, "a questão posta pela sociedade reclamante não pode ser de 'interpretação inconstitucional' mas tão só de eventual 'não acatamento de tal norma do Tratado de Roma pelo Tribunal *a quo*".

Esta solução do Tribunal Constitucional corresponde, no fundo, a uma recusa da posição acima descrita. Há que compreendê-la, no entanto, à luz da diferente natureza da jurisdição constitucional portuguesa em relação às suas congéneres alemã e austríaca. Na verdade, para o nosso Tribunal, a questão foi colocada numa perspectiva de controlo das normas aplicáveis ao caso, pelo que, estando em causa a aplicação de uma norma comunitária, o Tribunal considerou que o recurso estava limitado à questão do seu cumprimento, e não à bondade da sua aplicação, que foi, no fundo, o que os Tribunais alemão e austríaco puderam julgar, de acordo com a possibilidade de fiscalizarem o exercício da própria função jurisdicional. Desse modo, visto que o art.º 234.º contém uma obrigação que faz parte de um instrumento de direito internacional, só nesse ordenamento é que se encontram os critérios para aferir daquele cumprimento (daí a afirmação, feita pelo Tribunal Constitucional, segundo a qual o acórdão recorrido "aderiu a uma interpretação não literal do art.º 234.º, que vem sendo, de resto, e de há muito, a generalizada corrente sufragada pelo Tribunal de Justiça") e as sanções em caso de incumprimento ("o único meio legal de reagir [entenda-se, no caso de errada análise dos pressupostos de que depende a decisão de reenvio] será uma queixa à Comissão Europeia para efeitos de acção por incumprimento decorrente de responsabilidade internacional do Estado Português").

---

[71] Ponto 2 do mesmo Acórdão. Sublinhados no original.

É claro, no entanto, que os recorrentes não afirmaram expressamente que o que pretendiam discutir era o próprio cumprimento do art.º 234.º, já que, resumindo-se o caso, então, a uma questão de competência, o seu conhecimento não pertenceria ao Tribunal Constitucional. Não obstante, é evidente que aquilo que se pretendia com o recurso era precisamente **obter deste Tribunal, à luz dos critérios constitucionais de interpretação do princípio do juiz legal** (esta sim, da competência do Tribunal Constitucional), **uma via nacional de garantia daquela obrigação comunitária**. O Tribunal Constitucional distinguiu claramente que o que estava aqui em causa não era a fiscalização da própria norma, mas sim o mérito da decisão judicial. Assim, "o recurso das decisões dos tribunais que apliquem norma cuja inconstitucionalidade haja sido suscitada durante o processo não funciona (...) como um sucedâneo perfeito da acção constitucional de defesa dos direitos fundamentais, não cobrindo, por exemplo, as situações em que a própria decisão jurisdicional viola o princípio constitucional da igualdade ou em que o tribunal *a quo* ofende direitos fundamentais processuais"[72].

2.6. *Contributo das soluções constitucionais para a definição da função subjectiva do reenvio prejudicial*

Como vimos, as soluções que, ao nível da garantia da Constituição são propostas como meio de protecção dos administrados comunitários (recurso de amparo e queixa constitucional, por um lado, e fiscalização da constitucionalidade, por outro) têm como inconveniente (decorrente da sua própria natureza de soluções constitucionais) o facto de terem, como **único fundamento, o direito nacional,** e estarem dependentes, portanto, dos **critérios, princípios e até procedimentos nacionais** para garantia dos direitos reconhecidos também no ordenamento nacional. Assim, embora esteja em causa o cumprimento, pelas entidades públicas, de uma obrigação comunitária, os meios nacionais não constituem verdadeiros métodos de protecção dos administrados comunitários enquanto tais, mas como cidadãos nacionais cujos direitos fundamentais (porque reconhecidos no direito nacional e não no Direito Comunitário) foram violados.

Por outro lado, através destas soluções, **o juiz nacional (constitucional) não se revela como verdadeiro** *juiz comunitário,* já que o que

---

[72] RUI MEDEIROS, *A decisão...*, cit., p. 353.

ele julga é da violação de um direito conferido pelo ordenamento nacional. A obrigação de reenvio, tal como se encontra prevista nos Tratados, não atribui aos tribunais nacionais, *maxime* ao Tribunal Constitucional, a possibilidade de controlar o cumprimento das obrigações comunitárias.

Por fim, são soluções que em última análise conduzem à **desigualdade entre cidadãos comunitários:** eles ficam dependentes dos meios de protecção existentes em cada Estado, conduzindo ao tratamento diferenciado de situações idênticas[73]. Por isso se tem proposto uma harmonização mínima das regras procedimentais nacionais, que acompanhe a harmonização dos direitos dos Estados membros – já que "é inútil ter um direito sem uma protecção eficaz"[74] –, mesmo se os tribunais se tiverem de servir de alguns critérios concedidos pela jurisprudência do Tribunal de Justiça para aferir quando é que houve incumprimento daquela obrigação.

3. A responsabilidade do Estado por actos jurisdicionais

A responsabilidade do Estado pelo incumprimento do Direito Comunitário[75] corresponde a uma das mais sensíveis questões daquele ordenamento, uma vez que ela decorre directamente do problema do seu primado em relação aos ordenamentos nacionais. De facto, o seu fundamento encontra-se no respeito pela ordem jurídica comunitária, ou seja, na primazia desta sobre o direito nacional[76], o que constitui ainda uma *vexata quaestio* entre os Estados. Por essa razão, tardou o reconhecimento da responsabilidade do Estado pelo incumprimento do Direito Comunitário, deixando os lesados à mercê dos regimes de responsabilidade existentes em cada Estado[77].

---

[73] FERNANDO ALVES CORREIA considera que não existe em Portugal uma diminuição de garantias, apesar da inexistência da figura da queixa constitucional. V. *Os direitos fundamentais...,* cit., p. 79

[74] DENIS WAELBROECK, *Vers une harmonisation des règles procedurales nationals?*, in DONY, Marianne / BRIBOSIA, Emmanuelle, *L'avenir du système juridictionnel de l'Union Européenne,* Bruxelles, Éditions de l'Université de Bruxelles, 2002, p. 68.

[75] V. HENRI LABAYLE, *L'effectivité...,* cit., p. 636 e segs..

[76] Nesse sentido, DOMINIQUE BLANCHET, *L'usage...,* cit., p. 400.

[77] Para um resumo do modo como alguns Estados estabeleceram regimes de responsabilidade pela violação do Direito Comunitário ainda antes de esta ter sido estabelecida pelo Tribunal de Justiça v. MARTA MACHADO RIBEIRO, *Da responsabilidade do Estado pela violação do Direito Comunitário,* Coimbra, 1996, p. 49 e segs..

É certo, no entanto, que a integração jurídica comunitária (e até o princípio da primazia), incluindo os meios de reacção possíveis contra a violação do Direito Comunitário por parte dos Estados Membros, sempre se fizeram no sentido da protecção dos indivíduos. Assim, não é de estranhar que se viesse efectivamente a consagrar esta responsabilidade, que, por contraste com a acção por incumprimento, se encontra aberta aos particulares.

3.1. *O acórdão Francovich*

O acórdão *Francovich*[78], pondo fim a esta tensão, representou um dos grandes sinais de preocupação do Tribunal de Justiça com os particulares, no que respeita ao incumprimento do Direito Comunitário pelos Estados. De algum modo veio completar o sistema de protecção iniciado com o Acórdão *Van Duyn*[79] (que consagrara o efeito directo das directivas), criando um sistema subsidiário, aplicável quando o particular não pudesse beneficiar daquele efeito.

Da jurisprudência *Francovich* se retirou, a propósito da afirmação da responsabilidade do Estado pela não implementação das directivas, a regra geral relativa à **responsabilidade patrimonial do Estado pelo incumprimento do Direito Comunitário**, fundada no princípio da lealdade, e alicerçada na afirmação do Tribunal de Justiça segundo a qual "o **princípio da responsabilidade do Estado pelos danos causados aos particulares** pelas violações do Direito Comunitário que lhe são imputáveis **é inerente ao sistema do Tratado**".

O objectivo deste Acórdão foi, em grande parte, suprir a falta de participação dos particulares no processo de incumprimento comunitário, cujos termos já analisámos acima[80]. A responsabilidade *Francovich* atribui aos cidadãos a possibilidade de, "sem previamente obter a declaração de incumprimento do Estado, reclamar, perante os tribunais nacionais, uma indemnização do Estado por perdas e danos de acordo com o estabelecido no Direito Comunitário"[81]. Aliás, dir-se-ia mesmo que a grande diferença entre a activação da responsabilidade do Estado nos tribunais nacionais e a acção por incumprimento que corre junto do Tribunal de

---
[78] Acórdão de 19 de Novembro de 1991, no Proc. C-6/90, Col. 1991, p. I-5357.
[79] Já referido *supra*, p. 22.
[80] P. 65.
[81] FAUSTO DE QUADROS, *Responsabilidade....*, cit., p. 148.

Justiça é precisamente o facto de aquela ser uma via aberta a todos os particulares, garantindo-lhes o ressarcimento pelos danos causados por aquele incumprimento do Estado. Tal responsabilidade "tem um fundamento radicalmente diferente da responsabilidade em direito interno, pois ela é consequência directa da obrigação de respeitar a carta constitucional, que constitui o Tratado, que impende tanto sobre a Comunidade e os Estados membros como sobre os cidadãos da União"[82]. Na sequência do Acórdão *Francovich,* passam, pois, a ser os tribunais nacionais que, agindo como órgãos de Direito Comunitário, exercem a garantia dessa responsabilidade. Surge, portanto, mais uma nova função dos tribunais nacionais, que os confirma enquanto *juízes comuns de Direito Comunitário*.

Faltava, no entanto, estender aquela responsabilidade à função judicial, uma vez que o Tribunal de Justiça sempre se tinha referido directamente aos prejuízos causados por actos, contrários ao Direito Comunitário, do legislador ou da Administração Pública. Subsistia a dúvida fundada no princípio da independência do poder judicial e autoridade do caso julgado[83], encontrando-se a efectivação dessa responsabilidade dependente dos regimes instituídos em cada Estado[84].

Em bom rigor, na medida em que formulou uma regra geral de responsabilidade, o Acórdão *Francovich* não estabeleceu qualquer restrição quanto aos autores do prejuízo que o particular sofreu. Pelo contrário, nesse acórdão, e noutros que se lhe seguiram[85], o Tribunal de Justiça deixou sempre clara, embora nunca de forma expressa, a ideia de que a acção de responsabilidade é dirigida **contra o Estado entendido numa noção ampla**, ou seja, independentemente do órgão (seja de natureza

---

[82] Para Dominique Blanchet, *L'usage...*, cit., p. 400.

[83] Dúvidas essas, de resto, que existem também no plano interno dos Estados: recentemente, num Acórdão de 23 de Janeiro de 2004, o Supremo Tribunal espanhol condenou individualmente os magistrados do Tribunal Constitucional ao pagamento de uma determinada quantia, por terem recusado um pedido de amparo. O Tribunal Constitucional, em pleno, formulou uma declaração segundo a qual exprimia o seu repúdio por aquela condenação, afirmando que ela constituía uma ingerência inadmissível no poder do Tribunal.

[84] Manuel Cienfuegos Mateo, *Las sentencias...*, cit., p. 583.

[85] V.g., no Acórdão *Brasserie du Pêcheur,* de 5 de Março de 1996 (nos processos apensos C-46/93 e C-48/93, Col. 1996, p. I-1029), o Tribunal afirmou que o princípio da responsabilidade é "válido para toda a hipótese de violação do Direito Comunitário por um Estado membro, qualquer que seja o órgão do Estado membro cuja acção ou omissão esteja na origem do incumprimento".

legislativa, executiva ou judiciária) que, no caso concreto, tenha agido ilicitamente causando o dano e gerando a responsabilidade. Assim, a jurisprudência *Francovich* era, segundo grande parte da doutrina, já suficiente para responsabilizar o Estado pelos actos jurisdicionais que violassem Direito Comunitário. DOMINIQUE BLANCHET, por exemplo, afirmava que "é certo que, até hoje, o comportamento do poder judicial nacional nunca foi posto em causa no quadro de uma acção por incumprimento, dado o desejo de preservar a independência dos juízes qualquer que seja o nível em que se encontrem. No entanto, com os avanços da Comissão na prática da acção por incumprimento e as evoluções interessantes da *Cour de Cassation* francesa, cessam as dúvidas quanto à possibilidade do reconhecimento da responsabilidade do Estado pelo comportamento não conforme ao Direito Comunitário imputável a um membro do poder jurisdicional" [86]. Mais à frente, o mesmo Autor afirmava: "a autonomia institucional e processual reconhecida aos tribunais não deve ter por efeito eliminar ou enfraquecer a protecção jurisdicional dos direitos que os particulares retiram das normas comunitárias" [87]. Esta protecção jurisdicional encontrava-se, no entanto, sujeita à existência de regimes nacionais de responsabilização da função judicial[88].

3.2. *O acórdão Köbler*

Recentemente, o Tribunal de Justiça tornou expressa a extensão da responsabilidade do Estado aos actos jurisdicionais, no Acórdão *Köbler*[89]. Afigura-se-nos importante aludir aos factos que deram origem ao Acórdão.

---

[86] *L'usage...*, cit., p. 401.
[87] *L'usage...*, cit., p. 431.
[88] Assim, por exemplo, em Portugal a responsabilidade por erro judicial encontra-se genericamente prevista no art.º 22.º da Constituição, estando em discussão um novo projecto sobre a responsabilidade extra-contratual do Estado; em Itália, a Lei 177/88, de 13 de Abril, regula à reparação dos danos ocasionados no exercício das funções judiciais e a responsabilidade civil dos magistrados; em Espanha parece ser admissível uma acção de responsabilidade do juiz, nos termos dos art.ºs 405.º da LOPJ, 1902.º do Codigo Civil e 757.º e segs. da *Ley de Enjuiciamiento Criminal*. Na Holanda, por seu lado, concebeu-se uma solução interessante, com a possibilidade de, havendo uma declaração de incumprimento do Estado holandês no Tribunal de Justiça, poder o particular intentar uma acção de responsabilidade do Estado em tribunais nacionais – v. MANUEL CIENFUEGOS MATEO, *Las sentencias...*, cit., p. 525.
[89] 30 de Setembro de 2003, no proc. C-224/01, Col. 2003, p. I-10239..

Gerhard Köbler, austríaco, que exercia funções de docência universitária há mais de 15 anos, contando com os anos que tinha estado noutros Estados da Comunidade, solicitou um subsídio de antiguidade junto da Administração austríaca, ao abrigo de uma lei austríaca. Tal subsídio foi recusado, com fundamento de que a atribuição do subsídio de antiguidade estava dependente dos serviços prestados exclusivamente a universidades austríacas, não chegando *Gerhard Köbler* a perfazer aqueles 15 anos. Ora, a exigência de 15 anos de serviço na Áustria era, segundo *Köbler*, uma **discriminação indirecta,** que violava o ordenamento comunitário, o que o levou a recorrer contenciosamente daquela decisão de indeferimento, tendo o processo subido até à última instância.

O *Verwaltungsgerichtshof*, decidindo em sede de recurso, suscitou então ao Tribunal de Justiça uma questão prejudicial de interpretação das normas comunitárias, tendo este remetido a solução para um seu acórdão anterior, que resolvera uma questão de teor semelhante. O tribunal austríaco retirou o pedido, e decidiu contra *Köbler*, afirmando que o subsídio de antiguidade é um prémio de fidelidade, justificando uma derrogação às regras da livre circulação de trabalhadores. Considerando que tal violava a orientação do Tribunal de Justiça firmada no Acórdão por este indicado, *Gerhard Köbler* **intentou uma acção de indemnização contra o Estado austríaco** a fim de ser ressarcido do prejuízo sofrido devido ao não pagamento de um subsídio especial de antiguidade, **alegando que o tribunal austríaco violara disposições do Direito Comunitário no sentido em que elas já haviam sido interpretadas pelo Tribunal de Justiça**. O tribunal que decidiu a questão submeteu, então, ao Tribunal de Justiça a seguinte questão: "deve a jurisprudência do TJ segundo a qual se pode imputar ao Estado a responsabilidade por violação do Direito Comunitário pelos tribunais nacionais, aplicar-se também no caso de um acto considerado contrário ao Direito Comunitário ser uma decisão de um tribunal superior de um Estado Membro?". É interessante analisar a posição expressa pelos vários intervenientes no processo prejudicial. De resto, a participação activa dos Estados e da Comissão reflecte, de alguma forma, a delicadeza do assunto.

O Estado austríaco, por exemplo, tal como o Estado francês[90], alegaram que a decisão de um órgão jurisdicional de última instância não pode dar origem à responsabilidade do Estado, devido à autoridade do

---

[90] Há que recordar que o Estado francês tem escapado ao reenvio através da teoria do acto claro, portanto, tem interesse na não adopção do princípio da responsabilidade dos Estados.

caso julgado, à segurança jurídica e à independência do poder judicial. Argumentaram, além do mais, que a responsabilidade do Estado é paralela à prevista no art.º 288.º TCE quanto à responsabilidade das Instituições Comunitárias. Ora, como não se pode extrair daquele artigo a responsabilidade do Tribunal de Justiça, órgão jurisdicional comunitário (porque ele seria simultaneamente juiz e parte), também não deve ser possível assacar ao Estado a responsabilidade pelos actos dos seus tribunais, que são órgãos independentes. É de realçar, por curiosidade, que o Estado austríaco afirmou ainda que "o art.º 234.º não se destina a conferir direitos aos particulares. Com efeito, no âmbito de um processo prejudicial pendente no Tribunal de Justiça, as partes no processo principal não podem modificar as questões prejudiciais nem fazê-las declarar desprovidas de objecto (...). Só a violação de uma disposição destinada a conferir direitos aos particulares seria eventualmente susceptível de dar origem à responsabilidade dos Estados Membros. Assim, esta não poderia resultar de uma violação do art.º 234.º TCE por um órgão jurisdicional decidindo em última instância". Não deixa de causar estranheza esta posição do Estado austríaco, uma vez que, como vimos, a jurisprudência do *Verfassungsgerichtshof* tem determinado que a recusa de reenvio por um tribunal austríaco pode ser fundamento para a concessão de amparo a um particular, por se considerar que ficou violado o direito ao juiz legal.

Outros Estados (como o alemão e o holandês), embora admitindo, em geral, a responsabilidade do Estado por actos jurisdicionais, consideraram que ela se deve limitar aos casos em que a decisão **infringe de forma especialmente grave e manifesta o Direito Comunitário aplicável, e só quanto a decisões insusceptíveis de recurso**. Para o Estado alemão, aliás, a violação só é grave e manifesta quando a solução do tribunal seja *objectivamente indefensável* e *subjectivamente intencional*[91]. O Reino Unido, aliás, defendeu que a Coroa só poderia ser responsabilizada em caso de violação de um direito fundamental que a própria Convenção Europeia dos Direitos do Homem protegesse. Na verdade, como afirmou, aceitar aquela responsabilidade do Estado, implicaria que o Tribunal de Justiça poderia ser chamado, a título prejudicial, a pronunciar-se sobre a exactidão das decisões dos órgãos jurisdicionais, apreciando

---

[91] Note-se que esta posição está, em tudo, em perfeita consonância com a corrente adoptada pelo Tribunal Constitucional Federal Alemão quanto às condições de admissibilidade da queixa constitucional, nas quais se incluem, como vimos, a exigência de que aquela violação tenha sido arbitrária, e a constatação de que outra solução seria claramente preferível.

eventuais erros destes, se fossem suscitadas questões prejudiciais no âmbito da própria acção de responsabilidade, o que seria intolerável na perspectiva das relações entre aquele Tribunal e os tribunais nacionais.

Todas as dificuldades levantadas pelos Estados foram ultrapassadas pelos Tribunal de Justiça, no caso em apreço.

Na verdade, depois de reafirmar a sua jurisprudência anterior sobre a responsabilidade dos Estados por violação do Direito Comunitário, o Tribunal de Justiça decidiu que o princípio da responsabilidade é válido para qualquer violação, independentemente da entidade do Estado Membro que gerou o incumprimento, incluindo também, portanto, os órgãos jurisdicionais, sobretudo aqueles de cujas decisões não cabe recurso, pois "os particulares não podem ser privados da possibilidade de accionarem a responsabilidade do Estado a fim de obterem por este meio uma protecção jurídica dos seus direitos".

De seguida, respondendo aos Estados que invocavam, contra a responsabilidade do Estado, a autoridade do caso julgado, o Tribunal afirmou que a acção de responsabilidade não pretende atacar os actos definitivos. Pelo contrário, aquela responsabilidade só é possível precisamente porque o acto lesivo se consolidou e é, portanto, inatacável. Assim, **a responsabilidade do Estado é uma via alternativa, já que o respeito pelo caso julgado torna impossível a reconstituição *in natura*, mantendo-se aberta a via sucedânea da mera compensação do particular**. "Um processo destinado a responsabilizar o Estado não tem o mesmo objecto e não envolve necessariamente as mesmas partes que o processo que deu origem à decisão que adquiriu a autoridade de caso definitivamente julgado". Por fim, quanto ao argumento da irresponsabilidade e independência do poder judicial, disse o Tribunal que não é a responsabilidade pessoal dos juízes que é accionada, mas a do próprio Estado. A responsabilidade baseia-se, portanto, na vasta jurisprudência do Tribunal sobre a noção ampla de Estado, quanto aos responsáveis pelo cumprimento das normas comunitárias. De resto, considera o Tribunal, o sistema é semelhante ao instituído pela Convenção Europeia dos Direitos do Homem, cujo art.º 41.º prevê a condenação do Estado no pagamento de uma indemnização ao lesado, pela prática de actos contrários aos direitos fundamentais, incluindo, segundo a jurisprudência do Tribunal Europeu dos Direitos do Homem, os actos lesivos praticados no exercício da função jurisdicional[92].

---

[92] O Tribunal de Justiça refere o Ac. *Dulaurans c. França, de 21 de Março de 2000,* do Tribunal Europeu dos Direitos do Homem.

Note-se que o fundamento da responsabilidade dos Estados encontra-se no Direito Comunitário, embora caiba aos tribunais nacionais, enquanto juízes de Direito Comunitário, garantirem a efectivação dessa responsabilidade. O Tribunal de Justiça várias vezes afirmou que "compete à ordem jurídica interna de cada Estado Membro definir as jurisdições competentes e regular as formas processuais de acção em juízo destinadas a assegurar a salvaguarda dos direitos que os particulares retiram do efeito directo do direito comunitário"[93]. Portanto, cabe a cada Estado, no respeito pela sua autonomia processual, assegurar as vias de direito adequadas a efectivar esta responsabilidade sem pôr em causa a efectividade do Direito Comunitário.

3.3. Pressupostos da responsabilidade

Para além de ter afirmado que o fundamento da responsabilidade é de Direito Comunitário, o Tribunal desenvolveu ainda os **critérios** de aferição desta responsabilidade[94] foram definidos pelo próprio Tribunal, primeiro no Acórdão Francovich, mas, sobretudo, nos Acórdãos *Brasserie du Pêcheur*[95] e *Factortame*[96], e agora no acórdão *Köbler*. Mais uma vez, o Direito Comunitário serve-se de conceitos com larga tradição nacional, convertendo-os em conceitos comunitários[97]. Além disso, o Tribunal de Justiça acrescentou que, se de acordo como o direito nacional o Estado também puder incorrer em responsabilidade, em termos mais favoráveis para o lesado (por exemplo, exigindo requisitos menos apertados), será este o direito aplicável[98].

---

[93] Ac. *Rewe*, referido *supra*, p. 98.

[94] Sobre as condições da responsabilidade, v. GEORGES VANDERSANDEN / MARIANNE DONY (org.), *La responsabilité des États Membres en cas de violation du droit communautaire*, Bruylant, Bruxelles, 1997, p. 27 e segs.; ARACELÍ MARTÍN / DIEGO NOGUERAS, *Instituciones...*, cit., p. 223 e segs..

[95] Referido *supra*, p. 168.

[96] Referido *supra*, p. 125.

[97] O mesmo sucedeu, por exemplo, quanto à possibilidade de os Estados decretarem providências cautelares com fundamento no Direito Comunitário. V. Ac. *Zuckerfabrik*, referido *supra*, p. 125.

[98] V. o Acórdão *Brasserie du Pêcheur* (*supra* citado, p. 168), ponto 66.

3.3.1. *Decisão de um órgão jurisdicional que decide sem hipótese de recurso*

Segundo o Tribunal de Justiça, nem todos os casos de omissão de reenvio dão origem a responsabilidade do Estado.

Esta posição do Tribunal compreende-se, uma vez que está em causa fixar o que há de comum em todos os casos em que os tribunais tenham violado o Direito Comunitário, e que não se esgotam na omissão de reenvio: designadamente quando aqueles não tenham aplicado a norma comunitária apropriada ao caso, quando não lhe tenham reconhecido determinado efeito, ou quando tenham aplicado uma norma nacional em substituição daquela (em violação do princípio do primado).

Para o Tribunal de Justiça, a violação do Direito Comunitário é mais grave quando se tornou definitiva, ou seja, quando sobre ela se formou caso julgado. Assim se deve compreender este requisito do Tribunal. Eventualmente ficarão de fora, portanto, os casos em que o tribunal nacional desconheceu a obrigação criada pelo Acórdão *Foto-frost* (que determinou, como vimos, a impossibilidade de o tribunal nacional declarar a invalidade de uma norma comunitária mesmo se não decide em última instância), na medida em que, enquanto couber recurso daquela decisão, o tribunal superior tem oportunidade de suscitar ele a questão da validade ao Tribunal suprindo a omissão do tribunal inferior.

Entenda-se aqui, para fechar o círculo, que, à luz de uma leitura coerente com a *teoria do litígio concreto,* o dano existe para o particular sempre que ele já não possa recorrer da decisão, independentemente de saber se as decisões do tribunal autor do facto lesivo são, regra geral, recorríveis.

3.3.2. *A regra de Direito Comunitário violada destina-se a conferir direitos aos particulares*

Esta exigência corresponde a um requisito geral da responsabilidade gerada pelo incumprimento do Direito Comunitário por parte dos Estados, embora tenha, quanto a nós, de manifestar a sua especificidade quando aplicável à função jurisdicional, nomeadamente, se a infracção consistiu na recusa de reenvio. Na verdade, parece evidente que o particular só se pode considerar verdadeiramente lesado pela actuação do Estado se se concluir que a observância, por este, das normas comunitárias, lhe traria algum benefício ou se delas pudesse retirar um interesse legítimo[99].

---

[99] TAKIS TRIDIMAS, *The General Principles...,* cit., p. 316.

No entanto, a nosso ver, este requisito deverá ser entendido de forma mais flexível se o que está em causa é a omissão de reenvio. Nesse caso, deve bastar, para configurar um problema de responsabilidade do Estado, que a norma comunitária cuja interpretação ou apreciação de validade não foi pedida ao Tribunal de Justiça **seja pertinente para a resolução do caso**. É esta, parece-nos, a única solução coerente, já que a determinação do efeito da norma (incluindo uma eventual atribuição de direitos) resultaria do próprio reenvio que não foi efectuado. A pertinência da norma em vista do resultado final é suficiente para que o juiz deva reenviar, porque ela cria para o particular um verdadeiro interesse no reenvio, cujo desconhecimento pode causar prejuízos àquele. Em alternativa, poder-se-ia admitir que a norma violada pode ser o próprio art.º 234.º, cujo cumprimento é um meio de protecção dos particulares, como vimos acima.

3.3.3. Violação suficientemente caracterizada

Não é qualquer violação de uma norma que gera responsabilidade, é necessário que se trate de uma violação grave. Ora, a violação será suficientemente caracterizada atendendo também ao grau de prejuízo sofrido pelo particular.

Por outro lado, a responsabilidade dos Estados não exige como requisito o elemento subjectivo[100], o que resultou do Acórdão *Brasserie du Pêcheur*, tendo o Tribunal de Justiça considerado que a culpa é sinónimo de comportamento ilícito[101]. Nesse Acórdão, o Advogado-Geral TESAURO afirmou: "se a *norma agendi* é uma norma de resultado, não existe qualquer margem para condicionar a emergência de uma situação de responsabilidade à existência de uma conotação subjectiva da conduta

---

[100] V. MIGUEL GORJÃO HENRIQUES, *Direito Comunitário*, cit., p. 299. RUI MEDEIROS, *Responsabilidade Civil dos Poderes Públicos*, Lisboa, 2005, p. 21. Admitindo a responsabilidade pelo risco, V. SANTIAGO MUÑOZ MACHADO, *La responsabilidad extracontratual de los poderes publicos en el derecho comunitario europeo*, in *El derecho comunitario europeo...*, cit., p. 136-137. Em sentido contrário, MARTA MACHADO RIBEIRO, *Da responsabilidade do Estado...*, cit., p. 104.

[101] Sobre a analogia desta responsabilidade extracontratual do Estado pela violação do Direito Comunitário com a do sistema jurídico francês no que respeita à inexistência de *culpa* (pelo princípio segundo qual toda a ilegalidade constitui uma *faute*), v. DOMINIQUE BLANCHET, *L'usage...*, cit., p. 413 e SANTIAGO MUÑOZ MACHADO, *La responsabilidad...*, cit., p. 137.

do Estado qualificável como culpa, na acepção anteriormente precisada. A violação, em resumo, o ilícito, verifica-se no momento em que o Estado não conseguiu realizar o resultado pretendido pela norma. A responsabilidade do Estado existe, objectiva, sem culpa ou como se queira denominar" [102]. Basta, por conseguinte, que seja uma falta grave[103].

3.3.4. *Dano sofrido pelo lesado e nexo de causalidade adequada entre a violação e o dano*

Estes são requisitos genéricos da responsabilidade, que não trazem novidades no plano da responsabilidade por actos jurisdicionais. Revelam-se, no entanto, sobretudo o nexo de causalidade, difíceis de preencher. Na verdade, é necessário ao particular provar que a omissão de reenvio foi responsável pelos danos sofridos, o que pode ser difícil, dada a incerteza sobre qual seria a resposta do Tribunal de Justiça, não necessariamente favorável à parte. De facto, em concordância com o que acima afirmámos, o particular é apenas titular do interesse em que a decisão seja formulada, pelo tribunal nacional, de acordo com as regras aplicáveis e, portanto, com a intervenção do Tribunal de Justiça, independentemente de o resultado dessa intervenção lhe ser favorável.

Assim, o nexo de causalidade adequada será mais facilmente descortinável no caso em que o tribunal nacional se tenha afastado da orientação assumida pelo Tribunal de Justiça do que pura e simplesmente se tiver omitido o reenvio, porque, naquele caso, o particular poderá afirmar que contava já com uma determinada solução, resultante daquela orientação do Tribunal de Justiça.

3.4. *Responsabilidade pela omissão de reenvio: apreciação*

Em suma, parece-nos que deverá existir responsabilidade do Estado pela omissão de reenvio quando:

a) o tribunal nacional de última instância tiver tido dúvidas de interpretação de uma norma, não tiver reenviado a questão para o Tri-

---

[102] Nas suas conclusões apresentadas no Proc. *Brasserie du Pêcheur,* já referido *supra,* p. 168.
[103] Nesse sentido, GEORGES VANDERSANDEN / MARIANNE DONY, *La responsabilité...,* cit., p. 53; FAUSTO DE QUADROS, *Responsabilidade...,* cit., p. 151.

bunal de Justiça, e a decisão se revele claramente incompatível com jurisprudência deste Tribunal, ou com princípios comunitários basilares[104];

b) o tribunal nacional de última instância tiver deixado de aplicar uma norma comunitária por considerá-la inválida, sem ter previamente reenviado a questão ao Tribunal de Justiça, ou por ser incompatível com uma norma nacional, não sendo aqui necessário indagar do resultado material da decisão, por parecer haver uma expectativa do particular na aplicação da norma, dada a presunção de legalidade de que aquelas gozam;

c) o tribunal de última instância tiver aplicado uma norma já considerada inválida pelo Tribunal de Justiça, por nos parecer que fica posto em causa o princípio da igualdade entre os cidadãos comunitários.

Que dizer da posição do Tribunal de Justiça firmada no Acórdão *Köbler*?

O princípio da responsabilidade patrimonial do Estado pelas violações do Direito Comunitário imputáveis aos tribunais poderá assumir uma grande importância para os casos em que não existam meios de responsabilização do poder judicial previstos no direito interno.

Na verdade, a responsabilidade do Estado encontra o seu **fundamento no Direito Comunitário,** pelo que é independente da existência daquela responsabilidade a nível interno. Assim, fica em parte compensada a desigualdade, entre os cidadãos comunitários, gerada pelos diferentes mecanismos de protecção nacional dos direitos conferidos pelo Direito Comunitário[105]: se os direitos nacionais não são uniformes, e a efectivação dos direitos reconhecidos pelo Direito Comunitário está dependente dos mecanismos e das formas de protecção nacional, então a via da responsabilidade pode ser uma boa solução[106].

---

[104] Poder-se-ão incluir aqui os casos nos quais os tribunais nacionais tenham feito uso abusivo da teoria do acto claro, chegando-se, no fundo, a uma denegação de justiça. V. DOMINIQUE BLANCHET, *L'usage*..., cit., p. 418.

[105] Desigualdade de que falava MANUEL CIENFUEGOS MATEO (*Las sentencias*..., cit., p. 583), antes deste acórdão *Köbler*.

[106] Ainda que, como propõe PETER WATTEL (*Köbler, Cilfit and Welthgrove: we can't go on meeting like this*, in *C.M.L.R.* 41, 2004, p. 186) os Estados devessem criar um regime processual específico para julgar da responsabilidade dos tribunais por incumprimento do Direito Comunitário, para evitar que o tribunal a julgar da responsabilidade venha a ser o mesmo que aquele que causou o dano.

Se, como vimos, na Alemanha e na Áustria a protecção conferida é constitucional, conduzindo ao mesmo resultado da restituição natural (uma vez que determina a anulação da sentença proferida em violação do direito ao juiz), já noutros Estados restará aos particulares a via da compensação por equivalente.

É evidente que o facto de a acção correr no direito nacional tem como inconveniente que a sua eficácia e disponibilidade dependem desse Direito. É de chamar à colação novamente o princípio da equivalência ao qual fizemos referência acima. De facto, como notam ARACELÍ MARTÍN / / DIEGO NOGUERAS, "na prática, não se resolvem com tanta facilidade – como o faz o Tribunal de Justiça nas suas afirmações teoricamente progressistas – os problemas reais dos cidadãos perante uma infracção do Estado (...). Primeiro, têm de iniciar um processo reclamando os direitos que lhes confere a norma comunitária (...), depois têm que iniciar outro processo para demonstrar a relação de causalidade (...). Necessitarão de um grande património para suportar tantos processos, muitíssima sorte para ter um bom juiz... e paciência para esperar pelo pagamento da indemnização do Estado"[107].

A responsabilidade dos poderes públicos é, em Portugal, uma exigência constitucional. O art.º 22.º da Constituição consagra-a, em termos gerais, e os arts. 27.º, n.º 5, e 29.º, n.º 6, aplicam-na às garantias em processo penal. O seu regime, definido no Decreto-Lei 48051, de 1967, encontra-se, no entanto, ultrapassado, tornando necessária a reforma que resulta já da proposta de lei sobre a responsabilidade civil dos poderes públicos. Nesta reforma se prevê já o erro judiciário como motivo de responsabilidade extracontratual do Estado, sendo certo que, no entanto, só um erro manifesto é que poderá fundamentar aquela responsabilidade, novamente em respeito pela independência do poder judicial[108]. Compreende-se, então, a importância da consagração do princípio da responsabilidade por violação do Direito Comunitário, que permite que não se tenha de aguardar pela aprovação do projecto, e garante que o regime de responsabilidade aplicável seja o mais favorável.

---

[107] *Instituciones...*, cit., p. 224.

[108] Poder-se-á incluir dentro deste *erro manifesto* a possibilidade de *denegação de justiça*. LUÍS CATARINO inclui dentro da denegação de justiça toda a "recusa de acesso ao Tribunal de um pedido justiciável" (*Responsabilidade por facto jurisdicional – contributo para uma reforma do sistema geral da responsabilidade civil extracontratual do Estado*, in *Responsabilidade Civil extracontratual do Estado (trabalhos preparatórios da reforma)*, Coimbra, Coimbra Editora, 2002, p. 273): eventualmente poderá aqui caber a recusa de reenvio para o Tribunal de Justiça.

O Acórdão *Köbler* pode ainda revelar-se importante no que respeita ao futuro da acção por incumprimento. Na verdade, levantado o véu da independência dos juízes, fica mais facilitada a abertura para a condenação do Estado pelos actos contrários ao Direito Comunitário, levados a cabo pelo poder judicial. Fica por resolver apenas a questão da inexistência de hierarquia entre o Tribunal de Justiça e os tribunais nacionais.

Resta ainda resolver uma última questão: será a responsabilidade do Estado cumulável com as outras formas de protecção dos particulares em caso de incumprimento do Direito Comunitário? A questão revela-se de uma grande importância, já que se torna necessário definir se a utilização desta via é possível mesmo nos Estados que prevejam a figura da queixa constitucional.

À partida, impor-se-ia a resposta negativa: na verdade, as outras formas de tutela a que nos referimos (designadamente, a queixa constitucional ou o recurso de amparo) colocam o lesado na mesma situação em que ele estaria se não tivesse ocorrido o facto lesivo, anulando a sentença do tribunal autor do dano e obrigando à repetição dos actos em falta. Assim, em caso de omissão de reenvio, o acolhimento da queixa constitucional tem como consequência que os actos praticados pelo tribunal nacional que sejam consequência daquela omissão são anulados e devem ser repetidos com a observância da obrigação de reenvio. Esta solução é a mais favorável, uma vez que para o particular tudo se resolve como se não tivesse ocorrido aquela primeira omissão. A responsabilidade prevista no Acórdão *Köbler*, por seu lado, parece supor que não se atingiram os objectivos visados pela *norma que confere direitos aos particulares*, que é o que sucede quando se obtém a anulação da sentença. É essa circunstância que constitui o particular em situação de ser indemnizado, pois ele não pode beneficiar do conteúdo daquela norma. Além disso, o próprio Tribunal pareceu ter excluído a hipótese de cumulação de vias ao afirmar que a responsabilização do Estado não prejudica a aplicação (entenda-se *alternativa*) de regimes mais favoráveis.

No entanto, julgamos que nada impede, nos termos gerais, que se possam cumular as garantias, desde que ocorram prejuízos não remediáveis através da obrigação de reenvio que tenha sido ordenada na sequência do acolhimento daquela queixa. Desde logo, nada impede que tenham ocorrido prejuízos decorrentes do tempo que demoraram os processos, ou até que o facto de o tribunal não ter respeitado a obrigação de reenvio numa primeira fase tenha limitado os benefícios que o particular extrairia da acção. Além disso, repita-se, a efectivação dos meios de tutela previstos nas Constituições depende essencialmente dos requisitos fixados pelos próprios Estados (ou pelos seus Tribunais Constitucionais, pela via jurisprudencial, como vimos suceder na Alemanha e na Espanha); ao invés, os requisitos da responsabilidade do Estado são de origem comunitária, e não têm, sequer, de coincidir com aqueles. Por fim, no primeiro caso está em causa a tutela do direito fundamental ao juiz legal; no segundo, a compensação do particular independentemente da existência de uma qualquer violação de direitos fundamentais.

4. Efeitos temporais de um novo acórdão prejudicial ou de um acórdão de incumprimento em situações já consolidadas: o Acórdão *Kühne & Heinz*

4.1. *Enquadramento da questão*

Durante largos anos discutiu-se quais os efeitos temporais que as decisões prejudiciais do Tribunal de Justiça produziam, fora do processo principal ao qual se referiam[109]. Na verdade, reconhecia-se que a razão de ser do reenvio prejudicial (tradicionalmente, como se sabe, relacionada com a uniformidade na aplicação do direito) exigia que aquelas decisões não se limitassem a produzir efeitos no caso no qual se enxertavam, devendo admitir-se a sua extensão a outros casos, mesmo anteriores. No caso específico das sentenças que declarassem a invalidade de uma norma, entendia-se que a evidente analogia da situação com a do recurso de anulação[110] impunha que produzissem efeito retroactivo. No entanto, esta solução parecia chocar com a segurança jurídica, ao permitir a aplicação daquelas decisões aos casos que se tinham consolidado.

De qualquer forma, reconhecia-se que a solução não podia ser a mesma quanto aos acórdãos interpretativos e quanto àqueles que declarassem a invalidade das normas.

A eficácia retroactiva dos acórdãos interpretativos acabaria por ser reconhecida no Acórdão *Denkavit*[111], no qual o Tribunal afirmou que a

---

[109] JEAN BOULOUIS, *Contentieux communautaire,* cit., p. 48 e segs..
[110] DAVID ANDERSON / MARI-ELENI DEMETRIOU, *References...,* cit., p. 343 e segs..
[111] Já referido *supra,* p. 62. No mesmo sentido, v. os Acórdãos *Ariete* (ac. de 10 de Julho de 1980, no proc. 811/79, Rec. 1980, p. 2545), *Blaizot* (ac. de 2 de Fevereiro de 1988, no proc. 24/86, Col. 1988, p. 00379), *Bosman* (ac. de 15 de Dezembro de 1995, no Proc. 1415/93, Col. 1995, p. I-04921).

interpretação feita pelo Tribunal de Justiça a título prejudicial **aclara o significado do direito tal como ele deveria ter sido compreendido** e aplicado desde a sua entrada em vigor, devendo, portanto, produzir efeitos retroactivos. Assim se respeita a máxima segundo a qual *a interpretação se integra na norma interpretada*[112]. A mesma posição foi acolhida no que respeita aos acórdãos que declarem a invalidade das normas[113], tendo o Tribunal afirmado, no Acórdão *Moulins et Huileries du Pont a Mousson*[114], que incumbe aos Estados remediar a incompatibilidade entre a disposição inválida e o princípio da igualdade, ficando, ao mesmo tempo, salvaguardada a possibilidade de os interessados intentarem uma acção de responsabilidade extracontratual contra as Instituições Comunitárias.

Em todo o caso, aquela necessidade de salvaguarda das situações jurídicas levou o Tribunal a afirmar o seu poder de limitar os efeitos, quer dos acórdãos interpretativos[115], quer dos que declarem a invalidade de uma norma[116], precisamente por se considerar que há casos que merecem protecção, ao se ter legitimamente contado com a anterior interpretação da norma ou com a sua validade[117]. De resto, é um poder análogo ao do Tribunal Constitucional quanto à limitação de efeitos das sentenças que declarem a inconstitucionalidade das normas, prevista no art.º 282.º, n.º 4, da nossa Constituição.

Assim, no Acórdão *Worringham Humphreys c. Lloyds*[118], o Tribunal de Justiça determinou que a limitação no tempo dos acórdãos interpretativos pode justificar-se excepcionalmente, se as partes interessadas na manutenção da situação contrária ao novo acórdão do Tribunal de Justiça estiverem de boa fé (ou seja, mantiveram práticas contrárias ao direito comunitário por erro) e desde que existam condições imperiosas de segurança jurídica que se extraiam dos interesses das partes no litígio e de um conjunto de interesses públicos e privados. A limitação dos efeitos dos

---

[112] Nesse sentido, GUY ISAAC, *Droit Communautaire...*, cit., p. 335.

[113] Assim, por exemplo, no Ac. *Express Dairy Foods* (ac. de 12 de Junho de 1980, no proc. 130/79, Rec. 1980, p. 1887), o Tribunal sublinhou a necessidade de os particulares devolverem os montantes recebidos em conformidade com normas comunitárias declaradas inválidas.

[114] Ac. de 19 de Outubro de 1977, no Proc. 124/76 e 20/77, Rec. 1977, p. 1795.

[115] V. Ac. de 8 de Abril de 1976, no Proc. 43/75, *Defrenne*, Rec. 1976, p. 455.

[116] V. Ac. de 15 de Outubro de 1980, no Proc. 4/79, *Providence agricole de Champagne,* Rec. 1980, p. 2823.

[117] DENYS SIMON, *Le système...* cit., p. 704; OLIVIER DUBOS, *Les juridictions nationales...*, cit., p. 681; JOÃO MOTA DE CAMPOS, *Contencioso comunitário*, cit., p. 195.

[118] Acórdão de 11 de Março de 1981, no Proc. 69/80, Rec. 1981, p. 767.

acórdão de invalidade parece-se ainda impor-se para evitar diferenças de tratamento que se produziriam nos Estados membros devido à falta de uniformidade dos seus regimes jurídicos e os riscos de distorção de competência que poderia implicar[119]. Para além disso, pretendia-se evitar a insegurança criada por eventuais acções para repetição do indevido[120].

Em todo o caso, note-se, é atendido o interesse de quem se queira prevalecer do acórdão do Tribunal de Justiça (para evitar que esta limitação de efeitos crie efeitos perversos), desde que tal interesse tenha sido demonstrado mediante um recurso, ou uma reclamação, no sentido do acórdão do Tribunal.

A capacidade de o Tribunal de Justiça limitar os efeitos das sentenças foi criticada, considerando-se mais uma manifestação do activismo do Tribunal. Com efeito, afirmou-se, a limitação de efeitos cabe apenas ao legislador ou ao juiz nacional. A possibilidade de o Tribunal de Justiça o determinar constituiria uma intervenção no exercício do poder judicial dos Estados, ou uma manifestação, não querida por estes, de subordinação hierárquica dos tribunais nacionais relativamente ao Tribunal comunitário.

De qualquer modo, sempre se afirmou ter de ser respeitado o limite das **situações já consolidadas (prescrição ou caso julgado)**[121]. Um exemplo, consagrado no Tratado, desta solução encontra-se no art.º 68.º, n.º 3, do Tratado UE, referente à competência do Tribunal de Justiça no âmbito da *Cooperação Policial e Judiciária em matéria penal*. Aí se dispõe que o Conselho, a Comissão e os Estados membros podem pedir ao Tribunal de Justiça que interprete as disposições do Tratado naquelas matérias, sendo que a interpretação que o Tribunal de Justiça fornecer *não é aplicável às decisões dos órgãos jurisdicionais dos Estados Membros que constituam caso julgado*[122].

---

[119] Acórdãos *Providence Agricole de Champagne*, referido *supra*, p. 177, *Maiseries de Beauce* (Proc. 109/79, Rec. 1980, p. 2883) e *Roquette* (145/79, Rec. 1980, p. 2916). V. MARCO CÉBRIAN, *La cuestión...*, cit., p. 158.

[120] MAURICE BERGERÈS, *Contentieux communautaire*, cit., p. 251.

[121] O grupo de reflexão para a reforma institucional de Nice propôs, para aliviar o Tribunal de Justiça, que os tribunais nacionais reenviassem para o Tribunal de Justiça apenas as questões mais importantes. Para salvaguardar a necessidade de unidade, sugeriu, no entanto, que a Comissão pudesse pedir ao Tribunal de Justiça a interpretação de determinada questão para orientar os tribunais, **sem pôr em causa o caso julgado.**

[122] A finalidade desta interpretação a pedido das Instituições, sem ser no âmbito de um processo judicial nacional, parece-nos que é a de diminuir o número de reenvios, aliviando a sobrecarga do Tribunal de Justiça.

4.2. O acórdão Kühne & Heinz

Recentemente o Tribunal de Justiça desenvolveu o princípio da eficácia retroactiva dos acórdãos prejudiciais, mesmo se aquela colidir com situações já consolidadas, criando uma excepção à sua própria capacidade de limitação dos efeitos das sentenças. Já no acórdão de 27 de Fevereiro de 1985[123], o Tribunal de Justiça tinha afirmado que "pertence (...) ao Tribunal, quando fizer uso da possibilidade de limitar o efeitos no passado dos acórdãos que constatem a invalidade no quadro do art.º [234.º], determinar se não pode ser prevista uma excepção a esta limitação de efeitos, em favor da parte que propôs uma acção no tribunal nacional, ou de outro operador económico que teria agido de maneira análoga antes da constatação de invalidade, ou se, pelo contrário, para os operadores económicos que tivessem tomado, atempadamente, iniciativas tendo em vista salvaguardar os seus direitos, uma declaração de invalidade produzindo efeitos apenas para o futuro constitui um remédio adequado".

4.2.1. Os factos

O caso opunha a sociedade holandesa *Kühne & Heitz*[124], que se dedicava à exportação de carne de aves de capoeira, à Administração fiscal holandesa. O produto exportado pela sociedade fora classificado numa determinada rubrica segundo a tabela da pauta aduaneira comum, o que implicava a restituição dos direitos aduaneiros por parte da competente entidade administrativa (*Productschap voor Pluimvee en Eieren*). Tendo havido uma reclassificação dos produtos exportados com fundamento em erro da primeira, feita pela mesma entidade, foi exigido à sociedade o reembolso de todos os montantes pagos a título de restituição, uma vez que aquele produto integraria uma rubrica diferente, não dando direito a qualquer restituição dos direitos aduaneiros. A *Kühne & Heitz* reclamou graciosamente desta decisão e interpôs recurso de anulação do indeferimento daquela reclamação junto do *College van Beroep voor het bedrijfsleven* (Tribunal Administrativo), que em 1991 tornou a confirmar a decisão administrativa, tendo o seu acórdão transitado em julgado.

Posteriormente, em 1994, no âmbito de um outro processo[125], o Tribunal de Justiça proferiu um Acórdão prejudicial, segundo o qual o

---
[123] Proc. 112/83, *Société des produits des maïs*, cit. *supra*, p. 116.
[124] No Proc. C-453/00, o acórdão de 13 de Janeiro de 2004.
[125] C-151/93, *Voogd Vleesimport en -export*, Col. p. I-4915.

mesmo produto integrava, na pauta aduaneira, aquela primeira rubrica que dava lugar à restituição dos direitos aduaneiros pagos. Ao ter tido conhecimento deste Acórdão, a *Kühne & Heitz* exigiu da *Produtschap* o reembolso de todas as quantias que deveriam ter sido restituídas. Tendo-lhe sido negada a pretensão, novamente recorreu contenciosamente do acto administrativo de indeferimento. Confrontado com esta situação, o *College van Beroep voor het bedrijfsleven* considerou, à partida, que, "a concepção que transforma em regra o facto de as decisões definitivas deverem ser alteradas de forma a estarem em conformidade com uma jurisprudência posterior – no caso em apreço, a comunitária – cria uma situação de caos administrativo, prejudica gravemente a segurança jurídica e não é, portanto, aceitável"[126]. No entanto, o mesmo tribunal reconheceu que o direito holandês conhece casos em que decisões judiciais definitivas são alteradas por efeito de decisões de outras entidades: é o caso de revisões de sentenças em matéria penal, produzidas por efeito de um acórdão posterior do Tribunal Europeu dos Direitos do Homem. Neste caso, diz o Tribunal, a protecção dos direitos fundamentais "é razão suficiente para impedir a execução de uma decisão não susceptível de recurso proferida em processo penal"[127]. Assim, o tribunal holandês deparou-se com três ideias iniciais: primeiro, o facto de que se encontravam **esgotadas as vias de recurso** de que dispunha a sociedade *Kühne*; em segundo lugar, a **interpretação feita pelo Tribunal de Justiça** no acórdão de 1994 **era contrária à que tinha sido feita pelo tribunal holandês** em 1991; por último, a sociedade em causa tinha-se dirigido à autoridade administrativa **imediatamente após** ter tido conhecimento da orientação do Tribunal de Justiça. Acrescente-se, além do mais, que o próprio tribunal holandês veio a reconhecer que, no seu Acórdão de 1991, se tinha considerado, **por erro,** desobrigado de suscitar a questão de interpretação da pauta aduaneira para o Tribunal de Justiça, tal como o impunha o art.º 234.º do Tratado CE e a jurisprudência *Cilfit*[128].

4.2.2. *A questão colocada*

Confrontado com estas dúvidas, o tribunal holandês suscita então ao Tribunal de Justiça a seguinte questão: "o direito comunitário, e nomeadamente o princípio da lealdade comunitária, consagrado no artigo 10.º CE,

---

[126] Ponto 15 do Acórdão em análise.
[127] Ponto 16.
[128] V. *supra*, p. 48.

impõe a um órgão administrativo, nas circunstâncias mencionadas nos considerandos da presente decisão, que reconsidere uma decisão que se tornou definitiva, de modo a garantir ao direito comunitário, tal como este deve ser interpretado à luz de uma decisão prejudicial posterior, a sua plena eficácia?".

4.2.3. A solução do Tribunal de Justiça

O problema é delicado, sobretudo porque, como refere e reconhece o próprio Tribunal de Justiça, a definitividade dos actos e das decisões, por consolidação das mesmas na ordem jurídica, é uma exigência do princípio (também reconhecido pelo Direito Comunitário) da segurança jurídica. Assim, a regra é a de que um órgão administrativo não é obrigado a revogar uma decisão administrativa que já adquiriu essa natureza de caso decidido. No entanto, para o Tribunal de Justiça será relevante o facto de, no caso *sub judice*, a consolidação do acto ter resultado da sentença de um tribunal que não é susceptível de recurso.

Assim, o Tribunal de Justiça decidiu, no acórdão em análise, que o princípio da cooperação expresso no art.º 10.º do Tratado CE impõe que, sempre que surja uma orientação do Tribunal que contrarie o conteúdo das decisões administrativas anteriores, as autoridades suas autoras devam reexaminá-las, **mesmo que já se tenham tornado definitivas**, a menos que estejam em causa direitos de terceiros também merecedores de protecção. Para o efeito, é necessário, no entanto, que se verifiquem os seguintes requisitos:

- *a)* que o órgão administrativo disponha, segundo o direito nacional, do poder de revogação da decisão;
- *b)* que a decisão se tenha tornado definitiva em consequência de um acórdão de um tribunal jurisdicional nacional que tenha decidido em última instância;
- *c)* que o referido acórdão, face à jurisprudência do Tribunal de Justiça posterior, se fundamente numa interpretação errada do Direito Comunitário aplicada sem que ao Tribunal de Justiça tivesse sido submetida uma questão prejudicial nas condições previstas no artigo 234.º , § 3, do TCE; e
- *d)* que o interessado tenha impugnado aquela decisão, com este fundamento, junto do órgão administrativo, imediatamente após ter tido conhecimento da jurisprudência do Tribunal de Justiça.

4.3. Apreciação

Merece alguns reparos esta posição do Tribunal de Justiça, dado o carácter revolucionário do acórdão. Desde logo, ele abre a porta à revisão de um acto que já se consolidou na esfera jurídica dos seus destinatários, significando na prática a atribuição de efeito retroactivo às sentenças do Tribunal de Justiça **sem que se tenha sequer de assegurar o respeito pelo caso julgado ou pelas situações consolidadas**[129]. Por essa razão, WATTEL afirma que esta solução deve ser reservada apenas aos casos em que o interessado tenha utilizado todos os meios de defesa, e invocado neles, em vão, o Direito Comunitário[130]. Ainda assim, ela tem a vantagem, relativamente ao acórdão *Köbler*, atrás abordado, de permitir a reintegração *in natura*, em lugar da mera compensação.

Embora com algumas dúvidas, não nos parece totalmente desprovido de sentido alargar esta solução às decisões dos tribunais, que, quando constituam caso julgado, gozam da mesma força jurídica dos actos administrativos consolidados porque o respectivo prazo de impugnação já se esgotou. Nestes termos, sempre que no âmbito de um processo judicial **a parte tivesse requerido a submissão de uma questão prejudicial ao Tribunal de Justiça, tendo tal pretensão sido negada** pelo juiz nacional, e se, posteriormente, o **Tribunal de Justiça formular, noutro processo**, uma decisão prejudicial, ou vier a declarar o incumprimento do Estado, **revelando-se a sua posição contrária à posição perfilhada pelo tribunal nacional**, a parte prejudicada poderá, com fundamento no acórdão *Kühne*, ver reaberto o processo **impondo aos tribunais a decisão em conformidade com a orientação do Tribunal de Justiça**. Evidentemente que, uma vez perfilhada esta solução, há que extrair dela todas as suas consequências, sobretudo porque ela terá efeitos análogos a uma revisão extraordinária de sentenças com fundamento no Direito

---

[129] O Tribunal Europeu dos Direitos do Homem resolveu um caso análogo em 2002 (*Dangeville, S.A.*, Proc. 36677/97, Ac. de 16 de Abril de 2002). O caso resume-se no seguinte: a sociedade *Dangeville* invocou em seu benefício, junto do Conselho de Estado francês, a 6.ª Directiva sobre o IVA. O Conselho de Estado negou a pretensão, não só por não reconhecer efeito directo às directivas, como também por considerar que aquela sociedade devia dirigir o seu pedido ao Ministério das Finanças. Foi o que a *Dangeville* fez, de seguida, tendo aquele recusado o seu direito. Recorreu de novo a Conselho de Estado que novamente não lhe deu razão uma vez que já se formara caso julgado sobre a anterior decisão. A sociedade recorreria então ao Tribunal de Estrasburgo, que acabaria por reconhecer o seu direito. V., a este propósito, PETER WATTEL, *Köbler...*, cit., p. 189.

[130] PETER WATTEL, *Köbler...*, cit., p. 188.

Comunitário, sendo certo que essa revisão está reservada, no direito português, como noutros, a casos excepcionais que se prendem com a grave injustiça da decisão revista[131]. Reconhecemos, por conseguinte, que a solução é duvidosa, podendo colidir com interesses de terceiros. Assim, ela poderia ser limitada ao ser admitida apenas quando não estivessem em causa interesses de terceiros – não se entendendo como tal o próprio Estado, que não poderia beneficiar do seu próprio incumprimento.

Tal como sucede com a responsabilidade do Estado por incumprimento do Direito Comunitário, a utilização das vias nacionais beneficia, também aqui, da aplicação de critérios de Direito Comunitário, tornando desnecessário que os Estados prevejam esta específica causa de revisão de sentenças.

5. Queixa ao Tribunal Europeu dos Direitos do Homem

O sistema europeu de protecção de direitos fundamentais, fora do quadro da União Europeia, é relativamente completo, se atendermos à protecção regional que é conferida pela Convenção Europeia dos Direitos do Homem, do Conselho da Europa, sobretudo depois da entrada em vigor do seu Protocolo n.º 11, em 1998.

Sem nos determos alongadamente no interrelacionamento complexo entre as Comunidades e esta Organização, há que referir, não obstante, que a Comissão Europeia dos Direitos do Homem, foi chamada, enquanto existiu, a pronunciar-se sobre a eventual compatibilidade da omissão de reenvio prejudicial com o artigo 6.º da Convenção, que estabelece as garantias do processo judicial.

Logo em 6 de Fevereiro de 1967 foi dirigida à Comissão Europeia dos Direitos do Homem[132] uma queixa na qual se alegava que o Supremo

---

[131] V. os artigos 771.º do Código de Processo Civil, 449.º do Código de Processo Penal e 154.º do Código de Processo nos Tribunais Administrativos. Aquele primeiro artigo prevê, na al. c), que a sentença possa ser revista *quando se apresente documento de que a parte não tivesse conhecimento ou de que não tivesse podido fazer uso*. Fazendo apelo a uma interpretação extensiva (uma vez que a norma, sendo excepcional, não comporta aplicação analógica), poder-se-ia compreender como *documento* a sentença do próprio Tribunal de Justiça que determine a necessidade de alteração da sentença.

[132] Até 1998 era a Comissão que decidia sobre a admissibilidade ou não das queixas, dando-lhes ou não seguimento para o Tribunal Europeu dos Direitos do Homem. O Protocolo Adicional n.º 11, que entrou em vigor nesse ano, suprimiu a Comissão e reestruturou o Tribunal sendo este quem recebe agora as queixas.

Tribunal holandês (*Hoge Raad*) violara o mencionado art.º 6.º, ao recusar-se a suscitador uma questão prejudicial ao Tribunal de Justiça, no âmbito de um processo em matéria de segurança social que envolvia a aplicação de normas comunitárias. A queixa foi julgada inadmissível, tendo a Comissão declarado a incompetência do Tribunal *ratione materiae*, considerando que o artigo 6.º não era aplicável já que os seus n.ºs 2 e 3 se refeririam apenas a garantias do processo penal, e o n.º 1 a garantias no processo civil, não estando compreendida nesse artigo, portanto, a protecção jurisdicional nas matérias sobre que versava o concreto processo nacional no qual o requerente alegava ter sido prejudicado.

Parece-nos, no fundo, que a Comissão, ainda sem opinião formada quanto ao lugar que lhe pertencia na garantia dos direitos conferidos pelo Direito Comunitário, fugiu à verdadeira questão, que era a de saber se podia controlar o cumprimento do Direito Comunitário pelas instâncias nacionais, sempre que desse cumprimento (ou de um eventual incumprimento) resultasse a violação de um direito fundamental. De facto, o argumento invocado pela Comissão não procede, já que parece evidente que o espírito do art.º 6.º deve permitir a extensão da protecção conferida a todas as matérias, e independentemente da natureza do processo. De resto, em jurisprudência posterior, o Tribunal Europeu dos Direitos do Homem manifestou-se no sentido de o direito à protecção jurisdicional efectiva poder ser invocado em relação a quaisquer tribunais, e não apenas aos cíveis e penais[133], bastando que no litígio esteja em causa um direito de um particular, e que o procedimento seja necessário para o seu exercício, para que o art.º 6.º, n.º 1, seja aplicável[134].

Mais recentemente, numa decisão de 12 de Maio de 1993[135], a Comissão manifestou-se expressamente sobre o problema, afirmando que, embora não se possa afirmar com clareza que existe um direito absoluto ao reenvio, não é de excluir que, em certas circunstâncias, a sua recusa arbitrária por uma jurisdição de última instância seja atentatória do direito a um procedimento equitativo, reconhecido pela Convenção Europeia dos Direitos do Homem. Repare-se que, embora já se referindo

---

[133] *X c. França*, 31 de Março de 1992. Mais tarde, o mesmo Tribunal viria a estender as mesmas considerações às próprias jurisdições constitucionais.

[134] *Tre Traktörer AB*, 7 de Julho de 1989, A/159. V. Denis Waelbroeck e A. M. Verheyden, *Les conditions...*, cit., p. 427.

[135] Proc. 20.631/92, *Divagsa c. Espanha*; no mesmo sentido, V. o Ac. de 28 de Junho de 1993, *Fritz et Nana S. c. França*, Proc. n.º 15.669/89, o Ac. de 2 de Fevereiro de 1999, *K. de Bruyn c. Holanda*, Proc. 37.826/97.

directamente à questão, também aqui a Comissão não a resolve definitivamente, uma vez que não indica em que circunstâncias é que se considerará arbitrária a recusa de reenvio.

Por fim, numa decisão de 20 de Maio de 1998[136], que decidiu um requerimento de teor semelhante ao anterior (no qual se invocava o facto de um tribunal nacional – de novo holandês – não ter suscitado a questão prejudicial ao Tribunal de Justiça), a Comissão, reiterando o que já decidira no caso anterior (ou seja, que só a arbitrariedade da recusa de reenvio pode ser sancionada), afirmou que não se reuniam, no caso concreto, os pressupostos para a aceitação de competência pelo Tribunal Europeu dos Direitos do Homem. Na verdade, na medida em que os requerentes **não tinham pedido ao tribunal nacional** que suscitasse a questão prejudicial junto do Tribunal de Justiça, não se podiam considerar esgotados os meios internos (o que constitui uma condição de admissibilidade da queixa, nos termos do art.º 26.º da Convenção). A Comissão exigia, pois, que o requerente tivesse pedido no tribunal nacional que fosse suscitado o reenvio, e só se este pedido não fosse aceite é que podia ser levantada a hipótese de arbitrariedade, amparável pelo Tribunal[137].

Não está, portanto, garantido o recurso ao Tribunal Europeu dos Direitos do Homem como meio de condenação do Estado pela recusa de reenvio por parte de um tribunal nacional, em grande parte sem que quer o Tribunal, quer a Comissão, se tenham claramente pronunciado a favor dessa possibilidade. Na verdade, atenta a vasta jurisprudência daquele Tribunal no que respeita às garantias jurisdicionais, seria desejável que ela fosse estendida aos casos em que os tribunais nacionais ignoram a obrigação de reenvio que sobre eles impende, visto que, como vimos, essa recusa também lesa o direito à tutela efectiva. No entanto, de acordo como o que afirmámos inicialmente, pensamos que a hesitação tem sobretudo a ver com o complexo relacionamento entre o sistema de protecção de direitos fundamentais prosseguido no âmbito da Convenção Europeia, e o levado a cabo, de forma pretoriana, pelo Tribunal de Justiça das Comunidades. Torna-se difícil, pois, ao Tribunal Europeu dos Direitos do Homem, averiguar da conformidade da actuação dos Estados com os Tratados comunitários.

---

[136] Proc. n.º 34.325/96.
[137] No mesmo sentido, v. o acórdão de 31 de Março de 1993, 17.239/90 J. A. e M. J. JANSEN c. Holanda. V. ARACELÍ MARTÍN / DIEGO NOGUERAS, *Instituciones...*, p. 274.

6. *De iure condendo:* novas soluções comunitárias

A chamada "Constituição" europeia, recentemente aprovada, não traz grandes novidades no sistema contencioso da União Europeia. Para além de algumas mudanças na denominação dos órgãos jurisdicionais[138], não se alterou a competência do Tribunal, nem os meios contenciosos de que aquele conhece. Aliás, teria sido uma boa oportunidade para o fazer, uma vez que se integrou, na "Constituição", a Carta dos Direitos Fundamentais, cujo artigo 47.º refere o direito à protecção jurisdicional efectiva. Acresce que tinha sido proposto, pelos Grupos de Trabalho que integraram a Convenção Europeia, o alargamento do acesso dos particulares aos tribunais comunitários, proposta essa que não chegaria à versão final do Projecto.

Não se encontrando, portanto, no novo Tratado, alterações substanciais nesta matéria, torna-se necessário procurar meios que, de *iure condendo*, poderão servir como base para as futuras alterações do Tratado, ou simplesmente para uma interpretação evolutiva das normas já existentes.

6.1. *Alargamento do conceito de afectação directa e individual*

Uma solução que teria a vantagem de não implicar alterações no Tratado, mas que se revela de quase impossível implementação prática, seria a possibilidade de o particular, tendo pedido no tribunal nacional que fosse suscitada no Tribunal de Justiça a questão de validade de uma norma comunitária e tendo-lhe sido negado o reenvio, poder recorrer da norma (mesmo tratando-se de um regulamento) directamente para o Tribunal de Justiça, através do recurso contencioso de anulação. Seria necessário, assim, em respeito pelo princípio da legalidade comunitária, **alargar** (por exemplo, por via jurisprudencial) o **entendimento de afectação directa e individual**, de modo que este pudesse abarcar os casos em que se verificasse que o particular não dispunha de mais nenhum meio para contestar a sua validade. A dificuldade prática de efectivação

---

[138] Assim, o Tribunal de Justiça das Comunidades Europeias passa a chamar-se Tribunal de Justiça Europeu, o Tribunal de Primeira Instância muda o seu nome para Tribunal de Grande Instância e, por fim, as Câmaras Jurisdicionais, previstas no Tratado de Nice, mas que nem sequer tinham entrado em funcionamento, serão substituídas pelos tribunais especializados, cuja criação caberá, igualmente, às instituições.

deste meio prende-se com o curto prazo de dois meses que o último parágrafo do art.º 230.º prevê para interpor o recurso de anulação, que seria impossível de respeitar – teria o particular de interpor a acção no tribunal nacional, requerer que a questão fosse reenviada, aguardar pela resposta (que eventualmente seria proferida num estado já avançado do processo), e ainda interpor recurso de anulação no Tribunal de Justiça... tudo isto apenas em dois meses contados da publicação da norma. O problema apenas poderia ser ultrapassado alargando-se o prazo do recurso de anulação, ou criando-se uma regra especial com uma redacção semelhante a esta: *considera-se que o regulamento afecta directa e individualmente um particular quando a sua invalidade, tendo por este sido arguida no tribunal nacional, não tenha sido objecto de reenvio por este ao Tribunal de Justiça.* A incerteza criada com a falta de um prazo não seria maior do que a que existe hoje, tendo em conta a obrigação que impende sobre os tribunais de não aplicarem uma norma já julgada inválida pelo Tribunal de Justiça no âmbito de outro reenvio prejudicial.

6.2. *Novos meios de acesso ao Tribunal de Justiça*

Uma segunda hipótese seria alargarem-se as possibilidades de acesso dos particulares ao Tribunal de Justiça, no âmbito dos restantes meios contenciosos já existentes – designadamente o recurso de anulação[139] – ou através de novos meios processuais. Aliás, quer a Comissão[140], quer o Parlamento Europeu[141] já propuseram esta possibilidade.

---

[139] Várias propostas têm sido feitas nesse sentido, que teriam a vantagem de não deixar os particulares dependentes do respeito pela obrigação de reenvio por parte do juiz nacional. Assim, por exemplo, GRÁINNE DE BÚRCA, *Fundamental Rights and Citizenship*, in BRUNO DE WITTE (ed.), *Ten Reflections on the Constitutional Treaty for Europe*, Robert Schuman Centre for Advanced Studies, European University Institute, 2003, e-book publicado em http://www.europa.eu.int/futurum/documents/ other/ oth 020403 _en.pdf, p. 26.

[140] *Rapport de la Comission sur l'Union Européenne* in *Bulletin Com. Eur.* Suplemento 5/75, p. 37. V. RICARDO ALONSO GARCÍA, *Derecho comunitario...*, cit., p. 194.

[141] No seu projecto de Tratado que institui a União Europeia. V. *Suggestions of the Court of Justice on European Union*, in *Bulletin of the European Communities* 9/75. A este respeito, v., ainda H. SCHERMERS / P. WAELBROECK, *Judicial protection...*, cit., p. 415.

6.2.1. *Recurso de anulação das normas por violação de direitos fundamentais*

Seria possível, por outro lado, conceber a legitimidade dos particulares em sede de **recurso de anulação dos actos das Comunidades, limitada à alegação da violação de direitos fundamentais**[142]. Não se tutelaria directamente o particular pela falta de reenvio, apenas abrindo uma via alternativa para a declaração de invalidade das normas. A sua principal desvantagem prender-se-ia com o relacionamento entre este meio contencioso e o recurso de anulação, já que seria difícil "distinguir alegadas violações de direitos fundamentais, de outras violações de direito que servissem como causa de pedir nos recursos previstos no art.º 230.º"[143].

6.2.2. *Queixa comunitária*

Outra hipótese seria a de criar um meio processual que se destinasse a proteger os cidadãos comunitários contra actos dos tribunais que recusassem o reenvio – por exemplo, uma queixa junto do Tribunal de Justiça, recebida em recurso das decisões dos tribunais que decidissem a causa sem ter efectuado o reenvio quando ele fosse obrigatório. Recebida a queixa, o Tribunal de Justiça determinaria se a recusa de reenvio fora legal e, se concluísse pela negativa, resolveria imediatamente a questão prejudicial e devolveria o processo ao tribunal nacional para que este decidisse o caso em conformidade[144]. Esta possibilidade remete-nos, todavia, para o problema da hierarquia dos tribunais e da lealdade entre

---

[142] O que, de resto, foi já proposto por um dos Grupos de Trabalho da Convenção que preparou o Tratado Constitucional, presidido pelo comissário António Vitorino, num working Working Paper de 1 de Outubro de 2002.

[143] *The question of effective judicial remedies and access of individuals to the European Court of Justice*, in "Working Group II – Incorporation of the Charter / accession to the ECHR", La Convention Européenne, 1 de Outubro de 2002, in http://european-convention.eu.int/ docs/wd2/3299.pdf.

[144] A solução é proposta por MICHEL BELOFF cit. *in* PAUL CASSIA, *L'accès...*, p. 836, em nota de rodapé), que admite uma revisão do art.º 234.º de modo a permitir o recurso ao Tribunal de Justiça pedindo a declaração de ilegalidade da recusa de reenvio pelo juiz nacional. A solução é proposta também por ULRICH EVERLING, *cit.* in NUNO PIÇARRA, *O Tribunal de Justiça...* cit., p. 50.

as jurisdições nacionais e a comunitária[145]. Além disso, ela compromete a ideia do reenvio enquanto *diálogo de jurisdições*[146] tendo, no fundo, um conteúdo idêntico ao da acção por incumprimento.

6.2.3. *Acção de responsabilidade do Estado no Tribunal de Justiça, pelo incumprimento do reenvio*

Se não se quisesse admitir a subordinação dos tribunais nacionais ao Tribunal de Justiça – que, na prática, conduziria a admitir uma integração orgânica deste Tribunal na organização judiciária dos Estados membros –, não seria impossível conceber uma terceira hipótese neste campo, um processo no qual o Tribunal de Justiça recebesse, dos particulares, pedidos de apreciação do incumprimento dos Estados (nomeadamente, dos seus tribunais), que, uma vez julgados, poderiam determinar a obrigação de os Estados compensarem os lesados – de resto, tal como sucede no quadro do sistema de protecção de direitos fundamentais instituído pela Convenção Europeia dos Direitos do Homem, e que ninguém contesta. Esta solução nem colidiria com o âmbito das atribuições de que a União já goza – tratar-se-ia apenas de alargar a competência do Tribunal, por exemplo, estendendo-se a legitimidade dos particulares à acção por incumprimento e estabelecendo-se claramente uma de duas soluções: ou a própria declaração de incumprimento determinava o montante da compensação a atribuir ao particular que promoveu a acção (e a outros que a ele se juntassem, como assistentes no processo), ou, para simplificar o processo nos tribunais comunitários, a afirmação expressa de que a declaração de incumprimento cria um título executivo reconhecido nos tribunais nacionais, sendo então estes que, como juízes de Direito Comunitário, determinariam aquela compensação.

As vantagens desta solução são evidentes: ela asseguraria a garantia do reenvio prejudicial, tratando de igual modo os dois objectivos que, como demonstrámos, ele prossegue: a uniformidade[147] e a protecção dos

---

[145] V. FAUSTO DE QUADROS, *Direito das Comunidades Europeias e Direito Internacional Público* Almedina, Lisboa, 1984, p. 481 e segs., JOÃO MOTA DE CAMPOS, *Contencioso comunitário,* cit., p. 110, e *A salvaguarda jurisdicional da legalidade comunitária,* in *Temas de Direito Comunitário,* Lisboa, Ordem dos Advogados, 1983, p. 155; ALBERTO SOUTO DE MIRANDA, *O Tribunal de Justiça e a apreciação não vinculada das questões prejudiciais,* in *Temas de Direito Comunitário,* Coimbra, Almedina, 1990, p. 95.

[146] Assim, MANUEL CIENFUEGOS MATEO, *Las sentencias...,* cit., p. 590.

[147] Também o diz RUI DE MOURA RAMOS, *Reenvio prejudicial...,* cit., p.106.

cidadãos comunitários. Para além disso, tratar-se-ia de uma via de Direito Comunitário, ultrapassando as desigualdades criadas pelas diferenças entre os mecanismos nacionais. Por fim, ela supria as deficiências do processo por incumprimento, ao consagrar a legitimidade dos particulares e ao prever meios de o compensar pelo incumprimento do Estado.

6.2.4. *Recurso sobre o fundo*

Por fim, caberia ainda a hipótese de um recurso para o Tribunal de Justiça, depois de esgotados os meios internos, que versasse também sobre o fundo, sempre que o juiz nacional não protegesse de forma satisfatória o direito conferido pelo Direito Comunitário[148]. O Tribunal de Justiça seria, assim, um tribunal de recurso das sentenças dos tribunais nacionais, com todas as implicações que isso traria no sistema judiciário dos Estados.

A menos que a integração europeia evolua no sentido da federação, não se crê que, a médio prazo, os Estados estejam dispostos a aceitar uma tal subordinação das suas jurisdições.

6.2.5. *Recurso no interesse da lei*

O que acabou de se dizer, quanto ao recurso de fundo, aplica-se também se o recurso para o Tribunal de Justiça for um recurso de cassação, ou *no interesse da lei*, que servisse para fixar a orientação do Tribunal de Justiça numa determinada matéria, quando o tribunal nacional se tenha recusado a suscitar a sua competência prejudicial no âmbito de um caso concreto, ou quando a sua decisão tenha sido contrária ao Direito Comunitário[149]. Seria uma forma de assegurar a uniformidade deste ramo de Direito. No entanto, além de criar a mesma subordinação dos tribunais nacionais em relação ao Tribunal de Justiça, ele não se revelaria como um instrumento de garantia dos direitos dos particulares.

---

[148] V. FRÉDERIQUE BERROD, *La systématique...*, cit., p. 916; MIGUEL SÁNCHEZ, *El Tribunal Constitucional...*, cit., p. 120.

[149] Proposta por MANUEL CIENFUEGOS MATEO, *Las sentencias...*, cit., p. 591, e DAVID EDWARDS, *Reform of article 234 procedure: the limits of the possible,* in *Judicial Review...*, cit., p. 124.

SÍNTESE
E CONCLUSÕES FINAIS

SÍNTESE

PRIMEIRA PARTE: a natureza objectiva do reenvio prejudicial

1. As normas de Direito Comunitário são parte integrante da ordem jurídica nacional e podem ser invocadas pelos interessados nos tribunais nacionais; cabe a estes, porque a aplicação daquelas normas é descentralizada, a competência para a sua aplicação nos litígios comuns.

2. O reenvio prejudicial conheceu, como modelos inspiradores, quanto à validade, os sistemas de fiscalização da constitucionalidade alemão e italiano, e, quanto à interpretação, o sistema francês de interpretação das convenções internacionais e dos actos administrativos.

3. Para a concepção clássica do reenvio prejudicial, este foi instituído no interesse do Direito Comunitário, para minimizar os riscos que a aplicação descentralizada comporta, e preenchendo diversas funções.

4. Por um lado, ele serve como auxílio ao juiz na aplicação do Direito Comunitário.

5. Em segundo lugar, o reenvio prejudicial procura ainda evitar que a aplicação das normas comunitárias seja levada a cabo de forma díspar nos vários tribunais dos Estados membros.

6. A competência prejudicial do Tribunal de Justiça assegura, ainda, a título incidental, um segundo momento de fiscalização da validade das normas comunitárias, quando essa fiscalização já não é possível, a título principal, no Tribunal de Justiça, ou quando o recorrente não disponha de legitimidade para recorrer do acto.

7. Além disso, o regime estabelecido para este mecanismo, aliado à jurisprudência do Tribunal de Justiça no acórdão *Foto-frost*, evita que os tribunais nacionais excedam a sua função de *aplicadores comuns de Direito Comunitário,* exercendo o controlo da validade das normas comunitárias e deixando de as aplicar quando as julguem inválidas.

8. Como meio de prosseguir estas funções o regime do reenvio prejudicial prevê a possibilidade de todos os órgãos jurisdicionais nacionais reenviarem questões para o Tribunal de Justiça, criando, quanto a alguns, a obrigação de efectuarem esse reenvio.

9. Nos termos do art.º 234.º do Tratado CE, essa obrigatoriedade existirá se o juiz nacional de última instância tiver uma dúvida que respeite à validade ou à interpretação da norma comunitária e se a resolução dessa dúvida se revelar essencial para a decisão do caso concreto.

10. Para além disso, haverá ainda obrigação de reenvio sempre que o juiz nacional, ainda que não de última instância, considere procedentes os argumentos segundo os quais uma norma comunitária relevante para a decisão é inválida.

11. Como forma de limitar o crescente número de reenvios, o Tribunal de Justiça enunciou os casos em que os tribunais se podem considerar dispensados de suscitar questões prejudiciais ao Tribunal de Justiça.

12. Deste modo, uma das causas de dispensa apontadas pelo Tribunal é o caso em que se verifique já existir uma posição do Tribunal de Justiça naquela matéria, formulada, por exemplo, no âmbito de uma decisão prejudicial anterior, uma vez que a posição firmada pelo Tribunal de Justiça produz um efeito análogo ao do precedente judicial, devendo ser seguida por todos os tribunais que se encontrem a julgar uma questão materialmente idêntica.

13. Também corresponde a uma causa de dispensa da obrigação de reenvio o caso em que a questão não se afigura pertinente para a resolução do litígio.

14. Por fim, o Acórdão *Cilfit,* correspondendo a uma aceitação mitigada da teoria francesa do *acto claro,* indica ainda, como causa de dispensa da obrigação de reenvio, o caso em que a questão comunitária se coloca para o juiz com evidência, devendo este levar em conta a redacção e o sentido dos próprios Tratados, e ponderar se essa evidência se impõe também aos outros juízes nacionais, colocados numa situação semelhante.

15. Todos estes casos a que o Tribunal de Justiça chama de "dispensa de reenvio" correspondem, antes, a casos que extravasam do âmbito da própria obrigação de reenvio, impedindo, quando ocorram, que se chegue a formar essa obrigação.

16. Na verdade, se o acto é claro não chega a formar-se uma dúvida; o mesmo se diga quando haja jurisprudência anterior do Tribunal de Justiça naquela matéria, caso em que a obrigação de reenvio se mantém se a dúvida permanecer; por outro lado, se a questão não é pertinente, ela também não é verdadeiramente prejudicial.

17. Verifica-se omissão de reenvio quando o juiz de última instância, tendo dúvidas sobre a validade ou a interpretação, não remete a solução dessas dúvidas para o Tribunal de Justiça.

18. Há ainda incumprimento dessa obrigação, à luz da jurisprudência do Tribunal firmada no acórdão *Foto-frost,* quando o juiz, mesmo que não julgando em última instância, deixa de aplicar uma norma comunitária por considerá-la inválida sem reenviar essa questão de validade para o Tribunal de Justiça.

19. Finalmente, ocorre ainda violação da obrigação quando um tribunal nacional ignora a interpretação conferida pelo Tribunal de Justiça a uma norma comunitária ou quando aplica uma norma já considerada inválida pelo Tribunal de Justiça, obrigação que não decorre directamente do art.º 234.º mas de um dever de colaboração entre as jurisdições nacionais e comunitária.

20. A via mais invocada para fazer face à omissão de reenvio é o processo por incumprimento, que pode ter dois objectos.

21. O primeiro objecto deste processo consiste na manutenção, pelo Estado, de normas que impossibilitem ou tornem muito difícil o reenvio por parte dos tribunais nacionais, em violação do princípio da equivalência entre as acções fundadas no Direito Comunitário, e as fundadas no direito nacional.

22. Se esse princípio não for respeitado, o incumprimento deve-se ao órgão legislativo e o processo será admissível, como o atestam vários casos semelhantes julgados pelo Tribunal de Justiça.

23. O segundo objecto possível do processo por incumprimento é o da omissão de reenvio por parte do tribunal nacional. Neste caso, aquele processo por incumprimento não se revela uma boa solução.

24. De um ponto de vista teórico ele colide com o princípio da independência do poder judicial relativamente ao poder político, ao colocar o Estado no lado passivo da acção judicial, sem que este possa garantir que o incumprimento cessará.

25. Além disso, o processo por incumprimento faz converter em letra-morta o princípio da cooperação, no qual se baseia o reenvio prejudicial, criando uma relação de desconfiança entre o Tribunal de Justiça e os tribunais nacionais.

26. Por fim, ele assume outras desvantagens práticas, nomeadamente o facto de estar dependente de uma iniciativa facultativa da Comissão, e o facto de a declaração de incumprimento não se repercutir no processo nacional no qual ocorreu a violação.

27. Não sendo eventualmente sindicável a recusa da Comissão de interpor uma acção de incumprimento, esse facto não pode também gerar responsabilidade extracontratual das Comunidades, uma vez que não existe um nexo de causalidade adequada entre essa recusa e o dano causado no particular: esse nexo está dependente da verificação de que o Estado (ou os seus tribunais) agiu ilicitamente, o que não pode ser apreciado numa acção de responsabilidade extra-contratual das Comunidades.

28. Os tribunais dos vários Estados membros têm vindo a aceitar progressivamente a obrigação que sobre eles recai de reenviarem questões para o Tribunal de Justiça.

29. Em todo o caso, verifica-se quanto a alguns tribunais alguma resistência ou inconstância, considerando-se eles obrigados mas apreciando com excessiva flexibilidade a existência de uma dúvida.

30. É o caso do *Conseil d'État* francês e dos Supremo Tribunal Espanhol, que, a coberto da *teoria do acto claro,* se têm escusado a efectuar o reenvio.

31. Os tribunais portugueses não utilizam com frequência o mecanismo, embora dele não se apartem expressamente.

32. Os Tribunais Constitucionais têm dificuldade em se considerarem vinculados à obrigação de reenviarem questões prejudiciais para o Tribunal de Justiça, porque entendem que a sua função é a aplicação do Direito Constitucional, não tendo nunca de aplicar Direito Comunitário, e não sendo, por conseguinte, *órgãos jurisdicionais* na acepção do art.º 234.º do Tratado CE.

33. Alguns Tribunais Constitucionais consideram-se expressamente desvinculados da obrigação de reenvio, como é o caso do Tribunal Constitucional espanhol; outros nunca efectuaram reenvios, como acontece com o Tribunal Constitucional português, embora reconheçam que pertencem ao conjunto dos tribunais a ele obrigados; outros, por fim, como o Tribunal Constitucional austríaco, já efectuaram reenvios para o Tribunal de Justiça.

34. Deve entender-se que sobre eles impende essa obrigação, já que a questão prejudicial comunitária surge, não apenas quando uma norma comunitária seja aplicável ao caso, mas também quando ela seja relevante para a sua resolução.

Segunda Parte: requalificação do problema: os benefícios de uma compreensão integral

35. A concepção sobre o reenvio prejudicial, que atende exclusivamente ao interesse que o próprio ordenamento dele retire, não preenche os objectivos a que se propõe, dificilmente conseguindo impor a obrigação do reenvio aos tribunais nacionais.

36. Acresce que a acção por incumprimento não se revela um meio eficaz para sancionar aquela omissão, acabando a obrigação de reenvio por ficar desprovida de sanção.

37. Por outro lado, casos há de técnicas criadas pelo Direito Comunitário para uniformização na aplicação das suas normas nas quais se descortina mais evidentemente aquela função objectiva, como são os casos do art.º 68.º, n.º 3, do Tratado CE, do Protocolo sobre a interpretação da Convenção de Bruxelas (nos quais se prevê a possibilidade de as Instituições comunitárias e algumas entidades nacionais pedirem ao Tribunal de Justiça que fixe a interpretação das normas independentemente da existência de um litígio), e do Protocolo sobre a interpretação da Convenção de Lugano (no qual se prevê o intercâmbio de informações entre entidades nacionais e o Tribunal de Justiça quanto ao modo de aplicação daquela Convenção).

38. O principal argumento que abona em favor de uma concepção claramente objectiva sobre o reenvio é o facto de não poderem ser as partes a suscitar a questão ao Tribunal (cabendo tal poder exclusivamente ao juiz nacional) e de a elas competir uma intervenção limitada no processo no Tribunal de Justiça.

39. No entanto, têm sido exagerados os termos em que se exerce esta discricionariedade do juiz nacional, levando à indistinção entre reenvio facultativo e reenvio obrigatório.

40. Na verdade, no reenvio facultativo o juiz é plenamente livre na apreciação dos pressupostos de admissibilidade da questão prejudicial, mantendo essa discricionariedade na apreciação da oportunidade de reenvio.

41. Quanto se configure um caso de reenvio obrigatório, por outro lado, o juiz nacional aprecia os pressupostos mas é obrigado a reenviar se estes estiverem preenchidos.

42. O pressuposto da *necessidade de resolução da questão para a decisão da causa,* ou da *pertinência da questão,* é um conceito indeterminado que cabe ao juiz preencher, devendo este entender que a questão é pertinente sempre que ela é controversa para as partes.

43. O efeito directo das normas comunitárias exige que elas possam ser invocadas com o sentido que lhes é atribuído pelo próprio Direito Comunitário.

44. É limitado o acesso dos particulares ao recurso de anulação, podendo as normas inválidas causar grave prejuízo aos particulares, designadamente se aquelas violarem os seus direitos fundamentais.

45. O próprio Tribunal de Justiça aponta o reenvio prejudicial para apreciação de validade como meio de suprir essa falta de legitimidade.

46. No reenvio de interpretação avulta a função objectiva da uniformidade na aplicação do Direito Comunitário, sendo esta, no entanto, também um meio de protecção dos particulares ao assegurar a efectividade do princípio da não discriminação.

47. Através do reenvio de interpretação, o Tribunal de Justiça atribui ao juiz nacional critérios para aferir da conformidade entre a legislação nacional e as normas comunitárias, pelo que o reenvio de interpretação pode assumir a função de *acção por incumprimento reconhecida aos particulares.*

48. Resulta da jurisprudência do Tribunal de Justiça a consagração da tutela jurisdicional efectiva dos particulares no quadro do Direito Comunitário, incluindo o papel que o reenvio prejudicial preenche nesse sentido.

49. A teoria do litígio concreto, adoptada pelo Tribunal de Justiça, na medida em que obriga os tribunais ao reenvio sempre que se encontrem a julgar, no caso concreto, sem hipótese de recurso, é manifestação dessa vontade de tutelar o particular, já que garante a este que a sua situação jurídica não se tornará definitiva sem a intervenção do Tribunal de Justiça.

50. Por outro lado, ao consagrar, no Acórdão *Foto-frost*, a sua competência exclusiva para a apreciação da invalidade das normas, o Tribunal de Justiça evitou que os particulares tenham que aguardar até à última instância para obterem a declaração daquela invalidade.

51. Este Acórdão não pode ser aplicado nas matérias de *vistos, asilo e imigração*, uma vez que os tribunais que julguem com hipótese de recurso estão proibidos de reenviar questões ao Tribunal de Justiça, devendo entender-se que podem deixar de aplicar uma norma comunitária com fundamento na sua invalidade.

52. Por outro lado, o Acórdão *Foto-frost* encontra ainda um limite na possibilidade de os tribunais nacionais decretarem providências cautelares, suspendendo os efeitos de uma norma comunitária que julguem inválida, antes de suscitarem a respectiva questão de validade ao Tribunal de Justiça.

53. Dificilmente se concebe um direito ao reenvio, no plano estritamente comunitário, uma vez que não se pode afirmar que do reenvio resulte sempre uma vantagem para o particular, e este não o pode exigir.

54. Há que reconhecer, no entanto, que o particular tem interesse em que a questão seja resolvida de forma legal, pelo que se poderá admitir que o reenvio prejudicial se configura como um interesse legítimo do particular.

55. Conhecida a querela sobre a necessidade da distinção entre direito subjectivo e interesse legítimo, poder-se-á afirmar, genericamente, que o particular é titular de uma situação jurídica de vantagem.

56. O direito nacional pode incluir aquele interesse no núcleo do direito à tutela jurisdicional efectiva, considerando o Tribunal de Justiça como juiz legal.

57. Nesse caso, a omissão do reenvio será atentatória dos direitos fundamentais, merecendo o particular prejudicado a tutela nacional daqueles direitos.

TERCEIRA PARTE: o incumprimento da obrigação de reenvio: meios de tutela subjectiva do particular

58. Alguns Estados da União Europeia conhecem a figura da acção constitucional para a defesa de direitos fundamentais, sendo ela invocada como meio de tutela do particular em caso de omissão de reenvio.

59. É o caso da Espanha, onde o *recurso de amparo* é concebido por grande parte da doutrina como instrumento da tutela dos particulares em caso de omissão de reenvio.

60. O Tribunal Constitucional espanhol, porém, não admitiu ainda nenhum *recurso de amparo* com aquele fundamento, por considerar que é ao juiz que cabe a decisão sobre o reenvio, cabendo-lhe apenas motivar na sentença o sentido da sua recusa.

61. Na Alemanha a acção para defesa de direitos fundamentais materializa-se na *Verfassungsbeschwerde,* que é dirigida ao Tribunal Constitucional Federal.

62. A partir de 1986 aquele Tribunal passou a afirmar que não fiscaliza a compatibilidade das normas comunitárias com os direitos fundamentais, uma vez que o próprio Tribunal de Justiça assegura essa fiscalização.

63. Em consequência, considerou o Tribunal das Comunidades como juiz legal, devendo as questões de validade que surjam na resolução dos casos pelos juízes nacionais ser colocadas àquele Tribunal, no âmbito do reenvio prejudicial previsto no Tratado.

64. Sempre que os juízes alemães não respeitarem, arbitrariamente, aquela competência do Tribunal de Justiça, recusando-se a efectuar o reenvio, deve entender-se que violaram o direito das partes ao juiz legal, podendo o Tribunal Constitucional acolher a queixa dos particulares.

65. Os critérios de que o Tribunal Constitucional se serve para atender à queixa do particular são de direito nacional, pelo que nem todos os casos de omissão de reenvio merecem a sua tutela.

66. Em Portugal não existe a figura da queixa constitucional, em razão do diferente papel atribuído ao Tribunal Constitucional.

67. Tem sido defendido que a fiscalização concreta da constitucionalidade pode suprir aquela lacuna no sistema de protecção de direitos fundamentais em Portugal, uma vez que o Tribunal Constitucional conhece, em recurso, das decisões dos tribunais que apliquem norma cuja inconstitucionalidade foi suscitada durante o processo ou que deixem de aplicar uma norma com fundamento na sua inconstitucionalidade.

68. Este recurso pode englobar, também, a fiscalização da constitucionalidade da interpretação que o juiz nacional tiver extraído da norma.

69. Assim, é pertinente a interrogação sobre se cabe recurso para o Tribunal Constitucional das decisões dos tribunais que recusem reenviar uma questão prejudicial para o Tribunal de Justiça, com o fundamento de que a norma aplicada foi interpretada num sentido inconstitucional, em violação do princípio do juiz legal.

70. Aquela hipótese não é de acolher, dada a impossibilidade de o Tribunal Constitucional fiscalizar da bondade das decisões judiciais, uma vez que apenas controla a constitucionalidade das normas, e não a constitucionalidade ou o mérito das próprias decisões.

71. Apesar disso, o Tribunal Constitucional já tem considerado que o Tribunal de Justiça é *juiz legal,* incentivando os tribunais a efectuarem o reenvio.

72. Não está garantida, em todo o caso, a igualdade dos cidadãos comunitários em todo o espaço europeu, dada a dependência dos meios de tutela em relação ao direito nacional.

73. A responsabilidade do Estado pelo incumprimento do Direito Comunitário estabelecida no Acórdão *Francovich* não distingue o órgão autor do incumprimento, permitindo entender-se que poderá ser qualquer órgão do Estado.

74. No entanto, até há pouco tempo, não era evidente se aquela responsabilidade abrangia os casos em que a infracção do Direito Comunitário se devia a um órgão judicial, dadas as garantias de independência e imparcialidade que caracterizam a função judicial.

75. Recentemente, o Tribunal de Justiça fez cessar essas dúvidas, ao afirmar, no Acórdão *Köbler*, que a responsabilidade do Estado também abarca os actos cometidos no exercício da função jurisdicional.

76. As condições de efectivação da responsabilidade por actos jurisdicionais são idênticas às condições de efectivação da responsabilidade em geral, ou seja, a norma violada deve conferir direitos aos particulares, a violação deve ser suficientemente caracterizada e deve existir um nexo de causalidade adequada entre o facto lesivo e o dano.

77. A responsabilidade do Estado por actos jurisdicionais não exclui a aplicação dos regimes nacionais de responsabilidade dos poderes públicos, se forem mais favoráveis.

78. Além disso, a efectivação daquela responsabilidade pode ser cumulada com outras garantias nacionais de tutela pela omissão de reenvio, como o recurso de amparo ou a queixa constitucional.

79. Os acórdãos do Tribunal de Justiça proferidos no âmbito da resolução de uma questão prejudicial produzem efeitos retroactivos, podendo o Tribunal de Justiça limitar os seus efeitos em atenção aos interesses protegidos de terceiros.

80. Em todo o caso, aqueles efeitos não atingem, em princípio, as situações já consolidadas, como o caso julgado e a prescrição.

81. O Ac. *Kühne* deu um novo entendimento a este princípio, ao fixar a possibilidade de se revogar um acto administrativo tornado caso decidido, com fundamento num novo entendimento da matéria pelo Tribunal de Justiça que determinaria, *a posteriori,* a invalidade daquele acto.

82. É de conceber a hipótese da extensão daquela ideia às próprias decisões judiciais, admitindo-se a revisão extraordinária de sentença quando o Tribunal de Justiça profira uma decisão que altera o conteúdo de uma sentença proferida por um tribunal nacional, desde que a parte interessada tivesse requerido que no processo inicial fosse suscitada a questão prejudicial e o juiz se tenha recusado, e desde que fiquem salvaguardados interesses de terceiros, não se devendo entender, como tal, o Estado.

83. Outro meio aberto aos particulares em caso de omissão de reenvio é a queixa ao Tribunal Europeu dos Direitos do Homem, o qual, no entanto, nunca deu provimento às queixas nesse sentido apresentadas, por considerar que a omissão tem de se mostrar arbitrária.

84. Várias vias se apresentavam ainda possíveis, de *iure condendo*, designadamente, o alargamento da legitimidade dos particulares no recurso de anulação.

85. Em alternativa, seria de prever a criação de um recurso directo ao Tribunal de Justiça, para decisão sobre o fundo ou para a aferição da legitimidade da recusa de reenvio, em termos semelhantes a uma queixa constitucional.

86. O recente Projecto de Tratado que institui uma Constituição para a Europa não alterou os meios contenciosos previstos nos Tratados, o que teria sido desejável tendo em vista a criação de uma via uniforme para a tutela dos direitos conferidos pelo Direito Comunitário aos particulares.

CONCLUSÕES FINAIS

Sintetizadas as diversas questões que quisemos tratar ao longo da presente dissertação, estamos em condições de extrair as seguintes breves conclusões:

a) O reenvio tem sido classicamente apresentado como tendo uma função fundamentalmente objectiva – a garantia da uniformidade na interpretação e aplicação do Direito Comunitário –, sendo indefinida a posição que o particular ocupa naquele processo.

b) No entanto, torna-se necessário repensar o papel do particular no reenvio prejudicial, uma vez que este representa, para ele, um importante meio de garantir a efectividade dos direitos reconhecidos pelo ordenamento jurídico comunitário. É isso que justifica, a nosso ver, a **consolidação de uma importante função subjectiva** prosseguida pela competência do Tribunal de Justiça exercida a título prejudicial.

c) De resto, tal compreensão está, até, de acordo com os recentes desenvolvimentos em matéria de protecção de direitos fundamentais no quadro da União Europeia, de que são exemplo a constante actividade pretoriana do Tribunal de Justiça, com a colaboração de tribunais constitucionais nacionais, a aprovação da Carta dos Direitos Fundamentais e, sobretudo, a sua posterior integração no *Projecto de Tratado que institui uma Constituição para a Europa*, e a consagração, nesta, da possibilidade de adesão da União à Convenção Europeia dos Direitos do Homem.

JURISPRUDÊNCIA COMUNITÁRIA CITADA

– Ac. de 5 de Fevereiro de 1963, Proc. 26/62, *Van Gend en Loos c. Administração fiscal holandesa,* Rec. 1963, p. 1

– Ac. de 27 de Março de 1963, Procs. 28-30/62, *Da Costa en Schaake,* Rec. 1963, p. 61.

– Ac. de 15 de Julho de 1964, Proc. 6/64, *Flaminio Costa c. E.N.E.L.*, Rec. 1964, p. 1141.

– Ac. de 1 de Abril de 1965, Proc. 40/64, *Sgarlata c. Comissão,* Rec. 1965, p. 279.

– Ac. de 1 de Dezembro de 1965, Proc. 16/65, *Schwarze,* Rec. 1965, p. 1081.

– Ac. de 1 de Março de 1966, Proc. 48/75, *Lütticke c. Comissão,* Rec. 1966, p. 27.

– Ac. de 30 de Junho de 1966, Proc. 61/65, *Vaassen-Göbbels,* Rec. 1966, p. 377.

– Ac. de 13 de Dezembro de 1967, Proc. 17/67, *Neumann,* Rec. 1967, p. 571.

– Ac. de 3 de Abril de 1968, Proc. 28/67, *Molkerei-Zentrale,* Rec. 1968, p. 211.

– Ac. de 24 de Julho de 1968, Proc. 29/68, *Milch-Fett-und Eierkontor,* Rec. 1968, p. 165.

– Ac. de 19 de Dezembro de 1968, Proc. n.º 13/68, *Salgoil,* Rec. 1968, p. 661.

– Ac. de 5 de Maio de 1970, Proc. 77/69, *Comissão c. Bélgica,* Rec. 1970, p. 237.

– Ac. de 6 de Outubro de 1970, Proc. 9/70, *Franz Grad,* Rec. 1970, p. 925.

– Ac. de 14 de Dezembro de 1971, Proc. 7/71, *Comissão c. Rep. Francesa,* Rec. 1971, p. 1003.

– Ac. de 13 de Julho de 1972, Proc. 48/71, *Commission c. Itália,* Rec.1972, p. 529.

– Ac. de 12 de Dezembro de 1972, Procs. apensos n.º 21-24/72, *Internacional Fruit Company,* Rec. 1972, p. 1219.

– Ac. de 7 de Fevereiro de 1973, Proc. 39/72, *Comissão c. Itália,* Rec. 1973, p. 112.

– Ac. de 16 de Janeiro de 1974, Proc. 166/73, *Rheinmüllen,* Rec. 1974, p. 33.

– Ac. de 22 de Outubro de 1975, Proc. 9/75, *Meyer Burckhardt,* Rec. 1975, p. 1171.

- Ac. de 4 de Dezembro de 1975, Proc. 41/74, *Yvonne Van Duyn c. Home Office*, Rec. 1974, p. 1337.
- Ac. de 8 de Abril de 1976, Proc. 43/75, *Defrenne,* Rec. 1976, p. 455.
- Ac. de 16 de Dezembro de 1976, Proc. 33/76, *Rewe*, Rec. 1976, p. 1989.
- Ac. de 24 de Maio de 1977, Proc. 107/66, Rec. 1977, p. 957.
- Ac. de 19 de Outubro de 1977, Proc. 124/76 e 20/77, *Moulins et Huileries du Pont a Mousson*, Rec. 1977, p. 1795.
- Ac. 27 de Outubro de 1977, Proc. 30/77, *Regina c. Bouchereau,* Rec. 1977, p. 1999.
- Ac. de 9 de Março de 1978, Proc. 106/77 *Administração das Finanças do Estado c. Sociedade Anónima Simmenthal,* Rec. 1978, p. 629.
- Ac. de 5 de Dezembro de 1978, Proc. 14/78, *Denkavit c. Comissão,* Rec.1978, p. 2497.
- Ac. de 5 de Dezembro de 1979, Proc. 143/77, *Koninklijke,* Rec. 1979, p. 3583.
- Ac. de 12 de Junho de 1980, no proc. 130/79, Ac. *Express Dairy Foods*, Rec. 1980, p. 1887.
- Ac. de 15 de Outubro de 1980, Proc. 145/79, *Roquette,* Rec. 1980, p. 2916.
- Ac. de 15 de Outubro de 1980, Proc. 109/79, *Maiseries de Beauce*, Rec. 1980, p. 2883.
- Ac. de 11 de Março de 1981, no Proc. 69/80, *Worringham Humphreys c. Lloyds,* Rec. 1981, p. 767.
- Ac. de 13 de Maio de 1981, Proc. 66/80, *International Chemical Corporation,* Rec. p. 1191.
- Ac. de 16 de Junho de 1981, Proc. 126/80, *Salonia,* Rec. p. 1563.
- Ac. de 6 de Outubro de 1981, Proc. 246/80, *Broekmeulen,* Rec. 1980 p. 2311.
- Ac. de 16 de Dezembro de 1981, Proc. 244/80, *Foglia,* Rec. 1981, p. 3045.
- Ac. de 6 de Outubro de 1982, Proc. 283/81, *Cilfit,* Rec. 1982, p. 3415.
- Ac. de 27 de Fevereiro de 1985, Proc. 112/83, *Societé des produits de maïs*, Rec. 1985, p. 719.
- Ac. de 23 de Abril de 1986, Proc. 294/83, *Les Verts c. Parlamento,* Rec. 1986, p. 1339.
- Ac. de 15 de Maio de 1986, Proc. 222/84, *Johnston,* Col. 1986, p. 1651.
- Ac. de 12 de Junho de 1986, Procs. apensos n.ºs 98, 162 e 258/85, *Bertini c. Regione Lazio,* Col. 1986, p. 1885.
- Ac. de 22 de Outubro de 1987, Proc. n.º 314/85, *Foto frost,* Col. 1987-9, 4199.

- Ac. de 11 de Junho de 1987, Proc. 14/86, *Pretore di Salò* Col. 1987, p. 2545.
- Ac. de 13 de Julho de 1989, Proc. 5/88, *Wachauf,* Col. 1989, p. 2609.
- Ac. de 23 de Novembro de 1989, Proc. 150/88, *Eau de Cologne & Parfümerie-Fabrik,* Col 1989, p. 3891.
- Ac. de 26 de Janeiro de 1990, Proc. 286/88, *Falciola*, Col. 1990, p. 191.
- Ac. de 22 de Fevereiro 1990, Proc. n.º C-221/88, *Busseni*, Col. 1990, p. 495.
- Ac. de 19 de Junho de 1990, C-213/89, *Factortame,* Col.1990, p. I-2433.
- Ac. de 10 de Julho de 1990, Proc. T51/89, *TetraPak Rausing c. Comissão,* Rec. 1990, p. II-309.
- Ac. de 13 de Novembro de 1990, no Proc. C-106/89, *Marleasing S.A. c. Comercial Internacional de Alimentacion S.A.*, Col. 1990, p. I-04135.
- Ac. de 21 de Fevereiro de 1991, Procs. apensos C-143/88 e C-92/89, *Zuckerfabrik,* Col. 1991, I-415.
- Ac. de 19 de Novembro de 1991, Proc. C-6/90, *Francovich,* Col. 1991, p. I-5357.
- Ac. de 16 de Julho de 1992, Proc. C-343/90, *Lourenço Dias c. Director da Alfândega do Porto,* Col. 1992, p. 4673.
- Ac. de 18 de Setembro de 1992, Proc. T-24/90, *Automec v. Comissão*, Col. 1992, p. II-02223.
- Ac. de 23 de Março de 1993, Proc. C-314/91, *Weber c. Parlamento*, Rec. 1993, p. I-1093.
- Ac. de 27 de Maio de 1993, Proc. C-290/91, *Johannes Petr c. Hauptzollamt Regnesburg,* Col. 1993, p. I-2981.
- Ac. de 19 de Janeiro de 1994, Proc. C-364/92, SAT *Fluggesellschaft mbH v. Eurocontrol,* Col. 1994, p. 43.
- Ac. de 9 de Março de 1994, Proc. C-188/92, *TWD Textilwerke,* Col. p. I-833.
- Ac. de 5 de Outubro de 1994, Proc. C-151/93, *Voogd Vleesimport en -export*, Col. 1994, p. I-4915.
- Ac. de 14 de Setembro de 1995, *Lefebvre e outros c. Comissão,* Proc. T-571/93, Col. 1995, p. II-2379.
- Ac. de 14 de Dezembro de 1995, Procs. apensos C-430 e 431/93, *Van Schijndel*, Col. 1995, p. 4705.
- Ac. de 14 de Dezembro de 1995, Proc. C-312/93, *Peterbroeck*, Col. 1995, p. 4599.
- Despacho de 3 de Julho de 1997, Proc. T-201/96, *Ségaud c. Comissão,* Col. 1997, p. II-1081.

- Ac. de 5 de Março de 1996, Procs. apensos C-46/93 e C-48/93, *Brasserie du Pêcheur*, Col. 1996, p. I-1029.
- Ac. de 20 de Março de 1997, no Proc. C-24/95, *Alcan* , Col. 1997, p. 1591.
- Ac. de 10 de Julho de 1997 Proc. C-261/95, *Palmisani,* Col. 1997, p. 4025.
- Despacho de 30 de Junho de 1997, C-66/97, *Banco de Fomento e Exterior*, Col. p. I-3757.
- Ac. de 17 de Setembro de 1997, Proc. C-54/96, *Dorsch,* Col. 1996, p. 4961.
- Ac. de 9 de Outubro de 1997, Proc. C-291/96, *Procédure pénale c. Martino Grado e Shahid Bashir,* Col. 1997, p. 5531.
- Ac. de 27 de Novembro de 1997, Proc. C-369/95, *Somalfruit et Camar* c. *Ministero delle Finanze et Ministero del Commercio con l'Estero*, Col. 1997, p. I-06619.
- Ac. de 15 de Setembro de 1998, Proc. T-109/97, *Molkerei Grossbraunshain and Bene Nahrungsmittel* c. Comissão, Col. 1998, p. II-3533.
- Ac. de 1 de Dezembro de 1998, Proc. C-326/96, *BS Levez*, Col. 1998, p. 7835.
- Ac. de 16 de Janeiro de 1999, Proc. C-18/95, *Terhoeve,* Col. 1999, p. 345.
- Ac. de 21 de Janeiro de 1999, Proc. C-120/97, *Upjohn,* Col. 1999, p. I-223.
- Ac. de 4 de Março de 1999, Proc. C-258/97, *Hospital Ingenieure Krankenhaustechnik,* Col. 1999, p. I-1405.
- Ac. de 8 de Julho de 1999, *Baxter*, Proc. C 254/97, Col. 1999, p. 4809.
- Ac. de 10 de Abril de 2000, Proc. T-351/99, *Karl Meyer c. Comissão e Banco Europeu de Investimento,* Col. 2000, p. II-2031
- Ac. de 3 de Maio de 2002, Proc. T-177/2001, *Jégo-Quéré,* Col. 2002, II-2365.
- Ac. de 4 de Junho de 2002, *Lyckeskog*, Proc. C-99/2000, Col. 2002, p. I-4839.
- Ac. de 27 de Junho de 2000, Procs. apensos T-172/98 e 175-177/98, *Salamander e outros* c. *Parlamento e Conselho*, Col. 2000, p. II-2487.
- Ac. de 1 de Fevereiro de 2001, Proc. C-300/99, *Area Cova e outros* c. *Conselho*, Col. 2001, p. I-983.
- Ac. de 25 de Abril de 2001, Proc. T-244/00, *Coillte Teoranta,* não publicado.
- Ac. de 25 de Julho de 2002, Proc. 50/00, *Unión de Pequeños Agricultores*, Col. 2002, p. I-6677.
- Ac. de 10 de Dezembro de 2002, Proc. C-312/00, *Comissão c. Camar e Tico*, Col. 2002, p. I-1355.
- Ac. de 8 de Maio de 2003, Proc. C-171/01, *Wählergruppe Gemeinsam,* Col. 2003, p. 4301.

– Ac. de 20 de Maio de 2003, Proc. 465/00, *Österreichischer Rundfunk e outros*, Col. 2003, p. 4989.

– Ac. de 30 de Setembro de 2003, Proc. C-224/01, *Köbler*, Col. 2003, p. 10239.

– Ac. de 2 de Outubro de 2003, Proc. C-147/01, *Weber's Wine World Handels*, Col. 2003, p. 11365.

– Ac. de 13 de Janeiro de 2004, Proc. C-453/00, *Kühne*, Col. 2004, p. 837.

– Ac. de 29 de Abril de 2004, Procs. Apensos C-482/01 e 493/01, *Orfanopoulos*, Col. 2004, p. 5257.

– Despacho de 10 de Junho de 2004, Proc. C-555/03, *Warbecq*, Col. 2004, p. 6041.

– Ac. de 22 de Junho de 2004, Proc. C-42/01, *República portuguesa c. Comissão*, Col. 2004, p. 6079.

BIBLIOGRAFIA

ALEN, André / MELCHIOR, Michel, *The relations between the Constitutional Courts and the other national courts, including the interference in this area of the action of the European Courts – general reports,* Conference of European Constitutional Courts, Bruxelas, 2002.

ALMEIDA, José Carlos Moitinho de, *A ordem jurídica comunitária,* in *Temas de Direito Comunitário,* Lisboa, Ordem dos Advogados, 1983, pp. 13-49.

ALMEIDA, José Carlos Moitinho de, *Evolucion jurisprudencial en materia de acceso de los particulares a la jurisdiccion comunitaria,* in G.C. RODRIGUEZ IGLESIAS, / D.J. LIÑAN NOGUERAS (dir.), *El derecho comunitario europeo y su aplicación judicial,* Madrid, Consejo General del Poder Judicial – Universidad de Granada-Civitas, 1993, pp. 595-631.

ALMEIDA, José Carlos Moitinho de, *La notion de juridiction d'un État Membre (article 177 du traité CE),* in *Mélanges en hommage à Fernand Schockweiler,* G. C. RODRÍGUEZ IGLESIAS / O. DUE / R. SCHINTGEN / C. ELSEN (org.), Baden-Baden, Nomos Verlagsgesellschaft, 1999, 463-478.

ALMEIDA, José Carlos Moitinho de, *La protección de los derechos fundamentales en la jurisprudencia del Tribunal de Justicia de las Comunidades Europeas,* in *El derecho comunitario europeo y su aplicación judicial,* G.C. RODRIGUEZ IGLESIAS, / D.J. LIÑAN NOGUERAS (org.), Madrid, Consejo General del Poder Judicial – Universidad de Granada-Civitas, 1993, pp. 97-132.

ALMEIDA, José Carlos Moitinho de, *O reenvio prejudicial perante o Tribunal de Justiça das Comunidades Europeias,* Coimbra, Coimbra Editora, 1992.

ALMEIDA, José Manuel Ribeiro, *A cooperação judiciária entre o Tribunal de Justiça e os órgãos jurisdicionais nacionais,* Separata da *Revista do Ministério Público* n.º 93, pp. 47-86.

ALONSO GARCÍA, Ricardo, *Derecho Comunitario, derechos nacionales y derecho comum europeo,* Madrid, Ed. Civitas, 1989.

ALONSO GARCÍA, Ricardo, *El juez español y el derecho comunitario,* Valencia, Tirant, 2003.

ALONSO GARCÍA, Ricardo / BAÑO LEÓN, J. M., *El recurso de amparo frente a la negativa a plantear la cuestión prejudicial ante el Tribunal de Justicia de la Comunidad Europea*, in *Revista Española de Derecho Constitucional*, Ano 10, n.º 29, 1990, pp. 193-222.

AMARAL, Diogo Freitas do, *Curso de Direito Administrativo*, vol. II, Coimbra, Almedina, 2001.

ANDERSON, David, *The admissibility of preliminary references*, YEL, n.º 14, 1994, pp. 179-202.

ANDERSON, David / DEMETRIOU, Marie-Eleni, *References to the European Court*, 2.ª Ed., Londres, Sweet and Maxwell, 2002.

ANDRADE, Miguel Almeida, *Guia prático do reenvio prejudicial*, Lisboa, Gabinete de Documentação e Direito Comparado, 1991.

ANDRÉS SANTA MARÍA, P. / VEGA, J. / PÉREZ, B., *Introducción al Derecho da la Unión Europea*, Madrid, EuroLex, 1999.

ARAÚJO, António / NOGUEIRA DE BRITO, Miguel / CARDOSO DA COSTA, José Pedro, *As relações entre os Tribunais constitucionais e as outras jurisdições nacionais, incluindo a interferência, nesta matéria, da acção das jurisdições europeias*, in *Estudos de homenagem ao Conselheiro José Cardoso da Costa*, Coimbra, Coimbra Editora, 2003, pp. 203-273.

ARNDT, Felix, *The german federal constitutional court at the intersection of national and European law: two recent decisions*, in *German Law Journal*, 2001, n.º 11.

ARNULL, Anthony, *Privant applicants an the action for annulment since Codorniu*, in *Common market law review*, Dordrecht, vol. 38, n.º 1, (Fev 2001), pp. 7-52.

ARNULL, A., *References to the European Court*, in *European Law Review*, vol. 15, n.º 5, 1990, p. 375-391.

AZPITARTE SÁNCHEZ, Miguel, *El tribunal constitucional ante el control del derecho comunitario derivado*, Madrid, 2002.

BAÑO LEÓN, José Maria, *Los derechos fundamentales en la Comunidad Europea y la competencia del juez nacional*, in *Revista Española de Derecho Administrativo*, n.º 54 (Abr-Junio) 1987, pp. 277-285.

BAPTISTA, Miguel Nascimento, *O caso Bosman: intervenção do Tribunal de Justiça – o reenvio prejudicial*, Lisboa, Rei dos Livros, 1998.

BARAV, Ami, *A protecção jurisdicional dos particulares*, in *Forum Iustitiae, Direito e Sociedade*, Ano I n.º 3, Agosto de 1999, pp. 47-52.

BARAV, Ami, *La plenitude de competence du juge national en sa qualité de juge communautaire*, in *L'Europe et le droit, Mélanges en hommage à J. Boulouis*, Paris, Dalloz, 1992, pp. 1 e segs.

BARAV, Ami, *Le droit au juge devant le Tribunal de Premiere Instance et la Cour de Justice des Communautés Européennes*, in JOËL RIDEAU (dir.), *Le droit au juge dans l'Union Européenne*, Paris, L.G.D.J., 1998, p. 191-216.

BARAV, Ami, *Le renvoi préjudiciel communautaire*, in *Justices – Revue generale de droit processuel* n.º 6 (Abr-Jun 1997), pp. 1-14.

BARRAU, Alain, *Le juge en Europe: les droits des personnes*, in *Révue du Marché Commun et de l'Union Européenne*, n.º 438 (Maio 2000), pp. 337-342.

BERGERÈS, Maurice-Christian, *Contentieux communautaire*, Paris, P.U.F., 1989.

BERROD, Frédéric, *La systématique des voies de droit communautaires*, Paris, Dalloz, 2003.

BINDER, Darcy, *The European Court of Justice and the protection of fundamental rights on the European Community*, Jean Monnet Working Paper 4/95, NYU School of Law, 1995.

BIERNAT, Ewa, *The Locus Standi of Private Applicants under article 230 (4) EC and the Principle of Judicial Protection in the European Community*, Jean Monnet Working Paper 12/03, NYU School of Law, 2003.

BLANCHET, Dominique, *L'usage de la théorie de l'act clair en droit communautaire: une hypothèse de mise en jeu de la responsabilité de l'État français du fait de la fonction juridictionnelle*, in *Revue trimestrielle de droit européen*, Paris, Ano 37, n.º 2 (Abril-Junho 2001), pp. 397-438.

BOULOUIS, Jean, *Contentieux communautaire*, 2.ª ed., Paris, Dalloz, 2001.

BOULOUIS, Jean, *Droit institutionnel de l'Union Européenne*, 6.ª ed., Paris, Montchrestien, 1997.

BOULOUIS, Jean, *Nouvelles réflexions à propos du caractère 'préjudiciele' de la compétence de la Cour de justice des Communautés européennes statuant sur renvoi des juridictions nationales*, in *Melanges offerts à Pierre-Henri Teitgen*, Paris, Éditions A. Pedone, 1984, pp. 23-31.

BRITO, Maria Helena, *Relações entre a ordem jurídica comunitária e a ordem jurídica nacional: desenvolvimentos recentes em direito português*, in *Estudos de homenagem ao Conselheiro José Cardoso da Costa*, Coimbra, Coimbra Editora, 2003, pp. 301-317.

BROWN, L. Neville / KENNEDY, Tom, *The Court of Justice of the European Communities*, 5.ªed., Londres, Sweet & Maxwell, 2000.

Búrca, Gráinne De, *Fundamental Rights and Citizenship*, in Bruno de Witte (ed.), *Ten Reflections on the Constitutional Treaty for Europe*, Robert Schuman Centre for Advanced Studies, European University Institute, 2003, pp. 11-44, e-book publicado em http://www.europa.eu.int/futurum/ documents/ other/ oth 020403 _en.pdf.

Búrca, Gráinne De / Weiler, J.H.H., *The European Court of Justice*, Oxford, Oxford University Press, 2001

Burgorgue-Larsen, Laurence, *La constitutionnalisation du droit au juge en Espagne*, in Joël Rideau (dir.), *Le droit au juge dans l'Union Européenne*, Paris, L.G.D.J., 1998, pp. 69-108.

Campos, João Mota de, *A salvaguarda jurisdicional da legalidade comunitária*, in *Temas de Direito Comunitário*, Lisboa, Ordem dos Advogados, 1983, pág. 149-185.

Campos, João Mota de, *Contencioso Comunitário*, Lisboa, Gulbenkian, 2002.

Campos, João Mota de, *Direito Comunitário*, II. vol., Lisboa, Gulbenkian, 1997.

Cano Montejano, José Carlos, *La integración europea desde el Tribunal Constitucional alemán*, Madrid, Centro de Estudios Políticos y constitucionales, 2001.

Canotilho, J.J. Gomes, *Direito Constitucional e Teoria da Constituição*, 7.ª edição, Coimbra, Almedina, 2003.

Carro Marina, Marta, *El alcance del deber de los Tribunales internos de plantear cuestiones prejudiciales ante el Tribunal de Justicia de la Comunidad*, in *Revista Española de Derecho Administrativo*, 1990, n.º 66, pp. 303-312.

Cassia, Paul, *L'accès des personnes physiques et morales au juge de la légalité des actes communautaires*, Paris, Dalloz, 2002.

Catarino, Luís, *Responsabilidade por facto jurisdicional – contributo para uma reforma do sistema geral da responsabilidade civil extracontratual do Estado*, in *Responsabilidade Civil extracontratual do Estado (trabalhos preparatórios da reforma)*, Coimbra, Coimbra Editora, 2002, pp. 267-287.

Cébrian, Marco Villagomez, *La cuestión prejudicial en el derecho comunitario europeo*, Madrid, Tecnos, 1994.

Cienfuegos Mateo, Manuel, *Las sentencias prejudiciales del Tribunal de Justicia de las Comunidades Europeas en los Estados Miembros – estudio de la interpretation prejudicial y de su aplicacion por los jueces y magistrados nacionales*, Barcelona, Bosch, 1998.

CLERGERIE, Jean-Louis, *L'élargissement des possibilities de recours ouverts aux particuliers en matière d'annulation*, in *Recueil de Dalloz*, n.º 36, 2002, pp. 2755-2757.

CORREIA, Fernando Alves, *Os direitos fundamentais e a sua protecção jurisidicional efectiva*, in *Boletim da Faculdade de Direito*, n.º 79 (2003), pp. 63-96.

CUJO, Eglantine, *L'autonomie du recours en indemnité par rapport au reours en annulation – évoulutions jurisprudenielles*, in *Révue du Marché Unique et de l'Union Européenne*, n.º 429, Junho, 1999, pp. 414-420.

DAÜBLER-GMELIN, Herta, *Vers uns communautarisation des droits fondamentaux*, in *Révue du Marché Unique et de l'Union Européenne*, n.º 438, Maio, 2000, pp. 345-346.

DAUSES, Manfred A., *La protection des droits fondamentaux dans l'ordre juridique des Communautés européennes*, in *Documentação e Direito Comparado*, n.º 41/42, 1990, pp. 7-35.

DIEZ-PICAZO, Luis Maria, *El derecho comunitario en la jurisprudencia constitucional española*, in *Revista Española de Derecho Constitucional*, 54 (ano 18), Setembro-Dezembro, 1998, pp 255-274.

DIEZ-PICAZO GIMENEZ, Ignacio, *El derecho fundamental al juez ordinario predeterminado por la ley*, in *Revista Española de Derecho Constitucional*, ano 11, n.º 31, 1991, p. 75-123.

DUBOS, Olivier, *Les jurisdictions nationales, juge communautaire*, Paris, Dalloz, 2003.

EBKE, Werner, *Les techniques contentieuses d'application du droit des Communautés Européennes*, in *Revue Trimestrielle de droit européen*, Paris, Ano 22, n.º 2, Abril-Junho, 1986, pp. 209-230.

EDWARD, David, *Reform of article 234 procedure: the limits of the possible*, in *Judicial Review in European Union Law*, DAVID O'KEEFFE (org.), Holanda, Kluwer, 2000, pp.119-142.

EECKHOUT, Piet, *The European Court of Justice and the 'Area of Freedom, security and Justice: challenges and problems*, in *Judicial Review in European Union Law*, DAVID O'KEEFFE (ed.), Holanda, Kluwer, 2000, pp.153-166.

FALCON, Giandomenico, *La tutela giurisdizionale*, in *Trattato di Diritto Amministrativo Europeo*, MARIO CHITI / GUIDO GRECO (org.), Milão, Giuffrè Editore, 1997, p. 333-396.

FENGE, Hilmar, *Fundamental Rights in the European Union – Pleading for certainty in a fragile structure,* in Revista Direito e Justiça, vol. XV, 2001, tomo 2, pp. 48-57.

FERNANDES, Luís A. Carvalho, *Teoria Geral do Direito Civil,* vol. 1, 2.ª ed., Lisboa, Lex, 1995.

FUENTETAJA PASTOR, Jesús Ángel, *El proceso judicial comunitario,* Madrid, Marcial Pons, 1996.

GAJA, Giorgio *The growing variety of procedures concerning preliminary rulings,* in Judicial Review in European Union Law, DAVID O'KEEFFE (org.), Holanda, Kluwer, 2000, pp. 143-152.

GARCÍA DE ENTERRÍA, Eduardo, *El sistema de la justicia comunitaria tras el tratado de Niza,* in La encrucijada constitucional de la Union Europea, EDUARDO GARCÍA DE ENTERRÍA (org.), Madrid, Civitas, 2002, pp. 483-491.

GARCIA, Maria da Glória, *La protection juridictionelle des droit de l'homme en Europe: juges nationales et juges européens,* in Revista Direito e Justiça, vol. XV, 2001, tomo 1, pp. 31-44.

GARCÍA VARELA, Róman / CORBAL FERNÁNDEZ, Jesús, *El recurso de amparo constitucional en el area civil,* Barcelona, Bosch, 1999.

GOMES, José Luís Caramelo, *O juiz nacional e o Direito Comunitário,* Coimbra, Almedina, 2003.

GORMLEY, Laurence W., *Public interest litigation in community law,* in European Public Law, Dordrecht, vol. 7, n.º 1 (2001), pp. 51-62.

GREWE, Constance, *Le "traité de paix" avec la Cour de Luxembourg: l'arrêt de la Cour constitutionnelle allemande du 7 juin 2000 relatif au règlement du marché de la banane,* in Revue Trimestrielle de droit européen, Ano 37, 2001, pp. 1-17.

GUEDES, Armando Marques, *Direito Internacional Público,* polic., 1992.

HANF, Dominik, *Facilitating Private Applicants' Acess to the European Courts? On the possible impact of the CFI's Ruling in Jégo-Quéré,* in German Law Journal, vol. 3 n.º 7, Julho de 2002.

HARLOW, Carol, *The National Legal Order and the Court of Justice: Some Reflections on the case of the United Kingdom,* in Rivista Italiana di Diritto Pubblico Comunitario, Ano V, n.º 5/1995, Giuffrè Editore, pp. 929--945.

HARTLEY, Trevor C., *The foundations of European Community Law,* 5a ed., Oxford, Oxford University Press, 2003.

HENRIQUES, Miguel Gorjão, *Direito Comunitário,* Coimbra, Almedina, 2003.

HENRIQUES, Miguel Gorjão, *Código da União Europeia,* Coimbra, Almedina, 2000.

ISAAC, Guy / BLANQUET, Marc, *Droit Communautaire Général,* 8.ª ed., Paris, Armando Colin, 2001.

ISAAC, Guy, *Observations sur la pratique de l'intervention devant la Cour de justice des Communautés européennes dans les affaires de manquement d'États,* in Melanges offerts à Pierre-Henri Teitgen, Paris, Éditions A. Pedone, 1984, pp. 171-182.

JACOBS, Francis G., *Le système des voies de recours judiciaires,* in "Working Group II – Incorporation of the Charter / accession to the ECHR", La Convention Européenne, 27 de Setembro de 2002 (http://european-convention.eu.int/ docs/wd2/3222.pdf).

JACOT-GUILLARMOD, Olivier, *Le juge national face au droit européen,* Bruxelas, Bruylant, 1983.

JACQUÉ, Jean-Paul, *Droit Institutionnel de l'Union Européenne,* Paris, Dalloz, 2001.

JIMENO BULNES, Mar, *La cuestión prejudicial del articulo 177 TCE,* Saragoça, Bosch, 1996.

JOLIET, René, *L'article 177 du traité CEE et le renvoi préjudiciel,* in Rivista di Diritto Europeo, Roma, ano 31, n.º 3 Luglio-Settembre 1991, p. 591-616.

JUDICIAL ACTIVISM OF NATIONAL COURTS IN APPLYING COMMUNITY LAW, Editorial Comments, in *Common Market Law Review,* Dordrecht, vol. 34, n.º 6, (Dez. 1997), pp. 1341-1347.

KAKOURIS, C. N., *Do the Member States possess judicial procedure 'autonomy'?* in *Common Market Law Review,* 34, 1997, pp. 1389-1412.

KOVAR, Robert, *La reorganization de l'architecture juridictionnelle de l'Union Européenne,* in *L'avenir du système juridictionnel de l'Union Européenne,* MARIANNE DONY / EMMANUELLE BRIBOSIA (org.), Bruxelles, Éditions de l'Université de Bruxelles, 2002, pp. 33-48.

KUPFER, Julia C., *How the european community's banana regulation brought back* Solange II: *The German constitutional court's decision of June 7,2000,* in *The Columbia Journal of European Law,* vol 7, no.1, Winter 2001, pp. 405 e segs.

LABAYLE, Henri, *L'effectivité de la protection juridictionnelle des particuliers: le droit administrative français et les exigences de la jurisprudence européenne*, in *Revue française de droit administrative*, Paris, Ano 8, n.º 4 (Julho-Agosto 1992), pp. 619-642.

LABAYLE, Henri, *Les nouveaux domaines d'intervention de la Cour de justice: l'espace de liberté, de sécurité et de justice*, in *L'avenir du système juridictionnel de l'Union Européenne*, MARIANNE DONY / EMMANUELLE BRIBOSIA (org.), Bruxelas, Éditions de l'Université de Bruxelles, 2002, pp. 73-105.

LANG, John Temple, *The principle of effective protection of Community Law Rights*, in *Judicial Review in European Union Law*, DAVID O'KEEFFE (org.), Holanda, Kluwer, 2000, pp. 235-274.

LASOK, Kpe / MILLETT, Timothy/ HOWARD, Anneli, *Judicial Control in the EU: procedures and principles*, Richmond, 2004

LASO PÉREZ, Javier, *La cooperación leal en el ordenamento comunitario*, Madrid, Colex, 2000.

LECOURT, Robert, *L'Europe des juges*, Bruxelas, Bruylant, 1976.

LECOURT, Robert, *Le rôle unificateur du juge dans la Communauté*, in *Melanges offerts à Pierre-Henri Teitgen*, Paris, Éditions A. Pedone, 1984, pp. 223--237.

LÉGER, Philippe, *Le droit à un recours juridictionnel effectif*, in *Réalité et perspectives du droit communautaire des droits fondamentaux*, FRÉDÉRIC SUDRE / HENRI LABAYLE (org.), Bruxelas, 2000.

LENAERTS, Koen / VAN NUFFEL, Piet, *Constitutional Law of the European Union*, Londres, Sweet and Maxwell, 1999.

LIMBACH, Jutta, *The effects of the Jurisdiction of the German Federal Constitutional Court*, EUI Working Paper no. 99/5.

LIUZZI, Giuseppe Trisorio, *Processo civile italiano e rinvio pregiudiziale alla Corte di Giustizia della Comunità Europea*, in *Rivista di Diritto Processuale*, Ano 58, n.º 3, pp. 727-796.

LOPES, José Alberto Azeredo, *Imputação de condutas ao Estado e responsabilidade internacional*, in *Revista de Direito e Economia*, Ano XVI a XIX (1990-1993), pp. 221-323.

LOPEZ CASTILLO, A., *La cuestión del control de constitucionalidad de las normas communitarias de derecho derivado en la Republica Federal de Alemaña*, Revista Española de Derecho Constitucional, 23, 1988, pp. 207-227.

Mangas Martin, Araceli, *Le droit constitutionnel espagnol et l'integration européenne,* FIDE, XII Congresso, Berlin, 1996, p. 206-230.

Mangas Martin, Aracelí / Liñan Nogueras, Diego, *Instituciones y derecho de la Union Europea,* 2a ed., Madrid, McGraw Hill, 1999.

Mare, Thomas de la, *Article 177 in Social and Political Context,* in Craig, Paul e De Búrca, Gráinne (dir.), *The Evolution of EU Law,* Oxford, 1999, p. 215-260.

Margarido, Renata Chambel, *O pedido de decisão prejudicial e o princípio da cooperação jurisdicional,* Working-Paper 8/99, Universidade Nova de Lisboa, 1999.

Martins, Ana Maria Guerra, *Curso de Direito Constitucional da União Europeia,* Coimbra, Almedina, 2004

Martins, Ana Maria Guerra, *Efeitos dos Acórdãos Prejudiciais do Artigo 177.º do TR (CEE),* Lisboa, AAFDL, 1998

Medeiros, Rui, *A decisão de inconstitucionalidade,* Lisboa, Universidade Católica Editora, 1999.

Medeiros, Rui, *A responsabilidade civil dos poderes públicos – ensinar e investigar,* Lisboa, Universidade Católica Editora, 2005

Megret, Colette, *La portée juridique et les effets de droit de la déclaration d'invalité d'un acte communautaire prononcée par la Cour de justice des Communautés européennes dans le cadre de la procédure instituée par l'article 177 du Traité C.E.E.,* in *Melanges offerts à Pierre-Henri Teitgen,* Paris, Éditions A. Pedone, 1984, pp. 311-326.

Megret, Jacques / Waelbroeck, Michel / Louis, Jean-Victor / Vignes, Daniel / Dewost, Jean-Louis, *Le droit de la Communauté Économique Européenne,* vol. 10 tomos 1 e 2 (La cour de Justice; Les actes des Institutions), Bruxelas, Editions de l'Université de Bruxelles, 1983.

Melo, António Barbosa de, *Notas de contencioso comunitário,* Coimbra, polic., 1986.

Mesquita, Maria José Rangel de, *Efeitos dos acórdãos do Tribunal de Justiça das Comunidades Europeias, proferidos no âmbito de uma acção por incumprimento,* Coimbra, Almedina, 1997.

Meyer, Jürgen, *Fundamental Rights Complaint,* in "Working Document 03, The European Convention, 26 de Fevereiro de 2003.

Miranda, Alberto Souto de, *A competência dos tribunais dos Estados-membros para apreciarem a validade dos actos comunitários no âmbito do art.º 177.º do Tratado de Roma,* in *Temas de Direito Comunitário,* Coimbra, Almedina, 1990.

MIRANDA, Alberto Souto de, *O Tribunal de Justiça e a apreciação não vinculada das questões prejudiciais*, in Temas de Direito Comunitário, Coimbra, Almedina, 1990. pp. 65-122.

MIRANDA, Jorge, *Manual de Direito Constitucional*, Tomo VI, Coimbra, Coimbra Editora, 2001.

MOLINA DEL POZO, Carlos, *El poder judicial y la integracion de España en las Comunidades Europeas*, in El poder judicial, Madrid, Instituto de Estudios Fiscales, 1983, pp. 2060-2101.

MUÑOZ MACHADO, Santiago, *La responsabilidad extracontratual de los poderes publicos en el derecho comunitario europeo*, in El derecho comunitario europeo y su aplicación judicial, G.C. RODRIGUEZ IGLESIAS, / D.J. LIÑAN NOGUERAS (org.), Madrid, Consejo General del Poder Judicial – Universidad de Granada-Civitas, 1993, pp. 133-157.

NAFYLAN, Gérard, *De quelques problèmes posés par l'application de l'article 177 du Traité de Rome*, in Melanges offerts à Pierre-Henri Teitgen, Paris, Éditions A. Pedone, 1984, pp. 327-343.

NOVAIS, Jorge Reis, *Em defesa do recurso de amparo constitucional (ou uma avaliação crítica do sistema português de fiscalização concreta da constitucionalidade)* in Themis, Ano VI, n.º 10, 2005.

OLIVER, Peter, *La recevabilité des questions préjudicielles: la jurisprudence des années 1990*, in Cahiers de Droit Européen, Ano 37, n.ºˢ 1-2, 2001, pp. 15-43.

O'KEEFE, David, *Is the spirit of art.º 177 under attack? Preliminary references and admissibility*, E. L. Rev., n.º 23, 1998, pp. 509-536.

OPPERMANN, Thomas, *Il processo costituzionale europeo doppo Niza*, in Rivista trimestrale di diritto pubblico, n.º 2, 2003, pp. 353-374.

ORTEGA, Marta, *El acceso de los particulares a la justicia comunitaria*, Barcelona, Ed. Ariel, 1999.

PASTOR LOPEZ, Miguel, *El principio de unidad jurisdiccional y el poder judicial de las Comunidades Europeas*, in El poder judicial, Madrid, Instituto de Estudios Fiscales, 1983, pp. 2237-2253.

PECHSTEIN, Matthias, *La constitutionnalisation du droit au juge en Allemagne*, in JOËL RIDEAU (dir.), Le droit au juge dans l'Union Européenne, Paris, L.G.D.J., 1998, pp. 59-67.

PEREIRA, André Gonçalves / QUADROS, Fausto, *Manual de Direito Internacional Público*, Coimbra, Almedina, 1997.

PEREIRA, João Aveiro, *A responsabilidade civil por actos jurisdicionais*, Coimbra, Coimbra Editora, 2001.

PEREZ ROYO, Javier, *Curso de derecho constitucional*, 8.ª ed., Madrid, Marcial Pons, 2002.

PERNICE, Ingolf, *Les bananes et les droits fondamentales: la Cour Constitutionelle allemande fait le point*, in *Cahiers de droit europeen*, Ano 37, n.ᵒˢ 3-4, 2001, pp. 427-440.

PERTEK, Jacques, *La pratique du renvoi préjudiciel en droit communautaire – Coopération entre CJCE et juges nationaux*, Paris, Éditions Litec, 2001.

PESCATORE, Pierre, *La coopération entre la Cour Communautaire, les Juridictions nationales et la Cour Européenne des Droits de l'Homme dans la protection des droits fondamentaux*, in *Revue du Marché Commun et de l'Union européenne*, n.º 466, Mars 2003, pp. 151 e segs.

PESCATORE, Pierre, *Las cuestiones prejudiciales. Art.º 177 del Tratado CEE, El derecho comunitario europeo y su aplicación judicial*, in IGLESIAS, G.C. RODRIGUEZ IGLESIAS, / D.J. LIÑAN NOGUERAS (org.), Madrid, Consejo General del Poder Judicial – Universidad de Granada-Civitas, 1993.

PESCATORE, Pierre *Responsabilité des États membres en cas de manquement aux règles communautaires*, in *Il Foro Padano*, 1972-IV.

PESCATORE, Pierre, *Le recours prejudiciel de l'article 177 du traité CEE et la cooperation de la Cour avec les jurisdictions nationales*, Luxembourg, CURIA, 1986.

PIÇARRA, Nuno, *O papel do Tribunal de Justiça no espaço de liberdade, segurança e justiça*, in *Themis*, ano 1, n.º 1, 2000, pp. 81-125.

PIÇARRA, Nuno, *O Tribunal de Justiça das Comunidades Europeias como Juiz Legal e o Processo do Artigo 177.º do Tratado CEE*, AAFDL, 1991.

PICOD, Fabrice, *Le droit au juge en droit communautaire*, in *Le droit au juge dans l'Union Européenne*, JOËL RIDEAU (org.), Paris, L.G.D.J., 1998, p. 141-170.

PITTA E CUNHA, Paulo de, *A Constituição Europeia – um olhar crítico sobre o projecto*, Coimbra, Almedina, 2004.

POLLICINO, Oreste, *Legal Reasoning of the European Court of Justice in the Context of the Principle of Equality between Judicial Activism and Self-restraint*, in *German Law Journal*, vol. 5, n.º 3, 2004.

QUADROS, Fausto de, *Responsabilidade dos poderes públicos no Direito Comunitário: responsabilidade extracontratual da Comunidade Europeia e responsabilidade dos Estados por incumprimento do Direito Comunitário,*

Separata do *III Coloquio Hispano-Luso de Derecho Administrativo*, Valladolid, 16-18 Octubre 1997, pp. 138-153.

QUADROS, Fausto de / MARTINS, Ana Maria Guerra, *Contencioso Comunitário*, Coimbra, Almedina, 2002.

QUADROS, Fausto de, *A nova dimensão do Direito Administrativo*, Coimbra, Almedina, 1999.

RAIBLE, Karen, *Compulsory Military Service and Equal Treatment of Men and Women – Recent decisions of the Federal Constitutional Court and the European Court of Justice (Alexander Dory v. Germany)*, in *German Law Journal*, vol. 4, n.º 4, 2003, pp. 299-308.

RAMOS, Rui Moura, *Reenvio prejudicial e relacionamento entre ordens na construção comunitária* in *Legislação – Cadernos de Jurisprudência e legislação*, 4/5, Abr-Dez, 1992, pp. 95-119.

RIBEIRO, Marta Machado, *Da responsabilidade do Estado pela violação do Direito Comunitário*, Coimbra, Almedina, 1996.

RENUCCI, Jean-François, *Droit Européen des droits de l'Homme*, 3.ª ed., Paris, L.G.D.J., 2002.

RIGAUX, Anne / SIMON, Denys, *Summun jus, summa injuria: a propos de l'arret du Conseil d'État du 3 décembre 2001*, in *Europe*, Ano 12, n.º 4 (Abril 2002), Paris, pp. 6-8.

ROCHÈRE, Jacqueline Dutheil de la, *The attitude of french courts towards ECJ Case Law*, in *Judicial Review in European Union Law*, DAVID O'KEEFFE (org.), Holanda, Kluwer, 2000, pp. 417-431.

RODRIGUEZ IGLESIAS, G. C. / WÖLKER, U., *Derecho comunitario, derechos fundamentales y control de constitucionalidad*, in *Revista de Instituciones Europeas*, 14, 1987, pp 667-685.

RODRIGUEZ IGLESIAS, Gil Carlos, *La tutela judicial cautelar en el derecho comunitario*, in *El derecho comunitario europeo y su aplicación judicial*, G.C. RODRIGUEZ IGLESIAS, / D.J. LIÑAN NOGUERAS (org.), Madrid, Consejo General del Poder Judicial – Universidad de Granada-Civitas, 1993, pp. 634-652.

ROUHETTE, Georges, *Quelques aspects de l'application do mécanisme du renvoi préjudiciel*, in *Justices – Revue Générale de droit processuel*, n.º 6 – Avr-Juin 1997, Dalloz, pp. 15-27.

RUIZ-JARABO COLOMER, Damaso, *El juez nacional como juez comunitario*, Madrid, Ed. civitas, 1993.

Ruiz-Jarabo Colomer, Damaso, *El juez nacional como juez comunitario – valoración de la practica española,* in *El derecho comunitario europeo y su aplicación judicial,* G.C. Rodriguez Iglesias, / D.J. Liñan Nogueras (org.), Madrid, Consejo General del Poder Judicial – Universidad de Granada-Civitas, 1993, pp. 653-675.

Schermers, Henry / Waelbroeck, Denis, *Judicial Protection in the European Communities,* 5.ª ed., Deventer, 1992.

Silva, Miguel Moura e, O papel das partes e outros interessados no processo de reenvio prejudicial, in *Direito e Justiça,* Lisboa, v. 9, t. 1 (1995), pp. 123-167.

Silva, Vasco Pereira da, *Para um contencioso administrativo dos particulares,* Coimbra, Almedina, 1989.

Silva de Lapuerta, Rosario, *El contencioso español ante el Tribunal de Justicia de las Comunidades Europeas,* in *El derecho comunitario europeo y su aplicación judicial,* G.C. Rodriguez Iglesias, / D.J. Liñan Nogueras (org.), Consejo General del Poder Judicial – Universidad de Granada-Civitas, Madrid, 1993, pp. 677-707.

Simon, Denys, *Les fondements de l'autonomie du droit communautaire (rapport general),* in *Droit International et droit communautaire – perspectives actuelles, Colloque de Bordeaux,* Paris, Ed. Pedone, 2000.

Simon, Denys, *Le système juridique communautaire,* 3.ª ed., Paris, PUF, 2001.

Simon, Denys, *The sanction of Member States' serious violations of Community Law,* in *Judicial Review in European Union Law,* David O'Keeffe (org.), Holanda, Kluwer, 2000, pp. 275-286.

Sinaniotis, Dimitrios, *The plea of illegality in EC Law,* in *European Public Law,* Dordrecht, vol. 7, n.º 1 (2001), pp. 103-127.

Slaughter, Anne-Marie / Sweet, Alec Stone / Weiler, J.H.H. (org.), *The European Courts and national courts,* Oxford, Hart Publishing, 1998.

Smith, Rachel Craufurd, *Remedies for Breaches of EU Law in National Courts: Legal Variation and Selection,* in Paul Craig / Gráinne De Búrca, (dir.), *The Evolution of EU Law,* Oxford, 1999, pp. 287-320.

Tesauro, Giuseppe, *Community law and national courts – an Italian perspective,* in *Judicial Review in European Union Law,* David O'Keeffe (org.), Holanda, Kluwer, 2000, pp. 391-405.

Tridimas, Takis, *The general principles of EC law,* Oxford, Oxford University Press, 1999.

TRIDIMAS, Takis, *Enforcing community rights in national courts: some recente developments*, in *Judicial Review in European Union Law*, DAVID O'KEEFFE (org.), Holanda, Kluwer, 2000, pp. 465-479.

VANDERSANDEN, Georges, *La protection juridictionnelle effective: une justice ouverte et rapide?*, in MARIANNE DONY / EMMANUELLE BRIBOSIA, *L'avenir du système juridictionnel de l'Union Européenne*, Bruxelas, Éditions de l'Université de Bruxelles, 2002, pp. 119-154.

VANDERSANDEN, GEORGES / DONY, MARIANNE, *La responsabilité des États Membres en cas de violation du droit communautaire*, Bruylant, Bruxelas, 1997.

VAUGHAN, David / GRAY, Margaret, *Judicial review in English Courts: an ideal forum for Community Law?*, in *Judicial Review in European Union Law*, DAVID O'KEEFFE (org.), Holanda, Kluwer, 2000, pp. 407-415

VERHOEVEN, Joe, *Droit de la Communauté Européenne*, 2.º ed., Paris, Larcier, 2001.

VILAÇA, José Luís, *Rapport portugais*, in *Le citoyen, l'administration et le droit européen*, XVIII Congrès FIDE, Estocolmo, 1998.

VITORINO, António, *The question of effective judicial remedies and access of individuals to the European Court of Justice*, in "Working Group II – Incorporation of the Charter / accession to the ECHR", La Convention Européenne, 1 de Outubro de 2002 (http://european-convention.eu.int/docs/wd2/3299.pdf)

WAELBROECK, Denis, / VERHEYDEN, A. M. *Les conditions de recevabilité des recours en annulation des particuliers contre les actes normatifs communautaires*, *Cahiers de Droit Européen*, 1995, n.º s 3-4, pp. 399-341.

WAELBROECK, Denis, *Le droit au recours juridictionnel effectif du particulier: trois pas en avant, deux pas en arrière*, in *Cahiers de Droit Européen*, 2002, n.º s 1-2, pp. 3-8.

WAELBROECK, Denis, *Vers une harmonisation des règles procedurales nationals?*, in *L'avenir du système juridictionnel de l'Union Européenne*, Bruxelas, MARIANNE DONY / EMMANUELLE BRIBOSIA (org.), Éditions de l'Université de Bruxelles, 2002, pp. 65-70.

WAELBROECK, M., *La Cour de Justice et la Convention européenne des droits de l'homme*, in *Cahiers de Droit Européen*, 1996, n.º s 5-6, pp. 549-553.

WATTEL, Peter, *Köbler, Cilfit and Welthgrove: we can't go on meeting like this*, in *Common market law review*, Dordrecht, vol. 41, n.º 1, (2004), pp. 177-190.

www.mj.gov.pt/?id=21 : casos portugueses julgados no Tribunal de Justiça.

www.curia.eu : página do Tribunal de Justiça